编 王敏
编 邢建勇 梁健

仁 义 礼
智 信 忠
廉 耻 勇

仁义礼智信忠孝廉耻勇

国学导读

GUOXUEDAODU

广东高等教育出版社
Guangdong Higher Education Press
·广州·

图书在版编目（CIP）数据

国学导读/王敏主编. —广州：广东高等教育出版社，2017. 1（2021. 8 重印）
ISBN 978 - 7 - 5361 - 5824 - 5

Ⅰ. ①国… Ⅱ. ①王… Ⅲ. ①国学 - 研究 Ⅳ. ①Z126. 27

中国版本图书馆 CIP 数据核字（2017）第 008708 号

出版发行	广东高等教育出版社
	社址：广州市天河区林和西横路
	邮编：510500 营销电话：（020）87551597 87551163
	http://www.gdgjs.com.cn
印　　刷	佛山市浩文彩色印刷有限公司
开　　本	787 毫米 ×1 092 毫米 1/16
印　　张	11. 75
字　　数	266 千
版　　次	2017 年 1 月第 1 版
印　　次	2021 年 8 月第 5 次印刷
定　　价	30. 00 元

前 言

我们为什么要传承和弘扬中国优秀传统文化?

中国传统文化的主题，在于治乱兴废与世道人心。无论是春秋战国的诸子哲学、汉魏各家的传经事业、韩柳欧苏的道德文章、贵族屈原的忧思独叹、樵夫惠能的顿悟人生，还是先民传唱的诗歌、戏曲、圩里讲古的平话、小说……其中所包含的人伦大爱，对平凡事物的尊敬，对家国社会的情怀，对自然万物的期待，激荡交融中，成就了缤纷绚烂的中国。

今天，我们作为中华优秀文化的现代传承人，对于这样一个亲民爱人、胸怀天下的文明，这样一个呵护了我们、塑造了我们几千年的文化母体，又了解多少?认知多少?

特别是近年来，西方文明的风行，影视、互联网时代的鱼龙混杂，在打开国人视野的同时，金钱至上、享乐主义，也污染着我们的精神和思想。真正的问题是，在于我们扎根未稳之时，就已经目迷五色地跌入了流行文化传播的辐射圈内，失去了自我品质的特质与创造的能力。

近代的中国，曾面临内外双重的文化焦虑。这种焦虑疾风暴雨般地冲刷着中国倍受争议的传统文化，削弱了我们的文化认同，动摇了我们的历史根基。

文化人类学告诉我们，每一种文化都有它的特殊性和持续性。而知识社会学认为，一个文化强大的背景和典范人物，常常是新一代创造者的精神能源。我们深知，欧洲文明的力量，来自对古代文明的再发现与新认识。中国的教育也理当如此，才能真正发挥它的民族性与创造性。李约瑟直截了当地说，除了科技以外，其他文化的成果是没有普遍性的。中国文化的传承与创新，成为我们中华儿女不可推卸的责任。

中国优秀传统文化是中华民族的“根”和“魂”。唐代名臣魏征在《谏太宗十思疏》中说:“求木之长者，必固其根本;欲流之远者，必浚其泉源。”意思是说，要想使树木生长得茂盛，必须稳固其根部，因为根深方能叶茂;要想使水流得长远，必须疏通其源头，因为源远才能流长。习近平总书记在谈到中国优秀传统文化之于中华民族的重要意义时，形象贴切地说:“优秀传统文化是一个国家、一个民族传承和发展的根本，如果丢掉了，就割断了精神命脉”，“文明特别是思想文化是一个国家、一个民族的灵魂”。中国优秀传统文化体现着中华民族的文化基因，构成了中华民族共同的精神家园。

习近平总书记强调："一个国家、一个民族的强盛，总是以文化兴盛为支撑的，中华民族伟大复兴需要以中华文化发展繁荣为条件。"中国优秀传统文化中蕴含的中华民族宝贵的精神品格、崇高的价值追求、丰富的思想精华，支撑着中华民族历经艰难险阻而生生不息、薪火相传。

中华文明有着一套完整的规则和秩序，形成了深厚的文化根基，其核心就是"八维"——孝、悌、忠、信、礼、义、廉、耻。这就是中华文化的遗传密码（DNA）。中华文明的DNA渗透在每一位中华儿女的血液里，赋予我们民族强大的统一性、内聚力和坚强不屈的性格。从1840年鸦片战争到新中国成立整整109年，为挽救民族危机，无数志士仁人奋起抗争、献出生命，他们都是民族英雄、人民英雄。今天，在实现中华民族伟大复兴的征程中，需要我们的文化自信，树立我们的民族自信；需要传承和弘扬中国优秀传统文化，感恩中国优秀传统文化的滋养和支撑。

习近平总书记说："未来中国，是一群正知、正念、正能量人的天下。真正的危机，不是金融危机，而是道德与信仰的危机。谁的福报越多，谁的能量越大。与智者为伍，与良善者同行，心怀苍生，大爱无疆。"学习优秀传统文化，在中华文化的滋养中，塑造、践行我们的君子人格，就是对中华优秀传统文化最好的继承和弘扬。

让我们坚定信念，心怀苍生，与智者为伍，与良善者同行！

广东工商职业技术大学 莫秀奎

2016年10月

目　录

第一章　仁爱 …… 1

第二章　正义 …… 13

第三章　尚礼 …… 30

第四章　明智 …… 45

第五章　诚信 …… 78

第六章　忠恕 …… 101

第七章　孝敬 …… 116

第八章　廉洁 …… 129

第九章　知耻 …… 147

第十章　勇敢 …… 162

附录　阅读书目 …… 179

后记 …… 181

第一章 仁　　爱

一、导读

（一）仁爱与儒家文化

当我们试图对儒家的核心文化进行概括时，或许可以用“仁义礼智信”五个字，“仁者爱人”四个字，或者简称两个字“仁爱”，但如果只能用一个字，便当“仁”不让了。

或者让我们换个角度，当我们放眼世界文化，会发现在汉语中，有些词汇很难在外文里找到可以完全对应的翻译，诸如仁、圣、礼、俗、实等。也就是说，这些东西不是人类普遍而是中华文化中所独有的。以“仁”为例，我们可以把“仁”翻译为英语中的love（情，爱），却又发现似乎mercy（慈，悯）也可以，但最终却发现，没有一个英语单词能够真正与“仁”相对应。

其实，对这些词汇的解读就是一把解开中华文化密码的钥匙。而在经典儒家的理论体系里，尤其是在孔子的思想中，“仁”毫无疑问是具有关键价值的。

在《论语》中，“仁”和“圣”并列为孔子的两个最高理想。全书的一万多字，“仁”出现了一百多次，是除了之乎者也一类的语助词和代词之外，《论语》全书出现频率最高的一个字。在其他儒家经典中，“仁”的地位也大致如此。对“仁”的解读，对解读孔子和《论语》，乃至儒家文化和中国文化的某些核心思想，有着至关重要的意义。

今天“仁”经常与“爱”并称为“仁爱”，其实，“仁爱”一词出现时间较晚，也少见于早期儒家经典中（例如《论语》未见“仁爱”一词，《孟子》中也仅出现一次）。然而，我们今天普遍使用“仁爱”来对儒家思想加以概括，表明这两个字或者说这两个概念之间有着密不可分的关系。

接下来，我们就从“爱”入手，由“爱”到“仁”，由表及里地去一窥儒家文化的表现及内核。

（二）仁——伦理基础上的爱

“爱”是一种人类共通的情感，“仁”则为中华民族所特有。两者有什么区别呢？

一般来说，“爱”泛指人与人之间喜乐的正面的自发的感情，而在儒家经典中，独立的爱并不是被提倡的。相较于随处可见的“仁”，“爱”字在《论语》中仅单独出现9次，在《孟子》中，“爱”往往偏指“溺爱”“私爱”“不义之爱”，带有贬义，孟子也曾批评墨子的“兼爱”思想，认为无差别的爱会有损中正之道。

在儒家看来，“仁”是对“爱”的修正。“仁爱”从语法角度看是一个偏正结构的短语，即由“仁”出发的“爱”。在儒家看来，只有被“仁”所修饰的“爱”才是正当的爱。换句话说，“仁爱”的核心在于“仁”。

那么，什么又是“仁”呢？

《说文解字》言：仁，亲爱。许慎在这里用一个简短的词汇道出了“仁”的重要特征。此处的“亲爱”并非是我们今天的意思，“亲”意为亲人、亲族，“亲爱”即“亲亲之爱”，翻译成现在的话就是“亲人之间的爱”“以亲缘关系为基础的爱”。这里出现了一个儒家强调的主题——血缘，并且进一步涉及一个儒家理论的基础——伦理。

由此，仁爱的定义呼之欲出，即建立在伦理基础上的爱。

（三）有差别的爱

认识儒家的仁爱，我们不妨将其同与之对立的墨家倡导的“兼爱”相对比。后者类似于今天我们所说的“博爱”，强调爱的平等性。而儒家的仁爱更加重视爱的差别性、等级性、血缘性、伦理性。这就是墨家“爱无差”和儒家“爱有差”的区别。

所谓“爱有差”，就是有差别的爱，差别的依据在于血缘和伦理。儒家认为，爱并不是作为人的自然情感而存在的，而是应该受到伦理道德的约束，不可随便发散。尽管偶尔也会有“四海之内皆兄弟”的呼吁，但儒家更强调在道德伦理基础上所形成的等级秩序，如“三纲五常”“君君臣臣，父父子子”等。

“爱有差”是对儒家仁爱思想的外在表现最简练的概括，换成现在的话就是“建立在血缘伦理基础上的有差别的爱”。

然而，无论是“亲爱”还是“爱有差”，都是仅仅说出了仁的外在特征，如果要真正理解“仁”，更需要理解“仁”的品德之下的人格特质。

（四）伦理和“自我主义”

20 世纪 40 年代，费孝通先生经过大量的田野考察，完成了其描述中国传统社会的《乡土中国》一书。书的第一章提出了近百年来社会学界和文化研究领域的两个经典概念：描述中国人人格特质的“自我主义”，以及描述中国人际关系结构的“差序格局”。在《乡土中国》中，两者互为表里。然而作为社会学家的费孝通先生或许并没有意识到，自己提出的“差序格局”，换成儒家的话，实际上就是“伦理”，而“自我主义”则是“仁”的变相表达。

什么是伦理呢？伦者，轮也。伦理之所以被称为伦理，就是因为其如车的轮轴一样向外扩散，在这个扩散的过程中如同水波一样形成一圈圈远近不同的亲疏关系。而对儒家体系中的每个人来说，自己都处于这个“伦”的中心位置，然后，自己的周围，最内圈是父母子女，往外是兄弟姐妹，其次是远近亲党，再往外是邻坊或者友人。对处在这个系统中心的人即自己来说，内圈相对外圈拥有绝对的优越权，而这种优先权是理所当然的；外圈对内圈的触犯则会被视为对伦之“理”的破坏，并被进一步理解为对自己的触犯。而最终，处在圈子中心的自己永远拥有绝对的优先权。这往往被费先生描述为一种无可变更的自私属性，而在儒家，这却正是伦理的基础。

《大学》言：身修而后家齐，家齐而后国治，国治而后天下平。由内而外，由己及人，由家而国，也是对仁的具体阐释。

到目前为止，基本就把“仁爱”弄清楚了，也就是，“仁爱”外在表现为血缘伦理基础上有差别的爱，内在则表现为自我主义向外有秩序扩展的爱。

（五）仁和圣

在旧儒家的理论体系中，“仁”给“爱”罩上了一层“理”的属性。在伦理之下，爱不能再像它原本那样基于个体之间的情感而发生，而必须基于远近关系厘清亲疏厚薄。从这一点上来看，仁爱与其说是一种感情，不如说成了一种对感情的要求和约束。

和“仁”有着紧密联系的一个字是“圣”。《论语》中这两个字往往成对出现。在儒家的道德理念以及古代社会的传统实践中，仁爱并不是每个人都可以随便拥有的品质，而是唯圣人所具备，是儒家圣王思想的一部分。也就是说，“仁”中有一种对“位”的强调，对身份和所处位置的关注。直到今天，我们可以说一个小孩子很有爱心，却很难说一个孩子深具仁心，原因就在这里。

（六）新时代的仁爱

近现代以来，传统的儒家思想也在中国人的重新审视中发生变化。社会上既有对传统儒家思想的批判和反思，也产生了诸如新儒家之类希望对儒家思想深挖扬弃再吸收的潮流。从谭嗣同的《仁学》到熊十力的《原儒》，随着中国逐渐步入现代社会，从前更多作为古代政治统治思想的儒家伦理开始逐渐淡化，而侧重于个人品格修养的成分则更多进入学者的视野。作为儒家核心的仁爱，其内涵也随之逐渐转变以适应社会的需要。

概括起来大致如下：

（1）仁爱的重心由“仁”转向“爱”，仁爱的血缘伦理属性逐渐淡化，人的自然情感不再被忽略，而回归到原本儒家的“仁者爱人”。

（2）仁爱的自我主义属性逐渐被消解，转而强调宽容、理解和换位思考，“推己及人”、“己所不欲，勿施于人”。儒家强调的个人的社会责任感成为仁爱精神的体现。

（3）仁爱不再是圣王的专利，而成为所有社会成员共同的道德要求。

二、经典选读

（一）仁者爱人——爱心是仁的核心和灵魂

1. 子贡问曰：“有一言而可以终身行之者乎？”子曰：“其恕乎！己所不欲，勿施于人。”

——《论语》

【译文】

子贡问孔子说：“有没有一句话可以奉行终身的呢？”孔子说：“那大概是‘恕’吧！自己不愿做的事，就不要强加给别人。”

2. 恻隐之心，仁之端也；羞恶之心，义之端也；辞让之心，礼之端也；是非之心，智之端也。人之有是四端也，犹其有四体也。

——《孟子》

【译文】

同情心是仁的发端；羞耻心是义的发端；谦让心是礼的发端；是非心是智的发端。

人有这四种发端，就像有四肢一样。

3. 子之武城，闻弦歌之声。夫子莞尔而笑，曰："割鸡焉用牛刀？"子游对曰："昔者偃也闻诸夫子曰：'君子学道则爱人，小人学道则易使也'。"子曰："二三子！偃之言是也。前言戏之耳。"

——《论语》

【译文】

孔子到了武城，听到了弹琴唱歌的声音。孔子微笑着说："杀鸡何必用杀牛的刀呢？"子游回答说："从前我听到老师说过：'君子学习了礼乐，就会爱人，小人学习了礼乐，就好使唤了。'"孔子便说："学生们，言偃的话是对的。我刚才的话只是和他开个玩笑罢了。"

4. 子曰："道千乘之国，敬事而信，节用而爱人，使民以时。"

——《论语》

【译文】

孔子说："治理拥有一千辆兵车的国家，就必须严肃认真地处理各种事情，而且要遵守各种信诺，节约开支，爱护各级部下，征用民力要尊重农时，不要耽误耕种、收获时间。"

5. 为人君，止于仁；为人臣，止于敬；为人子，止于孝；为人父，止于慈；与国人交，止于信。

——《大学·止于至善》

【译文】

做人君的要把仁爱当作目标，做人臣的要把恭敬当作目标，做人子的要把孝顺当作目标，做人父的要把慈祥当作目标，与他人交往要把诚信当作目标。

6. 樊迟问仁。子曰："爱人。"问知。子曰："知人。"樊迟未达。子曰："举直错诸枉，能使枉者直。"

——《论语》

【译文】

樊迟问怎样叫仁。孔子说："爱人。"又问什么叫智。孔子说："善于识别人。"樊迟还不怎么明白。孔子说："提拔正直的人，罢黜邪恶的人，就能使邪恶的人变得变直。"

7. 一家仁，一国兴仁；一家让，一国兴让；一人贪戾，一国作乱。其机如此。此谓一言偾事，一人定国。尧、舜率天下以仁，而民从之。桀、纣率天下以暴，而民从之。其所令反其所好，而民不从。

——《大学·齐家治国》

【译文】

一个家族充满仁爱，就会影响整个国家兴起仁爱；一个家族充满礼让，就会影响整个国家兴起礼让；一个国君贪婪暴戾，就会导致全国人犯上作乱。其中的联系就是这样紧密。这就是一句话坏了大事，一个人能让国家安定。尧、舜用仁爱统治天下，老百姓就跟随着仁爱；桀、纣用残暴统治天下，老百姓就跟随着残暴。统治者形式上的命令与他们实际的嗜好相反，那么民众是不会听从这种命令的。

【感悟评析】

有一次，弟子樊迟询问孔子什么是仁，孔子言简意赅地给出了两个字：爱人。观诸世界，一种学说如果要成为一个国家或民族的文化主流，其内涵必然是教导人爱与信任，而不是仇恨和怀疑，基督教文化是这样，佛教文化也是如此，中国的儒家亦然。

如果说仁是儒家的开宗明义，那么爱心就是仁的第一篇章。作为一个仁者的必备品行——信任和善意，经历千年，直到今天仍旧是维护我们社会运行的基石。

（二）见仁见智——仁是一种开放包容的心态

1. 子曰："当仁不让于师。"

——《论语》

【译文】

孔子说："面对合乎仁义的事时，就是老师，也不必谦让。"

2. 宰我问："三年之丧，期已久矣。君子三年不为礼，礼必坏；三年不为乐，乐必崩。旧谷既没，新谷既升，钻燧改火，期可已矣。"子曰："食夫稻，衣夫锦，于女安乎？"曰："安。""女安，则为之！夫君子之居丧，食旨不甘，闻乐不乐，居处不安，故不为也。今女安，则为之！"宰我出。子曰："予之不仁也！子生三年，然后免于父母之怀。夫三年之丧，天下之通丧也。予也有三年之爱于其父母乎！"

——《论语》

【译文】

宰我问道："父母死后，子女要守三年孝，时间太长了。君子三年不习礼仪，礼仪一定会废弃；三年不演奏音乐，音乐一定会荒废。陈谷已经吃完，新谷已经上场，取火用的木头已经轮换过一遍，服丧一年也就可以了。"孔子说："在父母三年的丧期里，你吃稻米，穿锦缎衣服，心安吗？"宰我说："心安。"孔子说："你心安，就那么去做吧！君子守孝服丧时，吃美味的东西也不香甜，听音乐也不快乐，住在家里也不觉得舒服，所以不那么做。如今你心安，就去那么做吧！"宰我退了出来。孔子说："宰我真是不仁呀！儿女出生三年，才能够脱离父母的怀抱。三年丧期，是天下通行的丧礼。宰我难道没有从他父母那里获得三年的爱吗？"

3. 宰我问曰："仁者，虽告之曰：'井有仁焉'，其从之也？"子曰："何为其然也？君子可逝也，不可陷也；可欺也，不可罔也。"

——《论语》

【译文】

宰我问孔子说："有仁德的人，如果告诉他说'仁在井里'，他会跟着跳下去找仁吗？"孔子说："为什么要这样做呢？君子可以牺牲自己，却不可以被构陷；可以被欺骗，却不能被冤枉？"

4. 子曰："里仁为美，择不处仁，焉得知？"

——《论语》

【译文】

孔子说："居住在有仁德的地方才是好的。选择住处，却不住在有仁德的地方，那怎么能说是有聪明智慧呢？"

5. 子贡曰："如有博施于民而能济众，何如？可谓仁乎？"子曰："何事于仁，必也圣乎！尧舜其犹病诸！夫仁者，己欲立而立人，己欲达而达人。能近取譬，可谓仁之方也已。"

——《论语》

【译文】

子贡说："假若有一个人，给予老百姓多方面的好处，又能帮助大家过上好日子，怎么样？可以算作仁德吗？"孔子说："岂止于仁德，那简直是圣人了！尧舜大概都难以做到哩！那有仁德的人，要成全自己，就要先成全别人；自己要想发达，就也要让别人发达。凡事都要以自身为例而想到别人，可以说是实行仁德的方法了。"

【感悟评析】

如果你读过《论语》，就会发现其中的孔子并不是一位总在正襟危坐的老师，而是时而侃侃而谈，时而义愤填膺，时而中庸平和，时而洒脱不羁。两千多年前的杏坛，与其说是一间教室、一个讲座，不如说是一个各种观点自由碰撞的地方。比如有一次弟子宰我就对子女当为父母守孝三年的观点提出质疑，师徒之间对此展开激烈辩论。

《易·系辞上》："仁者见之谓之仁，知者见之谓之知。"希腊先哲亚里士多德曾称其弟子柏拉图为踢人的小马驹，后者则言"吾爱吾师，吾尤爱真理"。

（三）仁者不忧——快乐生活的智慧

1. 子曰："志于道，据于德，依于仁，游于艺。"

——《论语》

【译文】

孔子说："立志于道，坚守着德，不违背仁，游憩于六艺之中。"

2. 子曰："不仁者不可以久处约，不可以长处乐。仁者安仁，知者利仁。"

——《论语》

【译文】

孔子说："没有仁德的人，不能长久地处于穷困的环境中，也不能长久地处于安乐的环境中。有仁德的人安于仁，聪明人非常想得到仁。"

3. 子曰："巧言令色，鲜矣仁！"

——《论语》

【译文】

孔子说："花言巧语，装出一副讨人喜欢的面孔的人，是很少有仁德的。"

4. 子曰："人而不仁，如礼何？人而不仁，如乐何？"

——《论语》

【译文】

孔子说："作为一个人，却没有仁爱之心，那礼制还有什么用呢？作为一个人，却没有仁爱之心，那乐制还有什么用呢？"

5. 子曰："知者乐水，仁者乐山。知者动，仁者静。知者乐，仁者寿。"

——《论语》

【译文】

孔子说："聪明人喜爱水，仁人喜爱山。聪明人灵动，仁德者沉静。聪明人快乐，仁德者长寿。"

6. 孟子曰："君子所以异于人者，以其存心也。君子以仁存心，以礼存心。仁者爱人，有礼者敬人。爱人者，人恒爱之；敬人者，人恒敬之。"

——《孟子·离娄上》

【译文】

孟子说："君子之所以不同于一般人，是因为他保存在心里的思想不同。君子把仁和礼保存在心里。仁人爱人，有礼的人尊敬人。爱人的人，别人就一直爱他；尊敬人的人，别人就一直尊敬他。"

【感悟评析】

有一次，孔子让几个学生谈谈各自的人生理想，轮到曾点时，其回答："我的理想是和几个朋友一起穿上春装远足，去河里游游泳，去郊外吹吹风，再唱着歌回来。"孔子说："这也是我的理想。"

古往今来，人总容易被忧愁和惶恐所包裹，生活在困惑和疲惫中。这时候，你或许可以想到仁者不忧这句话，至于具体如何做到，就需要你自己去前人那里寻找答案了。

（四）仁者无敌——仁是责任和担当

1. 曾子曰："士不可以不弘毅，任重而道远。仁以为己任，不亦重乎？死而后已，不亦远乎？"

——《论语》

【译文】

曾子说："读书的人不可以不心胸宽广大度，意志刚强坚忍，因为他重任在身而路程遥远。把实现仁当作自己的责任，不也是重任吗？到死了以后才停止，路程不也是遥远的吗？"

2. 子曰："志士仁人，无求生以害仁，有杀身以成仁。"

——《论语》

【译文】

孔子说："志士仁人，不肯苟全生命而损害仁义，而宁愿牺牲生命成全仁义。"

3. "今王发政施仁，使天下仕者皆欲立于王之朝，耕者皆欲耕于王之野，商贾皆欲藏于王之市，行旅皆欲出于王之涂，天下之欲疾其君者皆欲赴愬于王。其若是，孰能御之？"

——《孟子》

【译文】

现在大王如果能施行仁政，使天下做官的人都想到您的朝廷上来做官，天下的农民都想到您的国家来种地，天下做生意的人都想到您的国家来做生意，天下旅行的人都想到您的国家来旅行，天下痛恨自己国君的人都想到您这儿来控诉。果真做到了这些，还有谁能够与您为敌呢？

4. (子贡)曰："伯夷、叔齐何人也？"曰："古之贤人也。"曰："怨乎？"曰："求仁而得仁，又何怨？"

——《论语》

【译文】

子贡问道："伯夷、叔齐是什么样的人？"孔子说："古代的贤人。"子贡又说："他们有怨恨吗？"孔子说："他们追求仁德而得到仁德，又有什么怨恨的呢？"

5. 子曰："仁远乎哉？我欲仁，斯仁至矣。"

——《论语》

【译文】

孔子说："仁德难道离我们很远吗？我想要达到仁，仁就会到来。"

6. 子曰："有德者必有言，有言者不必有德。仁者必有勇，勇者不必有仁。"

——《论语》

【译文】

孔子说："有道德的人一定能说出有道理的话，但是能说出有道理的话的人，不一定就有道德。仁人必定勇敢，但是勇敢的人，不一定就有仁德。"

7. 微子去之。箕子为之奴。比干谏而死。孔子曰："殷有三仁焉。"

——《论语》

【译文】

(殷纣王无道，不听劝谏)微子便弃官而去，箕子被降而为奴隶，比干进谏而被处死。孔子说："殷朝有三个仁人。"

8. 域民不以封疆之界，固国不以山溪之险，威天下不以兵革之利。得道者多助，失道者寡助。寡助之至，亲戚畔之；多助之至，天下顺之。以天下之所顺，攻亲戚之所畔；故君子有不战，战必胜矣。

——《孟子》

【译文】

老百姓不是靠封锁边境线就可以限制住的，国家不是靠山川险阻就可以保住的，扬威天下也不是靠锐利的兵器就可以做到的。拥有道义的人得到的帮助就多，失去道义的人得到的帮助就少。帮助的人少到极点时，连亲戚也会叛离；帮助的人多到极点时，全人下的人都会顺从。以全天下人都顺从的力量去攻打连亲戚都会叛离的人，必然是不战则已，战无不胜的了。

9．梁惠王曰："晋国，天下莫强焉，叟之所知也。及寡人之身，东败于齐，长子死焉；西丧地于秦七百里；南辱于楚。寡人耻之，愿比死者一洒之，如之何则可？"

孟子对曰："地方百里而可以王。王如施仁政于民，省刑罚，薄税敛，深耕易耨；壮者以暇日修其孝悌忠信，入以事其父兄，出以事其长上。可使制梃以达秦楚之坚甲利兵矣。彼夺其民时，使不得耕耨以养其父母。父母冻饿，兄弟妻子离散，彼陷溺其民，王往而征之，夫谁与王敌？故曰：'仁者无敌。'王请勿疑！"

——《孟子》

【译文】

梁惠王说："晋国曾一度在天下称强，这是老先生您知道的。可是到了我这时候，东边被齐国打败，连我的大儿子都死掉了；西边丧失了七百里土地给秦国；南边又受楚国的侮辱。我为这些事感到非常羞耻，希望替所有的死难者报仇雪恨，我要怎样做才行呢？"

孟子回答说："只要有方圆一百里的土地就可以使天下归服。大王如果对老百姓施行仁政，减免刑罚，少收赋税，深耕细作，及时除草；让身强力壮的人抽出时间修养孝顺、尊敬、忠诚、守信的品德，在家侍奉父母兄长，出门尊敬长辈上级．这样就是让他们制作木棒也可以打击那些拥有坚实盔甲锐利刀枪的秦楚军队了。因为那些秦国、楚国的执政者剥夺了他们老百姓的生产时间，使他们不能够深耕细作来赡养父母。父母受冻挨饿，兄弟、妻子、子女东离西散。他们使老百姓陷入深渊之中，大王去征伐他们，有谁来和您抵抗呢？所以说：'施行仁政的人是无敌于天下的。'大王请不要疑虑！"

【感悟评析】

如果把仁组成词语，有的人会说仁义道德，有的人则说仁人志士。

"仁以为己任，不亦重乎？死而后已，不亦远乎？"两千多年前先贤的这句拷问，犹如一颗恒星，照耀着中国的历史，也照耀着历代仁人志士的双眸。

三、拓展阅读

（一）仁人志士文天祥

文天祥（1236—1283），南宋末期官员、抗元将领。南宋末期吉州庐陵富川（今江西吉安县）人。与陆秀夫和张世杰并称"宋末三杰"。又与谢枋得、袁继咸并称"江右三山"。

文天祥18岁时获庐陵乡校考试第一名；理宗宝佑四年（1256年）入吉州白鹭洲书院读书，同年中选吉州贡士，并随父前往南宋首都临安应试。在殿试中，他做"御试策”切中时弊，提出改革方案，表述政治抱负，宋理宗亲拔为第一，但四天后父亲病故，文天祥归家守丧三年。

开庆元年（1259 年）蒙古军攻鄂州，宦官董宋臣主张迁都。文天祥上疏请斩董宋臣，建议御敌之计，未被采纳。后历任签书宁海军节度判官厅公事、刑部郎官、江西提刑、尚书左司郎官、湖南提刑，知次年任右丞相，赴元营谈判，希望以谈判的方式来刺探蒙古军情，在谈判过程中，文天祥据理力争，怒骂伯颜，但与此同时，南宋朝廷却派人前往文天祥军营，宣布解散文天祥的军队。伯颜得知文天祥军队已经被解散，故下令逮捕他，押解北方。当文天祥被押送到镇江的时候，得当地义士相救脱险。此后力图恢复，转战东南。这时，南宋朝廷已奉表投降，恭帝被押往元大都，陈宜中等拥立 7 岁的宋端宗在福州即位。文天祥奉诏入福州，任枢密使，同时都督诸路军马，往南剑州建立督府，派人赴各地募兵筹饷以继续抗元战争。秋天，元军攻入福建，端宗被拥逃海上，在广东一带乘船漂泊。

文天祥与当时朝臣张世杰与陈宜中意见不合，于是离开南宋行朝，以同都督的身份在南剑州开府，指挥抗元。1277 年，文天祥率军移驻龙岩、梅州，攻入江西。在雩都大败元军，攻取兴国，收复赣州十县、吉州四县，人心振奋，抗元形势转好。但好景不长，元军主力进攻文天祥兴国大营，文天祥寡不敌众，率军北撤，败退到庐陵、河州，损失惨重，妻儿也被元军掳走。

祥兴元年（1278 年）夏，文天祥得知南宋行朝移驻崖山，为摆脱艰难处境，请求率军前往，与南宋行朝会合。由于张世杰坚决反对，计划失败，文天祥率军退往潮阳县。当年八月南宋朝廷封文天祥为少保、信国公。同年冬，元军大举来攻，文天祥再败逃走；文天祥率部向海丰撤退的途中，在五坡岭时遭到元将张弘范的攻击而兵败，文天祥吞下随身携带的冰片自杀，不过未死，仅昏迷过去，随后被俘。张弘范要文天祥写信招降张世杰，乃书《过零丁洋诗》：“辛苦遭逢起一经，干戈寥落四周星。山河破碎风飘絮，身世浮沉雨打萍。惶恐滩头说惶恐，零丁洋里叹零丁。人生自古谁无死？留取丹心照汗青。”张弘范笑而置之，不久遣使护送至大都，路上绝食八日，不死。被关押在北京府学胡同，拘囚四年。帝昺祥兴二年（1279 年），宋亡，文天祥仍坚守初志，在给妹妹的信中说：“收柳女信，痛割肠胃。人谁无妻儿骨肉之情？但今日事到这里，于义当死，乃是命也。奈何？奈何！……可令柳女、环女做好人，爹爹管不得。泪下哽咽哽咽。”狱中做《指南后录》第三卷、《正气歌》。

忽必烈爱其才，先后派出平章政事阿合马、丞相孛罗招降，至元十九年十二月八日（1283 年 1 月 8 日），忽必烈召见文天祥，亲自劝降。文天祥坚贞不屈，答曰：“一死之外，无可为者。”元朝又请出当时已经降元的南宋大臣出面劝降，结果遭到文天祥的痛骂；元朝又派出已经被俘的宋恭帝赵㬎劝降，文天祥置之不理。次日押赴刑场，文天祥向南宋首都临安方向跪拜，从容就义，享年 47 岁。行刑后不久，“俄有诏使止之”，然文天祥已死，忽必烈惋惜说：“好男子，不为吾用，杀之诚可惜也！”文天祥的妻子欧阳氏收尸时，在其衣带中发现绝笔自赞：“孔曰成仁，孟曰取义；惟其义尽，所以仁至。读圣贤书，所学何事？而今而后，庶几无愧！”

宋史编者脱脱评价文天祥将“仁”视为比生命还更重要的事物，也盛赞宋朝经由科举取进士，培养出真正的仁义之士。“为论曰：自古志士，欲信大义于天下者，不以成败利钝动其心，君子命之曰‘仁’，以其合天理之正，即人心之安尔。商之衰，周有代德，盟津之师不期而会者八百国。伯夷、叔齐以两男子欲扣马而止之，三尺童子知其不可。他日，孔子贤之，则曰：‘求仁而得仁。’宋至德佑亡矣，文天祥往来兵间，初欲以口舌存之，事既无成，奉两孱王崎岖岭海，以图兴复，兵败身执。我世祖皇帝以天地有容之量，既壮其节，又惜其才，留之数年，如虎兕在柙，百计驯之，终不可得。观其从容伏质，就死如归，是其所欲有甚于生者，可不谓之‘仁’哉。宋三百余年，取士之科，莫盛于进士，进士莫盛于伦魁。自天祥死，世之好为高论者，谓科目不足以得伟人，岂其然乎！”

（二）不食周粟的伯夷叔齐

商朝末年，有个孤竹国。国王有几个儿子，其中哥哥叫伯夷，弟弟叫叔齐。两个兄弟感情很好，互相友爱。

孤竹国王想让叔齐继位当国王。可是，叔齐想：“哥哥怎么办呢？两人只能有一个人当国王啊！”两人都不知道未来会怎样？

后来，孤竹国王去世了！弟弟叔齐决定要把王位让给哥哥伯夷。可是，哥哥说：“国王应该是你，这是父亲的命令啊！”于是，伯夷便离开了孤竹国，把王位让给叔齐。可是，弟弟也不肯当国王，便把王位让给其他兄弟，和哥哥一起离开孤竹国了！

当时，殷商的纣王沉迷女色，用残酷的刑罚杀死大臣。当时，人们看到纣王这样无道，也没办法。可是，大家心里都知道，商朝的气数快没了，新的朝代应该很快就要诞生。

这时，西方的大诸侯周文王行善道、积大德。慢慢地，诸侯的心都向着他。很多有道德、有能力的人，都知道一个新王朝要兴起了，便顺着天意，前来辅佐周文王。伯夷兄弟听说文王道德高，长者都得到很好的赡养，也想来归附周文王。

这时，纣帝害怕大家心向文王，自己就不能当君王了。所以，纣帝把文王关起来。可是贤明的文王利用这个时间，将八卦推演成六十四卦。这就是周易，里面有很多正确的知识和道理，可见：周文王不仅德行高，也很有广博的智慧呢！

文王死后，他的儿子周武王继承父亲的志愿，顺从天象，顺应民心渴望推翻暴君的趋势，文王还没埋葬，武王用车载着父亲的灵位，就向东出发，继续讨伐纣王。

可是，伯夷叔齐没有从天意和民心的角度体谅武王，便认为武王不孝。兄弟俩人便双双在马前跪下，苦谏武王说：“父亲死了不下葬，还在用武打仗，这有孝道吗？诸侯是臣下，却要杀死帝王，这有仁道吗？”

当时，武王旁边的兵士，本来要对付他们兄弟。可是，文王的老师姜太公却说：“他们是义人。”太公亲自扶起他们俩人，让他们平安离开了！

后来，武王平定了商末的乱象。天下的诸侯都以周王为共主。武王分封很多人当诸侯，让他们治理不同邦国。因为周武王讨伐的是昏君，不是那儿的人民。所以，贤者微子启虽然是纣帝的哥哥，却被封为宋地的诸侯呢！

可是，伯夷叔齐还是看不起周朝。他们甚至唱歌讽刺周武王是取代旧的暴力的新暴力。他们在首阳山上，只吃一些山菜为生，拒绝吃周朝的米粮。最后，俩人都饿死了！

虽然他们反对武王伐纣。不过，后来中国人也都认为他们很了不起。因为，他们清高、守道，甚至以身殉道的事绩，不是每个人都做得到的吧！

四、练习实践

【单元话题】

1. 通过查找资料，比较儒家“仁爱”与墨家“兼爱”的施行方式和内在根源有什么不同?

2. 一个国家的文化是否是一成不变的？当今时代我们看待儒家文化，是应该鼓励文化上的创新还是应当遵循文化的“原教旨主义”呢?

【写作实践】

儒家讲仁爱，墨家讲兼爱，佛教讲慈悲之爱等。儒家提出“以爱己之心爱人则尽仁”，即爱人如己才能体现仁的本质。

仁爱思想是儒家文化的精髓，也是儒家道德价值的根本。根据孔子“己所不欲，勿施于人”的观点，作为刚进入大学校园的你，怎样做到与同学和睦相处，自我完善？请就此写一篇短文。

【语言素养】

《三字经》（节选）

（宋）王应麟撰

人之初，性本善。性相近，习相远。苟不教，性乃迁。教之道，贵以专。
昔孟母，择邻处。子不学，断机杼。窦燕山，有义方。教五子，名俱扬。
养不教，父之过。教不严，师之惰。子不学，非所宜。幼不学，老何为。
玉不琢，不成器。人不学，不知义。为人子，方少时。亲师友，习礼仪。
香九龄，能温席。孝于亲，所当执。融四岁，能让梨。弟于长，宜先知。
首孝悌，次见闻。知某数，识某文。一而十，十而百。百而千，千而万。
三才者，天地人。三光者，日月星。三纲者，君臣义。父子亲，夫妇顺。
曰春夏，曰秋冬。此四时，运不穷。曰南北，曰西东。此四方，应乎中。
曰水火，木金土。此五行，本乎数。曰仁义，礼智信。此五常，不容紊。
稻粱菽，麦黍稷。此六谷，人所食。马牛羊，鸡犬豕。此六畜，人所饲。
曰喜怒，曰哀惧。爱恶欲，七情具。匏土革，木石金。与丝竹，乃八音。
高曾祖，父而身。身而子，子而孙。自子孙，至元曾。乃九族，而之伦。
父子恩，夫妇从。兄则友，弟则恭。长幼序，友与朋。君则敬，臣则忠。
此十义，人所同。

第二章 正 义

一、导读

“义”是中国文化特别是儒家思想的一个重要哲学概念。其含义是适当的、正当的、应当的、有担当的道德和行为。儒家之“义”内涵十分丰富，既包括合理适当之“义”、正直正当之“义”，理所应当之“义”、责任担当之“义”，也包括从公为众之“义”、从道循道之“义”、履行礼规之“义”、事理明确之“义”、真心纯情之“义”，含有仁义、正义、大义、公义、道义、礼义、理义、情义等丰富的内涵。

（一）“义”字的起源和含义

1.“义”字的起源

仁义来源于天德。中国文化发端于天地自然，“以天地合其德”，天地之道引发人之道。故《易·说卦传》有言：“立天之道曰阴与阳，立地之道曰柔与刚，立人之道曰仁与义。”“仁义”根源于天地之道，是人道之根本，是合宜天地法则的正当德行。做什么人做什么事，应不应该，合不合适，其评判裁断标准只有一个，即合乎天之道德、天地法则。天之道德就是《易经·乾》卦说的：“元、亨、利、贞。”《易传·文言》解释：“元者，善之长也；亨者，嘉之会也；利者，义之和也；贞者，事之干也。君子体仁足以长人，嘉会足以合礼，利物足以和义，贞固足以干事。君子行此四德者，故曰：乾，元、亨、利、贞。”这句话的意思是：元，始创万物，是善的首领；亨，是美的会合；利，是得宜（义）的和谐。贞，是事物的正干。君子体行仁善就足以为人之长，众美的会合就足以合礼，利益万物就足以谐和道义，持正永固就足以干成事业。概言之，天具有育生万物的首善性——大爱，畅顺通达的荟萃性——大美，众生得宜的义利性——大义（大利），永不偏斜的正固性——大正。

从字形看“义”的起源。甲骨文的“义”是一个会意字，上部为“(羊)”，下部为“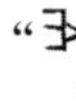(我)”。长沙马王堆出土的帛书，对“义”字的解释为：或从羊、从弗。“弗”是“我”字的讹变。首先，解释“羊”字的涵缊。羊是温驯的动物，有“驯顺”之意。人们猎守野兽比牲畜危险多了，而牲畜中马、牛、猪等都不如羊好。狩猎羊容易、安全，危险系数低，而且羊温驯，易驯养，肉质肥美营养价值高，自然而然成了人们喜欢的牲口。“美”字意思是羊大为美；“善”字的意思是羊有善良之意，十分形象地解释了古人对羊的喜爱。祭祀活动是最神圣的，要选用最好的牲口，因而古人在祭祀活动中常用羊

为祭品，显示对神灵天地的敬重，古人认为这样是应当的、合适的。其次，解释“我”字的涵蕴。上古时期，表示第一人称用吾、予、余等字，并不是“我”字。上古时期“我”字代表的是一种柄上带齿形的兵器，类似戉（钺），即长斧类兵器，是用来杀人或杀牲口的凶器。既然是杀牲口的工具，刀、剑也可以，为什么古人造“義”字时，用“我”字而不用“刀”“剑”二字或其他呢？因为用“刀”“剑”二字不是最合宜的，用“我”字最合宜。古代大规模战争使用的多数是长柄钺之类的武器。在战场杀敌，刀、剑与长柄钺相比较，威力稍逊一筹，钺是最好的武器。祭祀是最神圣的活动，选择最有威仪的长柄钺便是理所应当的了。

“義”字的起源就基本清楚了：为敬天德，人们把“羊”作为古代祭祀供品敬献上天与祖宗；古代祭祀不仅有表示善美吉祥的供品，还有手持长柄钺斧“我”的威严仪仗队。长柄兵器用在祭祀仪典即成为仪器。人们认为用合宜的工具，宰杀合宜的羊，顶起羊头，手执戈器，庄重地举行仪式，祭祀神灵，是应当的、适当的，是威仪，是敬重。

2.“义”字的本义与引申义

从“義”字的构造中，可以看出这个字与古代祭祀仪式有关，传达了两个信息：一是心要诚正美善；二是仪式肃正，仪仗威严。“義”字的本义即为威仪、礼仪。古代“义”为“仪”的古字。许慎《说文·我部》：“義，己之威仪也。从我羊。羛，墨翟书義从弗。”许慎把“義”当作一个从“我”从“羊”的会意字，是“威仪”“仪态”之“仪”的本字，这应为“義”字的本义。

段玉裁在《说文·我部》释：“义，己之威仪，从我从羊。”“古者威仪字作义，今仁义字用之。”“谊者，人所宜也。今情谊字用之。郑司农注《周礼·肆师》，古者书仪但为义。今时所谓义为谊，是谓义为古文威仪字。谊为古文仁义字。”“义之本训为礼容各得其宜，礼容得宜则善也。义，善也，引申之义也。从羊者与善、美同意。”东汉郑玄笺：“义之言宜也。”《礼记·中庸》：“义者，宜也。尊贤为大。”孔颖达《毛诗正义》释“义，善也。”

随着历史的发展，“義”字威仪、礼仪的本义发生了变化，“羊”与“我”表达了美善在己行为正当之涵义。義→威仪→谊、宜（应当、正当）→善、美→美善在己。以“善”释“义”说明“义”具有了道德的萌芽。春秋后，以儒家为代表，把心存诚正美善，品行合宜，有责任、敢担当、敢牺牲、为他人、为社会做正当之事的德行称为“義”。“义”与“仁”“正”“道”“忠”“信”“德”等词有了必然联系，在汉语中有了“仁义”“正义”“道义”“忠义“信义”“义德”等表达合宜道德品行的词汇概念。

“义”成为中国文化体现道德修养的重要概念，是儒家伦理道德内涵和人格理想的关键词。义的含义可以简约为关键词：“适当”“应当”“正当”“担当”。

（1）“适当”。义，发展成了中国传统伦理学中一个重要道德范畴，指正当的行为原则，符合一定的伦理道德标准的行动。古人把“义”作为行为标准和评价标准，只要行为本身合乎义，就会得到肯定；已认知的事物内容——意义、含义、涵义、定义。这是“义”的第一个引申义；

（2）“应当”。义的含义由“适当”再引申为中华民族精神文明中处理个人与他人关系的道德观念。有善良、美好、公正、正义之意，如信用、人际感情——信义、义气、恩义、侠义；拜认而成为亲属关系——义父、义母、义子、义兄、义弟等；人们遵循

“义”的行为标准，在处理人际关系时，由于认识到彼此大“道”相同而产生的亲密情感或态度，今人称之为“情谊”或“友谊”。这是第二个引申义。

（3）“正当”。人们有了“应当”的标准之后，在处理社会的关系时，在物质生活和精神生活相互关系的道德规范上有了更高层次的认识：行为的合理性和合法性。符合社会的政策和行为规范的要求，或者符合社会发展的需要和人民的利益便是正当之举。这是“义”的第三个引申义。

（4）“担当”。在“正当”基础上，现代汉语还引申出个人与民族、国家的关系：合乎民族正义或公益的事或行为——义举、义师、义士、义务等；不获取报酬，或收入用于公益事业的——义工、义演、义卖；思想、信念、主张——主义；在特殊时期为舍弃个人利益，为民族、国家奉献之大义。这是个人对集体的责任或者使命。

（二）义与传统文化的关系

在诸子百家经典中，儒家重仁不轻义，孔子讲仁最多，孟子在仁中发展义，对义与勇的关系也进行了论述；道家老庄讲大道之义；儒、道、墨都对义的关系进行了辩论。

1．义与仁的关系

儒家列“仁义”为道德之首，以此作为判断人之为人的道德价值标准。中国社会有“天地良心”“大仁大义”“仁义道德”这些带根本性的价值判断词语，用“义薄云天”“义重山岳”拟喻正义之高远厚重。仁义是儒家伦理道德体系中的内核，二者同为人道的元素，都具有根本性，是伦理道德之首。但两者的内在质素和表现上有所侧重和分工，在道德逻辑上分有先后。共同性：中华伦理道德之本，是人道的根本元素，联系紧密。不同点：内涵质素侧重点不同，道德逻辑分先后，表现上有分工。

（1）“仁”侧重于人心情感、价值内涵的本然，为成人之本，列道德之首；“义”侧重于情理、价值的当然，为立人之本，表达道德和行为的正当性，是准绳和尺度。“仁”是爱善的本元，内化于心。“义”是心性情理之合宜，外化于行。“仁”的本质是爱人，为“人之本体”。“义”的本质是确定和体现“仁”的应当性、正当性，并在行为上予以担当，具有裁制断定价值的功能。

（2）内仁外义、居仁由义。在分工表现上，“仁”以内隐为主，孟子称“仁”为人的“恻隐之心”，内生于心，人固有之，是一种爱心、情感或价值趋向。“义”是爱心、情感或价值取向适当、正当。恰当的、正当的就应当担当，担当就是行为上的承担和表现。内隐仁德的适当性、正当性由“义”裁定并担当，而“义”的质素又是仁德。这种内涵交织，内仁外义的特点，使仁义并举成为中国道德文化表达中的常态，仁义道德的表述司空见惯。

（3）仁宅义路、义以体仁。仁爱精神要通过义行才得到展现。如果把“仁”比喻为道德的元点，那么“义”就是道德元点的指南针，起着指明道路的作用。孟子把“仁义”的关系比作“仁宅义路”。仁为人心之安宅，义为人行之正路。人心须行在正路上，仁德才会显现光辉。中国文化贵仁尚义，欣赏义行义举，将义作为立人之本，修身行事的道德准则，其深厚的思想意义在于此。仁以义显，义以体仁，这是仁与义二者关系的主要特点。孟子虽然为“内仁外义”与告子有过辩论，但他“仁宅义路”的观点恰好说明仁义的分工关系是“内仁外义”“义以体仁”。

2. **义与礼的关系**

“礼”原是古代祭祀祖先神灵的仪式程序，《说文》：“礼，履也，所以事福致福也。”礼的最初意义是表达人们尊天敬祖、缅怀神灵，祈求致福的心情。由于祭祀具有心怀恭敬、仪式谨严、程序规范、区分尊卑等级和先后次序等内涵，于是“礼”演变为伦理制度和行为规范，具有社会身份等级和行为规矩方面的意义。作为社会治理和规范社会的需要，周朝建立后，周公“以德为纲”，“制礼作乐”，以“礼”规范行为，以“乐”教化人心，首次将“礼”确立为社会制度，规范社会，呈现出以道德为中心，以礼乐为基础制度的社会治理模式。这种模式被易中天称为“一个中心，两个基本点”，至此，“礼乐”成为中华文化的精神核心和基本框架，并对千百年来的中国社会产生深远影响。周文化对孔孟思想影响至深，可以说，儒家伦理道德体系是建立在周文化的基础之上的。孔子把礼作为实现仁义的正确道路和方法。孟子更是把礼视为人的“辞让之心”，作为人的德行之一，纳入“仁、义、礼、智”的道德体系。从此，“礼”成为中国社会基本的道德行为规范。包括：礼义，以礼成义，礼内容上的正当性，礼制规范的根据原则；礼制，社会的等级制度和伦理秩序；礼教，礼的教育内容，礼数、礼规；礼节社会活动、人际交往表示尊重的常规性形式；礼仪，社会生活中的礼节仪式；礼貌，个人在社会交往中所表现的品性修养。

在义与礼的关系上，主要有两个特点：第一，义为礼质。义为礼之本，礼为义之行。义是里，礼是表。礼是表现义的形式和行为。孔子希望的君子人格所具有的品质修养——仁义、循礼、谦逊、诚信，但强调了义是礼的本质，谦逊、诚信的本质也是义。“义以为质，礼以行之”，义是根本、是内涵，礼是来表现、推行、实践义的。同时，礼也是表现仁的。孟子特别强调礼要有实质内容，认为礼的内容大于礼的形式。提出“非礼之礼，非义之义，大人弗为”的观点，拒绝没有实质内容的形式之礼。礼生于仁义，无义之礼，礼就失去了灵魂。礼是为了实行体现仁义而设置的具体德目，仁义礼构成儒家伦理道德的基本框架。第二，行义以礼。礼是规范、制度，是道德行为的原则，有应当性、规范性意义，这就为义的施行提供了规范性和制度的保证，即义的表现、推行必须有规矩，必须有制度规范保障；同时，礼的本质是义，礼又具有“义为礼本”的特性，这样，礼就兼有“义为礼本、行义以礼”的双重性。可以说，不论礼本身还是尊礼循礼，都体现着“义”。义与礼的相互为用、相互制衡的关系常被表述为“礼义”。

3. **义与利的关系**

儒家，重义轻利，以义节利。孔子说：“礼以行义，义以生利，利以平民，政之大节也。”这表明孔子强调，行义要符合礼的规定，认识到利益是使老百姓安定的重要因素，处理好礼、义、利三者的关系，是治国安民的关键。孟子：“何必曰利？亦有仁义而已矣。”孟子把义放在更重要的位置上。荀子在继承儒家重义传统的基础上认为“先义而后利者荣，先利而后义者辱；荣者常通，辱者常穷；通者常制人，穷者常制于人：是荣辱之大分也。”因为先利后义，会因私心而失大义于天下，最终反不能得利；而先义后利，则会因正义而舍弃个人私利，最终赢得人心与大利。这样，舍利取义，既达到了义的标准，又实现了利的目标。

道家认为义和利是招致祸患的源头，“今立人之所病，聚人之所争，穷困人之身，使无休时，欲无至此，得乎”，舍弃“利”，是避害求全的，于是提出了养形忘利、弃名全生的义利观。人应该少私寡欲，只有抛弃了利的欲望，做到清静少欲，回到纯朴天真、无私无邪的婴儿赤子的自然本性，才能实现社会生活的和谐。清静可以为天下正，道家企图达到一种超越世俗“义”“利”的自然清虚、逍遥相忘的境界。

墨家主张义和利是一致的，即“义，利也”。墨子的“兼相爱，交相利”不分亲疏、贵贱、贫富，一视同仁地爱所有的人，大家共谋福利，去除争抢，通过一种充满着爱意的社会人文情怀，既能自爱又能相爱，从而改善人际关系，消除破坏性冲突，创造和谐的社会环境，使每个人的利益都能得到满足，然后大义得成。“务求兴天下之利，除天下之害”，主张“国都不相攻伐，人家不相乱贼”，以兴“天下之利”反对“大国之攻小国”“大家之乱小家”。他主张“非攻”行“义战”，而不是主张非战争；赞同“诛”而反对“攻”，因为，“诛”是“兴天下之利，除天下之害”的仁义之举，“攻”则相反，“攻伐无罪之国”，是侵略战争，掠夺财物，劫杀万民。

4. 义与勇的关系

见义不为无勇也。为正义而舍身称为勇，义是君子高尚人格魅力形成的重要因素。子路出仕晋国最后被杀，孔子高度赞扬了子路的勇，说子路君子尚义，真君子也。古圣哲们认为“见义不为无勇也”。勇和义形成了不可分割的整体。义，失去勇，等于空谈，犹如水中捞月，没有实在意义；勇，失去义，就是一种野蛮行为，为乱社会。勇气只是一种行为、一种表现，而不能决定行为的对错，决定行为对错的是道义。只有道义才是勇气的灵魂、指针、准绳和方向盘。离开了义，勇只能是匹夫之勇而已，难登大雅之堂。西楚霸王项羽因政治思想不成熟，多做不义之杀，最后众叛亲离，成为历史上徒有其勇的猛将，终不能成帝，令人惋惜。所以，义是勇敢的基础，勇敢是道义的体现，二者不可分割，是行为规范的统一体，失去道义的勇敢，是一种野蛮行为。因而应该以义为勇的实质，以勇为义的载体，倡导人们追求大义，以天下为己任，勇于担当，见义勇为。

5. 义与道的关系

道家的道义讲求的是辩证的天道，天道是最根本的正义。

首先从圣王来看，无为即正义，是道家道义的方法论。“圣人处无为之事，行不言之教，万物作焉而不辞，生而不有，为而不恃，功成而弗居！夫唯弗居，是以不去。”圣人要做的是效法自然，不立言，谁做得好坏不言辞，世上物品不私占，拥有才情不傲物，功成名就不居功，世间道义自然运行。反之，如果圣人过多作为，则“毁道德以为仁义，圣人之过也”。王者呢？为王也应当效法天道，不偏执，不压制，任百姓自作自息，不要横加干涉，不强制推行有违规律的法令，不制造不平等，同时调整社会分配方式，损有余而补不足，“虚其心，实其腹，弱其志，强其骨”，“常使民无知无欲”，“为无为则无不为”。

其次从社会来看，道家的道义强调的是一种社会自然公正的环境。“天地不仁，以万物为刍狗”，天地对万物无所偏爱。“万物与我并生”，在道义面前没有谁是优先的，接待他人，对待他物，平等公正，整个社会环境如是一般。如果社会不平等、不公正，那么就会“大道废”“六亲不和”“国家昏乱”。社会没有公平，就不需要仁义，不会有大伪，不会有孝慈，也没有忠臣。“故失道而后德，失德而后仁，失仁而后义，失义而后礼。”天道表现在社会层面就是德，德即儒家所言仁、义、礼。

再次从个体来看，道家的道义是清虚空灵，超然于利。“万物并育而不相害”“万物归焉而不为主，可名为大。以其终不自为大，故能成其大。”万物依道自由、自化。人和事物都一样，在自由中进化，不妨害他人、他物，行为清虚空灵，即为正义。道家把道看作是冲虚空灵无声无象的，又是浑沦一体绵绵不绝的，个体的发展顺乎道，即是本性，发挥内在潜能而已，不像儒家那样把义作为最高的价值标准，也不像墨家那样把义括约为利，还有别于法家主张的唯利无义，而是以超然的、清虚的态度对待义。“其异者视之，肝胆楚越也，自其同者视之，万物皆一也。夫若熟者，且不知耳目之所宜，而游心于德之和”，对世间功利完全超脱，游心自由自在。

（三）诸家之义相通互补成就东方智慧

今天的时代，每个人都有权利和自由去追求自己的合法利益。其实义与利并不矛盾。只要在义与利的关系中找准重心点，就不至于失去平衡，产生矛盾。相反，无法辨清义与利的利害关系，就很容易深陷名利场的泥淖，更不用说开创美好的未来。

我们反对唯利是图、舍义取利，也不鼓励置个人利益不顾，弃利拾义，应该将义和利看作统一的有机整体，合理取舍。另一方面，正视义和利之异，让好人得到好报、让善行得到传扬，政府有责任，社会也该有担当。正是先秦诸子相通互补的观点在中国传统义利观形成的过程中不断糅合而又相互排斥，构筑了传统义利观的主线。中国人积极而不偏激、现实而不过分功利的处世之道也正展现了先民这种拙朴而深沉的智慧。

作为当代大学生，需要深刻理解我们的东方智慧，明白中华传统文化之义是一个有机的整体，个人之义、社会之义、民族大义、国家忠义是辩证统一的，努力提高自身修养和人文素养，守法、合理取舍义利，增强社会正义感和自身的民族大义意识，将自己的个人之义与国家大义统一起来，忠于祖国、报效祖国，甚至努力做一个人类命运共同体的推动者、践行者。

二、经典选读

（一）义与仁

1. 仁者人也，亲亲为大；义者宜也，尊贤为大。

——《礼记·中庸》

【译文】

所谓仁，就是爱人，爱人之中，以亲近自己的亲人最重要；所谓义，就是适宜，适宜之中，以尊敬贤人最重要。

【感悟评析】

“仁者人也，亲亲为大。”亲亲，仁也。“亲亲”的第一个“亲”是动词，第二个“亲”是名词。对自己的亲者履行应尽的义务，这就是仁。上述引文清楚地表明，仁的本义就是“亲亲”。仁与义的关系表现为：“仁”是行“义”的手段与工具，“义”是行“仁”的目的。“仁”是指由内心而发的，对道德礼法敬畏的责任意识；“义”则指依道德法则而做出的判断与行为。“义”相对于“仁”，是外在于人的。但是，人只有与“仁”同在，才能保全其人之为人的本性，不“仁’，也就不“义”。人只有持守“义”，才能有所适从，安于人道，不致误入歧途。这样，“仁”之本心、安宅，只有经过“义”之人路的裁断与实践，才能得以贯彻，得以实现。

2. 仁者天下之表也，义者天下之制也，报者天下之利也。

——《礼记·表记》

【译文】

仁是天下的表象，义是天下的准则，知恩图报是天下利益所在。

3. 告子曰："食色，性也。仁，内也，非外也；义，外也，非内也。"

——《孟子·告子上》

【译文】

告子说："饮食、性爱，是人的本性。仁爱是内在的，不是外在的；道义是外在的，不是内在的。"

【感悟评析】

人的行为方式源自于内心，内心有善良的思想，行为方式也就是善良的；如果内心是邪恶的，那就很难有善良的行为方式。因此，仁与义，与人相互亲爱的善良愿望和对人善良的行为方式是不可分割的。

4. 孟子曰："自暴者，不可与有言也；自弃者，不可与有为也。言非礼义，谓之自暴也；吾身不能居仁由义，谓之自弃也。仁，人之安宅也；义，人之正路也。旷安宅而弗居，舍正路而不由，哀哉！"

——《孟子·离娄上》

【译文】

孟子说："自己损害自己的人，不可以和他谈什么；自己抛弃自己的人，不可以和他有什么作为。所言谈的不是社会行为规范和最佳行为方式，就称之为自己损害自己；自身不能辨别仁爱和使用最佳行为方式，就称之为自己抛弃自己。建立人与人之间相互亲爱的关系，是人们所安于顺应的；最佳行为方式，是人们所必须走的正路。荒废安于顺应而不辨别，舍弃正路而不使用，真是可悲啊。"

【感悟评析】

有人认为：仁者人也，用人选人从家里人用起，很容易搞裙带关系，搞小利益集团。但是儒家的思想并非如此，儒家除了"仁"，还有一个"义"字，"义"可以消解这个狭隘性，就是尊贤。实际上强调的是人的一种情感的真实性，是观察人的一种思路。所以包括用人，"义者，宜也"。什么叫"宜"？合适。说这个人干这个事合适，你就应该用他。我的亲人是贤人，当然好了，任贤也可以从亲人开始，他是不是一个贤人，这个要有义来管着，义为大。看人贤不贤要看他爱人，从哪里看他爱不爱人？看他做事的根底。有些人的爱有假象，为了某种功利去爱，这是不符合"义"的。

"仁"是对人的关注与尊重，"义"是对事物正当性的追求。今天在建设具有中国特色的社会主义社会中，应该对传统的管理思想进行分析，既吸取教训，也吸纳其合理成分。

（二）义与礼

1. 故礼也者，义之实也。

——《礼记·礼运》

【译文】

所以，礼是义的内容。

2. 礼之所尊，尊其义也；失其义，陈其数，祝史之事也；故其数可陈也，其义难知也。

——《礼记·郊特牲》

【译文】

礼之所以尊贵，贵在它的义。如果失去义，只陈列出外在的仪数礼节，是祝史所指掌的事。所以，礼的形式容易照样摆出来，但它的义却是难以了解的。

3. 无礼义，则上下乱。

——《孟子·尽心下》

【译文】

没有礼和义，上级和下级的关系就会混乱。

【感悟评析】

古人把“义”作为人们的行为之规范、处事之准则、人生之原理。礼，社会的秩序，每一个社会成员都必然地居于其中，具备具体的身份，承担具体的职责、义务。义，是一条正确的道途，礼，规范着人们，要想达到愿望的彼岸就必须沿着社会规则前行。“义”以一副严肃冷峻的面孔告诉人们，它是人生的必由之路、发展的唯一正途。人们应该遵循不违，不惜舍生而取之。

4. 君子义以为质，礼以行之，孙以出之，信以成之。君子哉！

——《论语·卫灵公》

【译文】

君子以义作为根本，用礼加以推行，用谦逊的语言来表达，用忠诚的态度来完成，这就是君子了。

5. 名以制义，义以出礼，礼以体政，政以正民。

——《左传》

【译文】

取名要合乎于义，义出自于礼，礼体现于政事，政事用于端正民众。

6. 以义死用谓之勇，奉义顺则谓之礼，畜义丰功谓之仁。

——《国语·周语》

【译文】

为正义而舍身称为勇，遵奉道义而守法称为礼，积累义举而立功称为仁。

7. 夫义，路也；礼，门也。惟君子能由是路，出入是门也。

——《孟子·万章下》

【译文】

义好比是正路，礼好比是大门。只有君子才能沿着这条路走，出入这扇门。

8. 仁，爱也，故亲。义，理也，故行。礼，节也，故成。仁有里，义有门。仁，非其里而处之，非仁也。义，非其门而由之，非义也。推恩而不理，不成仁；遂理而不敢，不成义；审节而不和，不成礼；和而不发，不成乐。故曰：仁、义、礼、乐，其致一也。君子处仁以义，然后仁也；行义以礼，然后义也；制礼反本成末，然后礼也。三者皆通，然后道也。

——（《荀子·大略》）

【译文】

仁，就是要爱人，所以人们彼此亲近；义，就是做事合情理，所以容易实行；礼，就是行事合规矩，所以能使事情成功。仁要合乎礼，义也要合乎礼。仁的情感，如果不按照礼的规矩来处置，就不叫仁。义的行为，如果不按照礼的规矩去实行，就不叫义。施行恩惠而不符合义理，就不能叫作仁；通晓情理的却不敢去做，也不能成为义；明察礼仪制度却不和谐，就不能成为礼；和谐却不能表现出来，也不能成为乐。所以说，仁、义、礼、乐是统一的。君子用义来表现仁的情感，然后才叫作仁；按照礼的规矩来实行义，然后才能叫作义；制定礼要根据它的根本原则来规定礼的具体条目，然后才能称作完备的礼。对仁、义、礼三者的关系都了解透彻了，才能符合道。

【感悟评析】

在五千多年的历史长河中，中华民族创造了举世闻名的“礼”文化，因而中国被世人称为“礼仪之邦”。作为中华文明主要标志的“礼”文化，在提高国民素质、维护社会和谐安定和促进民族融合方面起着极其重要的作用。然而，礼在发展过程中也经历过“礼崩乐坏”的阶段，甚至在近代出现了“以礼杀人”和“吃人的礼教”等批评声音。因而义在礼之前显得十分重要。无礼就会乱，无义礼只有其数，义对于礼而言是内容与形式的关系。在当今道德建设方面，不仅要有礼，还必须有义。

（三）义与利

1. 子曰：“君子喻于义，小人喻于利。”

——《论语·里仁》

【译文】

孔子说：“君子明白大义，小人只知道小利。”

2. 不义而富且贵，于我如浮云。

——《论语·述而》

【译文】

通过不正当的手段得到的荣华富贵，对我而言就如同天上的浮云，毫无意义。

3. 孟子曰：“鱼，我所欲也；熊掌，亦我所欲也，二者不可得兼，舍鱼而取熊掌者也。生，亦我所欲也；义，亦我所欲也，二者不可得兼，舍生而取义者也。

——《孟子·告子上》

【译文】

孟子说："鱼，是我想要的；熊掌，也是我想要的；但这两样东西不可能同时得到，那么就舍弃鱼而要熊掌。生，是我想要的；义，也是我想要的；但这两样东西不可能同时得到，那就舍弃生命而选取义。"

4. 苟为后义而先利，不夺不餍。

——《孟子·见梁惠王》

【译文】

如果把义放在后而把利摆在前面，他们不夺得（全部）利是不会满足的。

【感悟评析】

孔子以义作为君子的道德标准、理想追求。孟子宁愿选择义，也不要苟且偷生。人们想要的东西太多太多，却应该选用最佳行为方式得到，如果行为方式不对，即使得到了，也是保不住的。想名又想利；想做官的权势又想不做官的潇洒自由。想读书又想打麻将；想工作又想休闲。"鱼与熊掌"的确是我们的生命历程中经常遇到的二难选择。利，我所欲也，义亦我所欲也；二者不可得兼，孔孟明白地告诉我们应该舍什么取什么。有的人为了能活下去，不惜背叛自己的理想、立场，不惜侮辱自己的人格，在孟子看来，这种人即使活下去，也没有什么意思。

5.《诗》、《书》，义之府也。礼乐，德之则也。德义，利之本也。

——《左传·僖公二十七年》

【译文】

《诗》《书》，是道义的府库；礼乐，是道德的表率；道德礼义，是利益的基础。

6. 不能以义制利，不能以伪饰胜，则兼以为民。

——《荀子·正论》

【译文】

那些不能以道义制约私利，不能通过自己的努力来改造恶的本性的人不能为官，只能做平民。

7. 故义胜利者为治世，利克义者为乱世。上重义则义克利，上重利则利克义。故天子不言多少，诸侯不言利害，大夫不言得丧，士不通货财。

——《荀子·大略》

【译文】

道义胜过私利的就是治理得好的社会，私利胜过道义的就是混乱的社会。君主看重道义，道义就会胜过私利；君主推崇私利，私利就会胜过道义。所以，天子不谈论财物多少，诸侯不谈论有利还是有害，大夫不谈论得到还是失去，士不去贩运买卖货物。

8. 巨用之者，先义而后利，安不恤亲疏，不恤贵贱，唯诚能之求，夫是之谓巨用之。小用之者，先利而后义，安不恤是非，不治曲直，唯便僻亲比己者之用，夫是之谓小用之。

——《荀子·王霸》

【译文】

国家在大的方面利用它，就是先讲正义，再讲利益，既不论亲疏，也不顾贵贱，只是为了求取真正的才能之士，这就是在大的方面利用。在小的方面利用，就是先讲利益，后讲正义，不论是非曲直，只知任用阿谀逢迎的人，这就是小的方面利用。

【感悟评析】

今天的中国逐渐富起来，但富起来之后，“道义”问题就更重要了。回头看看儒家“重义轻利”“利在义中”的优良传统，或者墨家虽然处处言“利”，但“义在利中”的优良传统，对于我们当今社会“重利轻义”，甚至“唯利是图”的不良社会风气，应该是一剂清凉散。

9. 爱利出乎仁义，捐仁义者寡，利仁义者众。

——《庄子·齐物论》

【译文】

爱和利都出于仁义，舍弃仁义的少，取利于仁义就多。

10. 自我观之，仁义之端，是非之涂，樊然淆乱，吾何能知其辩！

——《庄子·齐物论》

【译文】

以我来看，仁与义的端绪，是与非的途径，都纷杂错乱，我怎么能知晓它们之间的分别！

【感悟评析】

老子、庄子义利俱轻，认为人世间的义与利都是没有意义的，甚至是有害的，主张绝义弃利，超越义利，用唯一有价值的“道”来统摄一切，轻视个人的利益和欲望，而注重精神修养。人民贫困不堪的原因，是统治者的奢侈无道。道家表现出对儒家所倡导的仁义道德合理性和恰当性的怀疑与批判，认为儒家所谓的仁义只是些世俗的成见，正是这些成见破坏了原本自然纯朴的至德之世，并诱发了人们对名利的追求。

11. 今用义为政于国家，人民必众，刑政必治，社稷必安。所为贵良宝者，可以利民也，而义可以利人，故曰：“义，天下之良宝也。”

——《墨子·耕柱》

【译文】

现在用义在国家施政，人口必然增多，刑政必然得到治理，社稷必然安定。之所以贵重良宝，是因为它们能利人民，而义可以使人民得利，所以说：“义是天下的良宝。”

【感悟评析】

墨子对利义关系的论述丰富，他的思想学说把追求人民之大利作为人生的目的，义利统一。墨子是先秦诸子中反战最激烈的人物，他认为由大国发动的侵略战争夺农时、费民用，使己方臣民蒙受死伤之苦，使对方百姓饱受战乱之灾，是最大的不义。当然墨子不否认人民赖以生存的物质利益，认为人人得之而喜，这是利，也是义。墨子所说的“利”，都是指“民之利”“人民之大利”“天下之利”“国家百姓人民之利”。主张无差别地爱一切人，让一切人都靠自己的劳动生存，是以“兴天下之公利”，反对“天下之大害”为内容的。在墨子看来，“义”和“利”不是相互排斥的，它们是高度统一的，所谓“义，利也”。

（四）义与勇

1. 子路曰：“君子尚勇乎？”子曰：“君子义以为上。君子有勇而无义为乱，小人有勇而无义为盗。”

——《论语·阳货》

【译文】

子路说：“君子崇尚勇敢吗？”孔子答道：“君子以义作为最高尚的品德，君子有勇无义就会作乱，小人有勇无义就会偷盗。”

【感悟评析】

勇应该以义为上，以义为勇的标准和要求所在。如果离开了义，勇就会变质。率性而为勇者，是莽夫；不义而为勇者，是贼盗；不惜命为勇者，是亡命之徒；敢冒天下之大不韪而作乱者，是为狂徒。匹夫之勇，是为小勇；怒而率众反击侵略，从而安天下者，是为义勇，是大勇。可见，勇不能离开义。所以我们讲见义勇为者，那是真正的勇。

2. 子曰：“非其鬼而祭之，谄也；见义不为，无勇也。”

——《论语·为政》

【译文】

孔子说：“不是你应该祭的鬼神，你却去祭它，这就是谄媚。见到应该挺身而出的事情，却袖手旁观，就是怯懦无勇。”

【感悟评析】

放着自己家的祖先不去祭拜，反倒在别人家的坟头磕头上香，这不是谄媚是什么？那么多革命先烈，为今天的幸福，抛头颅，洒热血，有些不良房产地开发商居然把烈士陵园铲平，在这里建起了高楼大厦……放着自己祖先的文化不学，说是已经被遗弃几千年了，非要喝点洋墨水，还有的跑到日、韩去学中文。崇洋媚外，可叹今天的人们却把自己的文化信仰给丢弃了。中国人痛恨阿谀奉承，歌颂正直勇敢。孔子大声呼唤勇气，鞭挞谄媚。君子有所为，有所不为，对人们有益的事情坚决去做，毫不退缩。其实“见义勇为”，并不只是成为英雄，并不只是勇救山火，勇救落水儿童，也包括我们日常生活中一点一滴的“不以善小而不为”。在当下社会，除了见义勇为之外，还应该有更成熟的机制，不让见义勇为者寒心。不论哪个社会，见义勇为者，都是勇敢的。

3. 死而不义，非勇也。共用之谓勇。吾以勇求右，无勇而黜，亦其所也。

——《左传·文公二年》

【译文】

死而不合于道义，这不是勇敢。为国家所用叫作勇敢，我用勇敢得到了车右，没有勇敢而被废黜，也是合适的。

4. 夫仁、礼、勇，皆民之为也。以义死用谓之勇，奉义顺则谓之礼，畜义丰功谓之仁。奸仁为佻，奸礼为羞，奸勇为贼。

——《国语·周语中》

【译文】

仁、礼、勇，都是百姓所为。为正义而舍身称为勇，遵奉道义而守法称为礼，积累义举而立功称为仁。玷污了仁是轻浮，玷污了礼是羞耻，玷污了勇是奸贼。

5. 昔项籍总一强众，跨州兼土，所务者大，然卒败垓下，死於东城，宗族如焚，为笑千载，皆不以义，陵上虐下故也。

——《三国志·蜀书》

【译文】

以往项羽总领一支强劲的军队，跨越神州大地兼并领土，所务得的已经很大了，但是卒败在垓下这个地方，死亡于东城之中，宗族遭到焚灭，被取笑千年，都是因为行为不义，欺凌上面虐待下面的缘故啊。

6. 若籍则无能有是，得范增不能用，得陈平不能用，得韩信不能用，皆使之怨偾弃去，徒以匹夫小勇，欲决雄雌于挑战间，至力蹙势穷，犹将驰杀一二汉将，以见枝能，此楚所以失天下也。然则籍之亡也，又胡望乎天哉？

——宋·范浚《楚汉论》

【译文】

像项羽这种无能的表现有，得到范增却不能够重用，得到陈平不能起用，得到韩信不能任用，使他们全都怨恨偾然离弃了自己，只是以匹夫之勇，想决一雄雌在挑战之间，直到力束势弱，还策马斩杀不少汉朝将士，来显示他的技能，这是楚之所以失去天下的原因啊。然而项羽之死，又怎么能说是天数呢？

【感悟评析】

义，是比小我更高尚的真善美；勇，是在充满力量推动下的行为。见义勇为是勇敢地做了一些非常不容易的好事情，要有勇气才能办到，即常人不太能忍受或者成功概率比较低的美事。中华民族是个见义勇为的民族。

（五）义与道

1. 上仁为之而无以为；上义为之而有以为。上礼为之而莫之应，则攘臂而扔之。故失道而后德，失德而后仁，失仁而后义，失义而后礼。

——《老子·第三十八章》

【译文】

上仁的人有所作为却出于无意，上义的人有所作为却出于有意。上礼的人有所施为而得不到回应，于是扬着胳膊，强迫别人跟随他去行动。所以，失去了道后才有德，失去德后才有仁，失去仁后才有义，失去义后才是礼。

2. 大道废有仁义；慧智出有大伪；六亲不和有孝慈；国家昏乱有忠臣。

——《老子·第十八章》

【译文】

大道被废弃了，才有提倡仁义的需要；聪明智巧的现象出现了，伪诈才盛行一时；家庭出现了纠纷，才能显示出孝与慈；国家陷于混乱，才能见出忠臣。

3. 绝圣弃智，民利百倍，绝仁弃义，民复孝慈，绝巧弃利，盗贼无有。

——《老子·第十八九章》

【译文】

抛弃聪明智巧，人民可以得到百倍好处，抛弃仁义，人民可以恢复孝慈的天性，抛弃巧诈和获利，盗贼也就没有了。

4. 毁道德以为仁义，圣人之过也。

——《庄子·马蹄》

【译文】

毁坏道德而提倡仁义，是圣人的罪过。

5. 及至圣人，蹩躠（biéxiè）为仁，踶（zhì）跂为义，而天下始疑矣。

——《庄子·秋水》

【译文】

到了所谓圣人那里，吭哧搞出个仁来，吱扭闹出个义来，这一回天下就疑惑了。

6. 帝王殊禅，三代殊继。差其时逆其俗者，谓之篡夫；当其时顺其俗者，谓之义之徒。

——《庄子·秋水》

【译文】

帝王的禅让各不相同，三代的继承互有差别。不配合时势，违逆了世俗的，就被称为篡夺之人；适应了时势，顺应了世俗的，就被称作道义之人。

7. 自虞氏招仁义以挠天下也，天下莫不奔命于仁义，是非以仁义易其性与？

——《庄子·骈拇》

【译文】

虞舜拿仁义为号召而搅乱天下，天下的人都是在为仁义奔走，这岂不是用仁义来改变人原本的真性吗？

【感悟评析】

道家提出反对仁义和智慧等观点，只从文字上看，中国文化从上古以来，就是一个道，道衰微了，后来的人便提倡仁义道德，结果越强调越糟糕，适得其反。这个世界原本是无需仁义的，如果大道不至于荒废，如果人心不至于不古，如果人生若如初见，那么所谓的“仁义”无需强调，真正的仁义都随大道被植入世人的神经与血脉中。当社会各个阶层都在绞尽脑汁，运用巧智来谋取名利地位之时，那么各种巧智和智慧就会展开道高一尺魔高一丈般的较量，于是各种虚伪和巧诈就像妖风一般地刮过，一些深度伪装的大伪就会成为常见现象。

三、拓展阅读

（一）我们的国歌《义勇军进行曲》

我们的国歌叫《义勇军进行曲》。它是怎么来的？“义勇军”究竟由什么人组成？他们经历了怎样艰苦卓绝的抗争？又书写了一部怎样激荡人心的历史？

1933 年 2 月的一天，聂耳随同东北抗日义勇军总司令朱庆澜将军来到热河抗战前线慰问驻守在那里的抗日骑兵部队。在采访义勇军官兵时，他听到战士们正激情澎湃地高唱这首《义勇军誓词歌》，顿时热血汹涌，激发了强烈的创作灵感。1935 年 4 月末，抗日烽火燃遍长城内外时，聂耳在几年前那首歌的启发下，终于为田汉的歌词《义勇军进行曲》谱曲定稿。

这支促使聂耳谱写出国歌的原型部队，就是“九一八”事变爆发后全国第一支抗日义勇军——东北民众抗日救国军。“九一八”事变后，面对家乡沦陷，中华危亡，历来不畏强暴的东北人民，揭竿而起，组建起多支抗日义勇军，以血身肉躯和武装到牙齿的日本侵略者决死相拼。白山黑水间，到处熊熊燃烧起抗日的烽火，义勇军誓死捍卫中华民族的尊严。整个抗日过程中先后有100 多万人参加义勇军。中华民族是个伟大的民族。

（二）国际义交

习近平曾在杭州 G20 峰会上的演讲，引用了一段非常经典的话：“以金相交，金耗则忘；以利相交，利尽则散；以势相交，势败则倾；以权相交，权失则弃；以情相交，情断则伤；唯以心相交，方能成其久远。”合伙做事也好，人际交往也好，都应珍惜缘分，珍惜时光；以善为念，学会感恩；以诚相待，以心相交！与高者为伍，与德者同行，必得善果！感悟：心存至善，你的人生必有一块祥云！

四、练习实践

【单元话题】

1. 以“义”为话题，试创作一个短视频。要求：作品不可与相关法律法规抵触，内容健康。作品时长：10 分钟左右。

2. 从文中选择或者自找与“义”相关的名言名句，进行硬笔或软笔书法练习。要求：提交作品 1 幅。

3. 如果现在有一个很好的新的工作机会提供给你，不管从哪方面来讲，你都应该接受它。但是你所在的公司目前很需要你，而且老板对你也很好。面对这样的问题你会怎么做？是不顾情义离开原来的公司，还是放弃这难得的机会呢？

【写作实践】

以“义”为话题，列举几个关于“义”的历史故事，并试说说“义”与当代社会道德文明建设的关系。

【语言素养】

《弟子规》（节选）

信

凡出言 信为先 诈与妄 奚可焉 话说多 不如少 惟其是 勿佞巧
奸巧语 秽污词 市井气 切戒之 见未真 勿轻言 知未的 勿轻传
事非宜 勿轻诺 苟轻诺 进退错 凡道字 重且舒 勿急疾 勿模糊
彼说长 此说短 不关己 莫闲管 见人善 即思齐 纵去远 以渐跻
见人恶 即内省 有则改 无加警 唯德学 唯才艺 不如人 当自砺
若衣服 若饮食 不如人 勿生戚 闻过怒 闻誉乐 损友来 益友却
闻誉恐 闻过欣 直谅士 渐相亲 无心非 名为错 有心非 名为恶
过能改 归于无 倘掩饰 增一辜

泛爱众

凡是人 皆须爱 天同覆 地同载 行高者 名自高 人所重 非貌高
才大者 望自大 人所服 非言大 己有能 勿自私 人所能 勿轻訾
勿谄富 勿骄贫 勿厌故 勿喜新 人不闲 勿事搅 人不安 勿话扰
人有短 切莫揭 人有私 切莫说 道人善 即是善 人知之 愈思勉
扬人恶 即是恶 疾之甚 祸且作 善相劝 德皆建 过不规 道两亏
凡取与 贵分晓 与宜多 取宜少 将加人 先问己 己不欲 即速已
恩欲报 怨欲忘 报怨短 报恩长 待婢仆 身贵端 虽贵端 慈而宽
势服人 心不然 理服人 方无言

亲仁

同是人　类不齐　流俗众　仁者希　果仁者　人多畏　言不讳　色不媚
能亲仁　无限好　德日进　过日少　不亲仁　无限害　小人进　百事坏

余力学文

不力行　但学文　长浮华　成何人　但力行　不学文　任己见　昧理真
读书法　有三到　心眼口　信皆要　方读此　勿慕彼　此未终　彼勿起
宽为限　紧用功　工夫到　滞塞通　心有疑　随札记　就人问　求确义
房室清　墙壁净　几案洁　笔砚正　墨磨偏　心不端　字不敬　心先病
列典籍　有定处　读看毕　还原处　虽有急　卷束齐　有缺坏　就补之
非圣书　屏勿视　蔽聪明　坏心志　勿自暴　勿自弃　圣与贤　可驯致

第三章　尚　礼

一、导读

某种意义上说，中国的传统文化就是“礼”的文化，传统的一切都有“礼”的影子，从先秦的“六经”到宋代的“十三经”，礼一直占据重要地位。“礼”是人类社会文明的表现，“礼”和“文明”不可分割，中国自古以来既有文明，又重礼节，所以号称“文明古国”“礼仪之邦”。中国古代关于礼制的记载非常丰富，《周礼》《仪礼》《礼记》是古代极为重要的“三礼”。

《荀子·大略》中礼的定义为，“礼者，人之所履也”。《礼记》称“礼，履也”，之后许慎在《说文解字》中沿用这一说法，解释为：“履也，所以从事神致福也。从示从豊，豊亦声。”又“豊，行礼之器也，从豆，象形”。后段玉裁的《说文解字注》也认为“履也。……足所依也”。引申为凡所依皆曰履。以上解释可以看成是“履”一方面指出“礼”应为人遵循并践履，另一方面，“履”为足所依，这说明人类立于世有赖于履，即人要依赖于礼。

《诗经》说：“人而无礼，胡不遄（chuan，指迅速地）死！”在封建社会的早期，统治阶级内部实行分封制、等级制和世袭制，礼就是这些制度的体现。礼作为人类社会必不可少的行为规范，从古至今，一直以它特定的价值作用，推动人类社会的发展。礼最主要的作用是从礼制上规范人们的社会行为。

（一）礼仪的产生，最早源于原始社会生产力低下时期人们的祭祀活动

原始社会，生产力低下，人们对自然界出现的一些雷电风雨等自然现象，不知其因，对人生老病死也无能为力，但对生活又寄托了太多的希望，所以只能寄希望于人们可以驾驭这些现象，使之按照自己的意愿变化，为人们的需要服务。于是，人们便认为世上还存在着一种超越现实和自然的力量——鬼神，从而将一切无法解释的自然现象都归咎于受鬼神的驱使和支配。于是便采取祭祀的方法，祭祀主宰天、地的神，即天神和地神，祈求它消灾祛祸，降福于人间。他们用烧烤食物冒出的青烟祭天，用酒或牲畜的血祭地，并用敲击器物发出的声响，通报和召唤鬼神，以此令鬼神满意，进而达到使人们免除灾难、瘟疫的目的。在人们心目中，鬼神是神圣威严的，因此每当举行祭祀活动时，人们

总是怀着诚惶诚恐的心情，把这项活动搞得既庄严又隆重。祭祀活动年年举行，代代相传，逐渐形成了固定的仪式，这就是礼仪产生的萌芽阶段。

（二）礼仪不断发展成为治国的重要手段

礼是中国古代文明演进的突出标志之一，礼本来起源于原始社会对天神的崇拜和对祖先崇拜的宗教仪式，随着社会的进步，这种宗教仪式慢慢蜕变为社会礼仪，并且发展成为制度，从而成为古代政治制度中不可或缺的组成部分。首先礼划分了封建社会的等级制度，按照尊卑贵贱把社会划分为不同的阶级。而最早，礼也只是上层阶级的特权，是地位的象征，即所谓的“礼不下庶人”。其次，礼的层级划分开始渗透到社会的各个角落，形成了父子、君臣、夫妻等的一些人际关系准则，而所有这些准则的核心都是围绕君尊臣卑的政治原则，这一原则在历史长河中发展到明清达到极致，而礼制的约束也就这样在政治制度的发展中成为重要的手段。逐步使之规范化、制度化，最终便产生了一套专门与礼仪相配套的制度，统治阶级正是用它来统一人们的思想和行为。

（三）礼通过系统、完整的程序和形式在社会日常生活中发挥重要作用

孔子认为人与动物的根本区别在于人懂“礼”，礼可以说是各种人伦关系的基础，儒家提倡的“孝悌”基本在于孝，而孝开始于家庭，一切当从个体家庭中孝敬父母开始，由个体家庭延伸出来的冠礼、婚礼、丧礼、祭礼等都是通过理智、规范行为传达人伦常情中最基本的喜悦、祝福和哀悼之情。礼正是以不同的仪式制度维护了人们日常生活中的基本伦理，促进了社会的稳定发展。

礼在我国的教育中也起到了巨大的作用。我国古代学校教育的主要内容是礼、乐、射、御、书、数，可见礼在儒家的学校教育中占据重要地位。古人认为，“以礼修身，是实现个人理想的最重要、最根本途径”。“修身、齐家、治国、平天下”，修身是根本，而修身就需要礼。中国两千多年的封建社会，儒家的正统教育，以诗书礼乐组成的各种礼典仪式，影响深远。

再次，是礼仪与中国的民俗文化联系紧密。礼在发展过程中形成了一整套完善而系统的仪式，而这些仪礼的形成很大程度上是起源于民间的风俗习惯，当一些风俗上升为礼节，受到人民群众的赞许和普遍遵循，又具备礼的特点和要素时，就慢慢成为民间的礼制。比如丧礼对应民间的丧葬习俗，婚礼对应民间的婚嫁习俗。

总之，在中国古代社会中，无论是统治阶级的统治，还是社会大众的心理，无不受到礼仪制度、礼乐文化潜移默化的影响，中华民族是一个礼的民族，中华民族精神是礼的精神，中国古代的政治是一种礼的政治。对于中国古代的礼仪及其制度，我们既不能全盘否定，也不能一概继承。礼仪制度本身具有消极的因素，它更多的是为统治阶级利益服务，但它在不断地发展、演变，随着历史的发展和社会的进步，不断地吐故纳新，一些不适合时代的内容或被修改，或被摒弃，代之以新的观念和做法。如尊卑等级，君臣纲领等礼仪约束被社会所摒弃，而像敬重老人、尊师重教、报效祖国，以及宾至如归、谦虚谨慎、赈济贫困等，自古至今，都是礼仪的重要体现，是礼仪的精华所在，是我们一直传承发扬的所在。本章根据古今礼仪的对比了解，紧抓时代脉搏，结合地方特色，展现中华民族尚礼的传统美德。

二、经典选读

《礼记》中提出“凡人之所以为人者，礼仪也”。《礼记·冠义》也明确指出，人作为个体存在，礼仪的作用是不可抹杀的。中华民族作为礼仪之邦，礼仪自古以来就在人们的生活中起着重要的作用。下面分别从礼与学习之道、礼与人际交往、礼与人道等几个方面对古代的礼仪做一个解读。

（一）礼与学习之道

1. 凡学之道，严师为难。师严然后道尊，道尊然后民知敬学。

——《礼记·学记》

【译文】

凡是求学的过程，尊敬老师是最难能可贵的。老师受到尊重，然后他所传授的道理才可能受到尊重；道理受到尊重，然后百姓才知道敬重学业。严：尊敬。

2. 独学而无友，则孤陋而寡闻。

——《礼记·学记》

【译文】

一个人单独学习而没有朋友一起切磋，就会学识短浅，见闻不广。

【感悟评析】

在学习上，我们首先要做到尊师重教。教育是国民大计，只有重视教育，做好教育，国家才有希望，才有栋梁之材。而作为知识的传播者，教师是值得我们尊敬的群体，师道尊严，自古教师就受到人们的尊重，而尊师也成为一种礼节的表现。其次，学习中，“三人行必有我师焉”，“读万卷书，不如行万里路”，所以学习中需要相互交流学习，吸取别人的优点，弥补自己的不足，如果我们只知道关起门来学习，不接收外界信息，不与他人切磋交流，就会让我们知识狭隘，见识短浅，不利于自身成长。

3. 玉不琢，不成器；人不学，不知道。

——《礼记·学记》

【译文】

玉不雕琢，不会成为好的器物；人不学习，不会懂得道理。

4. 虽有嘉肴，弗食不知其旨也；虽有至道，弗学不知其善也。是故学然后知不足，教然后知困；知不足，然后能自反也，知困，然后能自强也。故曰：教学相长也。

——《礼记·学记》

【译文】

虽有美食，不去吃就不知道它的美味；虽有极高明的道理，不学习就不知道它的益处。学习以后就会知道不足，教授以后就会知道困难；知道不足，然后就能反过来要求自己；知道困难，然后就能自强不息。所以说教学相长。

5. 博学之，审问之，慎思之，明辨之，笃行之。

——《礼记·中庸》

【译文】

广泛学习，详细询问，周密思考，明确辨别，切实实行。

【感悟评析】

人生活在世，受诸多烦恼困难约束，如果人不学习，就不会懂得道理，相反，还会因为受到外界的影响而成为品行恶劣的人，所以人需要不断地学习，不断地寻找学习的方法和途径。同时人自身具备各种天赋才能，也需要不断地把学习才能开发并展现出来。在学习的过程中，首先需要广泛猎取，培养强烈的好奇心，是为博学，其次是对于学习过程中不明白的地方，要有刨根问底的精神，是为审问。而刨根问底后还需要通过自己的知识进行考察、思索，分析，为自己所用，是为慎思。通过自己明晰地分辨、明确地判别，选定结果，是为明辨。最后努力践行所学，做到知行合一，是为笃行。任何的事情我们都需要尝试，只有尝试体验过才会发现不足，发现困难，才会不断提升自己，取得进步和发展。

（二）礼与人际交往

1. 人无礼则不生，事无礼则不成，国家无礼则不宁。

——《荀子·修身》

【译文】

人没有礼节，就无法在社会上生存立足；做事不讲究礼节，就不能把事情办成功；国家没有礼法，就会动荡不安。

2. 无礼仪，则上下乱。

——《孟子·尽心上》

【译文】

没有礼仪，上下等级关系就会混乱。

【感悟评析】

中华民族自古以来就被称为“礼仪之邦”，从西周起，礼仪便成为立国纲要，被视为“国之大柄”。千百年来，中华民族一直崇尚礼，施行礼。在人类进步的今天，在经济大发展的今天，国际社会的交往增多，人们的来往沟通增多，礼仪更是成为国与国邦交的重要组成部分，也是人们文明生活中不可或缺的一部分。在历史长河中，中华民族的礼经历了许多的磨难与传承。礼发展到今天，我们提倡精神文明建设，更是需要不断地取其精华，去其糟粕，建设好我们的精神文明，把礼的精髓发扬传承光大。

3. 不学礼，无以立。

——《论语·季氏》

【译文】

不学会礼仪，就难以有立身之处。

4. 人有礼则安，无礼则危，故曰：礼者不可不学也。

——《礼记·曲礼上》

【译文】

人有礼仪规范就会和谐，没有礼仪规范就会有危害，所以说，礼仪是不可不学习的。

5. 入境而问禁，入国而问俗，入门而问讳。

——《礼记·曲礼上》

【译文】

到一个地方去要问清当地的禁忌，到一个国家时要问清当地的习俗，到别人的家里要问清这家的避讳。

【感悟评析】

人生在世，如无礼貌，则难以安身立命，人有礼貌，待人做事讲究礼节，说话恭敬文明，则无论在什么情况下都会与人相处和睦，不会伤害到别人，也不会被别人伤害；否则，待人粗暴，说话粗鲁，无大无小，无长无少，难免与人发生矛盾，产生口角之争，甚至拳脚之斗。作为讲礼之人，去到任何一个地方都要遵照当地的风俗习惯和禁忌，特别是去到别人家做客，更需要了解尊重主人家的一些习惯，避免犯忌讳。在生活中，只有尊重礼仪习俗，才能与他人和谐相处，才会为社会的和谐安定尽应尽的责任。

6. 礼尚往来。往而不来，非礼也；来而不往，亦非礼也。

——《礼记·曲礼上》

【译文】

礼所崇尚的是有往有来。有往无来，不符合礼节；有来无往，也不符合礼节。

7. 言必先信，行必中正。

——《礼记·儒行》

【译文】

说话一定先有信用，行为一定合乎正道。

8. 君子不失色于人，不失口于人。

——《礼记·表记》

【译文】

有道德的人待人应该彬彬有礼，不能态度粗暴，也不能出言不逊。

9. 非礼勿视，非礼勿听，非礼勿言，非礼勿动。

——《论语·颜渊》

【译文】

不合礼制的东西坚决不看，不合礼制的声音坚决不听，不合礼制的话语坚决不说，不合礼制的事情坚决不做。

【感悟评析】

礼是人之根本，礼又是往来互动的，在人际交往中，我们不仅要做到仪容、仪态庄重大方，更要说话做事尊重他人，不能寻人之短，做伤人之事，讲信用，做一个有诚信，守礼仪之人。不仅以礼相待，对待他人的礼貌行为，我们更要以礼回应。切不可傲慢轻率，出言不逊。

10. 辞让之心，礼之端也。

——《孟子·公孙丑上》

【译文】

谦逊推让之心，是礼的开端。

11. 爱人者，人恒爱之；敬人者，人恒敬之。

——《孟子·离娄下》

【译文】

爱别人的人，别人也永远爱他；尊敬别人的人，别人也永远尊敬他。

【感悟评析】

在生活中，对别人给予自己的善意，应当做出友好的反应，否则是不合乎礼节的。凡事以礼为先，尊重爱护别人的人，也会得到别人的尊重和爱护，虽然有时有礼节不一定给你带来好运，但没有礼节却会让你与幸运擦肩而过，在这个纷繁复杂的社会中，要保持我们内心的净土，要走得更远、更好，就要时刻注意保持礼节，养成良好的礼仪习惯。或许你不经意地随手扔垃圾，随地吐痰，就会给他人带来超负荷的工作，也会给自己带来不良影响，或许是你习惯性地想贪小便宜，却给自己切断了交友的道路。尚礼，让我们都能在礼的道路上走得更远，赢得更多人的尊重。

（三）礼与人道

中国的礼仪最早出现在人们的祭祀活动中，随后开始扩展到人们的生活各方面，包括人们的生老病死，衣食住行等方面，通过不同的礼制仪式规范人们的社会行为。明代吕坤明确指出“冠、昏、丧、祭”四礼乃“人道之始终也”。可见在中国古代，冠礼、婚礼、丧礼、祭礼在日常生活中的影响及重要性。

1. 冠礼

二十曰弱冠。

——《礼记·曲礼上》

【译文】

男子二十岁称弱冠。

通过《礼记·冠礼》和《仪礼·士冠礼》的记载，可知加冠礼的仪式过程大致如下：

筮（shì）日筮宾。筮日：通过占卜选择吉日，确定行加冠礼日期；筮宾，挑选在冠礼仪式上为受冠者加冠的来宾。

挽髻加冠。加冠之前，受冠者从东房（嫡长子加冠，在祖庙堂东序之前）走出，跪坐在为他设置的席位上，由赞（宾的助手）为其梳头，用丝（束发之帛）缠发髻并盘在头上。然后等待宾为之加冠。嫡子在此受冠，意味着今后其可代替主人在此接待宾客。一般来说，士加冠三次，称为始加、再加、三加。每次加冠时，宾都向受冠者致以不同的祝词。

取字见尊。三次加冠之后，先见母亲相互行礼，然后，由宾给受冠者取字，并致祝词。至此以后，人们不再直呼其名，而改称其字。取字后，与兄弟姐妹相见。最后，换上黑色礼帽礼服，备礼，去拜见国君，卿大夫和乡里德高望重的尊长。

另外，针对女子，古代有笄（jī）礼，这是古代贵族女子表示已届成年的一种礼节仪式。贵族女子15岁行笄礼，结发加笄（笄为发髻上插的簪子），取字，并可许嫁。古书说的“及笄”、“笄年”、“字人”皆指女子以成年许嫁。将近成年者则称“未字”“待字”等，“待字闺中”说的就是已成年还未嫁。

冠礼不仅对个体意义重大，对家庭、社会、对国家都意义重大。通过冠礼，受冠之人从家庭生活走向乡里、国家，以至天下，承担起作为成年个体应担负的责任。冠礼，加冠三次，意味着对受冠者的渐进引导与不同期待。初加冠为缁布冠，原是周族人所戴的帽子，加此冠，是对古习之继承。初加冠的意义是首先提醒了受冠者要收敛幼时孩童之心，要尽力完成自身的使命与职责。再加冠用的是皮弁，而皮弁在周民族历史上是从事打猎和生产穿的服饰，对于受冠者而言，受冠之后，可以参加相关打猎和生产活动，有护卫国家的责任。三加冠为爵弁，爵弁一般为助祭天子，诸侯之祭礼时的衣着。三冠之礼，除对个人成长中德性期许外，还蕴含着对受冠者以什么样的方式进入公共生活的期待。凡受冠者，表明要以成人之道待己，要承担自己在各种伦常关系中所应尽的职责。

2. 婚礼

礼始于冠，本于昏。

——《礼记·昏义》

【译文】

礼仪开始于男子加冠，把婚礼作为根本。

“男女之间的关系是人与人之间最自然的关系。”在人类文明的进程中，只有当两性确立稳定的结合关系，才可能更稳定地生存。而两性稳定关系的确立主要是通过完成婚礼仪式，把婚姻大事公之于众来实现。费孝通在《乡土中国生育制度》中提到：“任何一个地方，一个男子或女子要得到一个配偶，没有不经过一番社会规定的手续。”可见，在不同文明中，无论婚礼采取何种不同形式，其最终是要获得族群和社会的认同。根据《仪礼》《礼记》文献记载，一般婚礼程序经过如下六个环节：纳采、问名、纳吉、纳征、请期、亲迎，又称之为“六礼”。

纳采。指选择、接纳。古时“男女无媒不交”，先通过媒人说合，然后男方家派使者以雁为礼向女方家求亲。女方通过接纳雁礼与否表示是否接受男方的求婚。

问名。一般在纳采后进行。男方请媒人问女子之名和生辰八字。

纳吉。拿到女方名字和生辰八字后，男方在祖庙中占卜，以确定男女双方结合是否吉利，如为吉兆则再次送礼于女方家庭，女方如接纳男方的礼品，则表明双方的婚事基本达成。

纳征。征，成也，表明婚事基本成功。这时男方再往女方家送的礼，则改为与日常生活紧密相关的币帛。

请期。男方卜得佳期后，告知女方，以定婚期。

亲迎。指成婚之日，新郎前往女方家迎娶的仪式。

婚礼不仅为世间其他诸礼的开端，而且婚礼自身的正当性也为其他诸礼的正当性提供了方向和保障。婚礼的各个环节无不透露出二人婚姻的结合是一件庄严、慎重、崇高、公开之事件。两性结合的过程是通过一定的仪式及男女双方家长慎重对待的过程。婚礼是“合二姓之好，上以事宗庙，下以继后世”，是夫妻相亲相合之要求。婚姻之礼，还在于明男女之别。这里的“别”不仅是男女生理上的区别，更多的应是男女职分之别，男女交接之别。

我们常听到“结发夫妻”这一词语，其实也是古代的婚礼延伸出来的。古时女子许嫁后会用五彩的丝绳扎头发，只有到了成婚当天，才由新郎亲手把那个五彩丝绳解下，头发重新梳理，这种仪式称之为结发。这也就是《仪礼·士昏礼》所说的：“主人（婿）入室，亲脱妇之缨。”故缨（五彩丝绳）始终是夫妻关系的信物。苏武诗中“结发为夫妻，恩爱两不疑”，杜甫《新婚别》中“结发为君妻，席不暖君床”都表达了“结发夫妻”是合于礼法规定，举行过仪式的正式夫妻，感情深厚，而有别于不合法的露水夫妻。

3. 丧礼

生，人之始也；死，人之终也。

——《荀子·礼论》

【译文】

生，是人的开始；死，是人的终结。

死亡是人类生命进程中不可避免的结局。丧礼更多表现的是孝子对已逝亲人的安置与祭祀，以及如何延续先祖们留下的生存风貌。根据文献记载，一般士人的丧礼大体经历如下几个环节：临终与招魂、尸身的安排、殡以待葬、送葬及葬后。

临终与招魂。古时，当人们病重或生命垂危时，移居正殿，准备“寿终正寝”。由于医术及对生命认知的有限，可能存在“假死”的现象，所以会对死者进行招魂以期实现生命回转。招魂无回生希望后，迁尸于床上，用敛衾覆盖，以便于沐浴。与此同时，死者逝去的消息要告知亲朋好友前来吊唁，并赠送衣衾。

尸身的安排。设奠，帷堂。设奠暗示古人的魂魄有依附之地，在堂上挂满白布以遮掩尸体，以避人嫌恶。用角柶放在死者上下牙齿之间以防止死者牙齿紧闭，用燕几（一种特制工具）卡住双脚，以防止其双脚僵硬。对尸身进行沐浴后进行妆容，然后从逝者口中取出角柶用珠玉米贝代替，意含喂养死者进食，故称为“饭含”。之后为逝者迁床更衣，为死者穿新衣，用玉器塞耳朵，穿鞋，盖衾。一切妥当后为其设置灵牌，点燃堂上的火把和蜡烛以照明，并在死者灵柩前建铭以示人，在幡旗上书“某氏之柩”。（《礼记·丧服》）

殡以待葬。这个过程主要是入殓然后等待下葬。一般逝者逝世后第二日，为小敛，要备随葬之“陈衣”，设馔，掘墓穴。第三日，为大殓。亲人跟死者做最后的告别盖棺。

送葬。在下葬之日，设祭品，众人祭拜，大哭，出殡，到墓地，经过一定仪式，棺椁入葬。

葬后。入葬后，从墓地返回祖庙开始哭，再到启殡的地方继续哭。之后亲人会在忌辰、节日时进行祭祀。

从史料记载来看，《礼记》当中篇章记载最丰富的就是有关丧礼的内容，琐细繁杂的丧礼仪式透露出的首先是人们追求生命的善终。在世时通过自己的言行、容貌、举止等合乎人际交往礼仪，获得自身在社会中应得的尊重和位置。其次，古人通过丧礼表达对逝者的一种态度，死者并不是一种真正意义上的远去，而是一种远游性的离开，繁复的丧礼就是为远游的亲人送行，暗含对远游已逝亲人回返的期盼。最后，丧礼的繁复也是孝子对已逝亲人的一种敬爱与哀伤之情的表达。

4．祭礼

凡治人之道，莫急于礼；礼有五经，莫重于祭。

——《礼记·祭统》

【译文】

在治理百姓的措施中，没有比礼更要紧的；礼共有五种，没有比祭礼更重要的。

祭礼为中国古代吉礼，祭祀的对象不仅包括天地日月，山川万物等自然现象，也有先祖圣贤等人物。《周礼》中把祭祀对象分为三大类：天神、人鬼、地祇。从总体上看，最早的祭礼来自于人们对自然现象的一种敬畏，是自然崇拜观念的一种反映，他们认为原始万物是有灵的。其次是对先祖的一种崇拜观念的表现，得以通过对先人的祭祀表达出来。从亲人落葬后，就从丧葬礼转为祭礼。而落葬后最初的祭祀称为虞祭。

祭前准备。首先为祭祀准备好所需要的饮食器具。其次古代对成年后死亡的受祭者，会立尸而祭祀，尸，即安排一个代替死者受祭的人，而被选为尸的人是跟死者有一定的宗族关系和社会地位的人。这一过程被称为“飨尸”。

正式行祭。行祭当天，主人准备好相关的祭品，迎尸入庙。之后举行一连串的祭祀仪式，主要是对尸奉上“九饭”（即奉三次，每次三饭），接下来主人要与尸之间相互数次敬酒。完毕后，尸下堂出门哭泣道别。来宾也跟随出大门，丧主相送，叩首拜别，整个虞祭基本结束。

三虞之祭。一般士三虞、四天，以洁净祭品和祝文敬献逝者，以表明孝子丧亲之哀痛，并希望逝者之灵早日得以与先祖会合。

卒哭之祭。在三虞之祭的次日清晨举行。三虞之礼完结，逝者已辞世多日，孝子的哀痛之心已得到一定的舒解，因此有“卒哭”之礼。卒哭之祭后，丧家只有每日的朝夕哭亲。

祥祭。尸周年之祭，在死者过世后的第十三个月举行。一般分小祥祭和大祥祭，小祥祭时，将丧木做的牌位埋掉，改用栗木作牌位。大祥祭是两周年祭，在死者逝世后的第二十五个月举行。大祥是丧主去除丧服之祭，祭祀完毕，丧主们的衣着开始恢复正常。禫祭是三年服丧中的最后一个祭名，一般是大祥之祭相隔一个月。祭毕后正式脱丧，衣饰不再有任何禁忌，丧家的哀痛之念也渐渐平复，三年的守孝时间也完成。

祭礼的本质是孝子们通过具体的对象和礼数仪式表达对先人的思亲之情。《祭统》中说到：“是故，孝子之事亲也，有三道焉：生则养，末则丧，丧毕则祭。”另外，对先人的祭祀也是古人对鬼神敬仰和祭拜的一种表现。在古代社会人们的生活中，神灵更多的以一种气的变化形态存在，人们通过祈福和祭拜获得鬼神之福报。正是因为人们认为鬼神通过气形态存在，所以祈求先祖保佑，对先祖神明的敬养和祭祀就变成了一种人人自觉遵守的一种规则仪式。

三、拓展阅读

古今社交礼仪面面观

（一）称呼礼

语言是人们在日常生活中最主要的交往方式，它既用于传达内容，也用于交流感情。文明的语言是中华文明的重要组成部分，也是古代礼仪的一个重要方面，同时又是礼貌的重要体现。这在人们的相互称谓表现得最为突出，即谦称自己，敬称对方。

1. 古代称谓礼

古人常用的谦称词有：愚、鄙、敝、卑、窃、仆等。如自称为愚兄、鄙人、敝人、卑人等；发表自己的观点时，称愚意、愚见、鄙意、鄙见等。“窃”和“仆”还有一层表示自己地位卑微的意思。窃，有私下、私自之意，使用它一般常带有冒失、唐突的含义，如窃闻、窃见、窃笑等；读书人或文人自谦时，除使用小生、晚学、晚生等词以表示自己是新学后进之辈外，也常用不才、不佞、不肖等词来谦指自己没有才能或才识平庸。官吏一般多自谦称作下官、小官、末官、小吏等。古人坐席，尊长在上，晚辈或地位稍低者就自称在下。老人自谦时，常使用老朽、老夫、老汉等词，以表示自己已进入暮年，衰老无用。

称呼自己一方的亲属时，常使用家、舍、先、亡等作为敬称词。在别人面前称呼比自己辈分高或年长的家人，都要冠以“家”字，如称自己的父亲为家父、家公，母亲为家母、家慈，兄、嫂为家兄、家嫂等；“舍”则用于称呼比自己辈分低或年幼的家人，如舍弟、舍妹、舍侄等。可见，“家”、“舍”在使用时，是有严格的长幼之分的。“先”和“亡”都含有哀痛、怀念之意，因此，古人将这两个字用于称谓已故的家人，同样在使用时也有长幼之分。先，用于比自己辈分高或年长的已故家人，如先祖指祖父，先父、先人则同指父亲，先母、先妣（bǐ）同指母亲。亡，则用于辈分比自己低或年幼者，如亡友、亡弟、亡儿等。

在称呼对方亲属时，则使用令、尊、贤等敬重之称。如称呼对方的父母时，可称作令尊、令翁、令公和令母、令堂、令慈；称对方的妻子为令妻、令正；称对方的儿子为令子、令郎，女儿为令爱、令嫒；称对方的女婿为令婿、令坦；还有令兄、令弟、令姊（姐）、令妹等。“尊”和“贤”，在用于对方亲属的称谓时，则要严格加以区别。“凡与人言，称彼祖父母、世父母、父母及长姑，皆加尊字；自叔父母以下，则加贤字。”（《颜氏家训·风操》）也就是说，“尊”字用于对方叔父以上的人，可称对方的祖父为尊祖，父亲为尊父、尊翁、尊大人、尊公、尊大君，母亲为尊堂、尊上、尊夫人；称对方叔父以下的亲属为贤叔、贤兄、贤弟、贤姊（姐）、贤妹、贤侄、贤友、贤婿等；称对方的妻子则为贤阁、贤内助等。尊，有时也用于称呼与对方有关的事物，这与“贵”字的用法一样，同属于一种敬称，如尊姓、贵姓、尊府、贵府、贵体、贵乡等。对妻子的父母人们习惯称呼为丈人、丈母或岳父、岳母，以及泰山、泰水，这些称谓也都是一种敬称。

2. 现代称谓礼

在现代的称谓中，古代的一些称谓礼仪已慢慢淡化，人们开始使用一些简单好记的称呼，一般使用以下几种称谓方式。

（1）姓名称谓。姓名，即一个人的姓氏和名字。姓名称谓是使用比较普遍的一种称呼形式。

（2）职务称谓。现代使用职务称谓表示对对方的尊敬和礼貌相当普遍。主要有三种形式：

用职务称呼，如“李局长”“张科长”“赵院长”等。

用专业技术职务称呼，如“李教授”“张工”等。

职业尊称，即用其从事的职业工作当作称谓，如“李老师”“赵大夫”等。

（3）性别称谓。一般约定俗成地按性别的不同分别称呼为“小姐（未婚女性）”“女士（已婚女性）”“先生”。

（二）握手礼

1. 古代拱手礼

在中国的古代，见面时一般行拱手礼，作揖，行揖让之礼。一般分长揖、拱、拜之礼。

长揖：这是古代不分尊卑的相见礼，拱手高举，自上而下。

拱：古代的一种相见礼，两手在胸前相合表示敬意。

拜：古代表示恭敬的一种礼节。古之拜，只是拱手弯腰而已，两手在胸前合抱，头向前俯，额触双手，如同揖。后来亦指将屈膝顿首、两手着地或叩头及地称为“拜”。

2. 现代握手礼

握手礼节源于古代欧洲人向对方表明手中未带武器，表明亲切友好之意，其后成为风尚，通行于欧美，辛亥革命后我国也习以为礼。发展到当今商务交往中，握手是最常使用的一种见面礼。

握手的方式：

双方各自伸出右手，彼此间保持一米左右的距离，手掌略向前下方伸直，四指并拢，拇指向上，掌心向左，手的高度大致与腰部平齐，手握住对方时，应面带微笑地注视对方，同时说“您好，很高兴认识您”。

握手时应遵循的原则：尊者居前。

上下级之间，应上级先伸手；长晚辈之间，应长辈先伸手。

男女之间，应女士先伸手；同级同辈之间，不分谁先伸手。

主客之间，迎接客人，主人先伸手，表示欢迎；送别客人，客人先伸手，表示感谢和让主人留步之意。

注意：在做介绍时应遵守尊者居后原则（先介绍职位低者，后介绍职位高者）；但握手时应尊者居前（职位高者先伸手）。

（三）名片礼

1. 古代名帖礼

古代的“名片”称为“名帖”。最早的名帖是由竹木削制而成，上写有自己的名字，被称为谒、刺，要拜访谒见时，先呈上谒或刺，以通报姓名。造纸术发明以后，纸的使用越来越普遍，东汉以后出现了纸名帖，称为名或名纸、名刺。上面书写的内容有姓名、乡里（指籍贯或居所），有的还写有官爵名称。名帖除用以通报姓名外，有时还用于问候对方。

名帖也曾用于节日祝贺，成为节日的专用礼物，这在宋代已十分常见。每到逢年过节之时，如自己不能亲自去朋友或亲戚家拜年，便让仆人持名帖前往致贺。

古人视名片为见面时的礼节之一，所以往往认为名帖越大越精美，礼也就越重，古代因此曾出现过大小不等的名帖。对“大不盈掌（意指比手掌小）”的名帖，古人认为“足见礼之薄矣”而轻易不用之。

2. 现代名片礼

在现代生活中，人们初次见面，往往要互相递上名片，名片上一般注有姓名、职务、单位的名称、单位地址、电话以及邮政编码等内容，以此作为一种自我介绍，也是一种见面时的礼节。如今名片成为现代商务交往和社会交往中的一种经济实用的交际工具，是一种自我的“介绍信”和“联络卡”。

递接名片礼仪：

名片递送的顺序：一般由职位低者先向职位高者、晚辈先向长辈、男士先向女士递上名片，然后再由后者予以回赠；在向多人递送名片时应由尊而卑、由近而远，（圆桌）按顺时针依次进行。

名片递送礼仪：用双手的拇指和食指分别持握名片上端的两角，文字正面朝向对方，面带微笑，并说“这是我的名片，请多指教或多保持联系！”在递送名片时，如果是坐着，应起身或欠身。

名片接收礼仪：接收名片时应起身或欠身，面带微笑，用双手接住名片的下方两角，并说“谢谢”，认真看一遍对方的信息，并重复一下对方的称谓，以示尊重，特别如有生僻字，要当场跟对方确认，以免出现笑话。看完对方名片后要妥善收好名片，不可在手中摆弄或随意放在桌上，更不可随意放在裤带里。

（四）餐饮座次礼仪

中华民族的饮食文化源远流长，饮食礼仪也相应形成了一套相当完善的制度，这些制度在社会实践中不断完善，在社会中发挥重要的作用，并成为文明时代行为规范的一部分。

1. 古代餐饮礼仪

中国传统的古代宴饮礼仪是按阶层划分的：宫廷，官府，行帮，民间等。一般的程序是，主人折柬相邀，到期迎客于门外；客至，致问候，引入客厅小坐，敬以茶点；导客入席，以左为上，是为首席。席中座次，以左为首座，相对者为二座，首座之下为三座，二座之下为四座。客人坐定，由主人敬酒让菜，客人以礼相谢。宴毕，引客入客厅小坐，上茶，直至辞别。

作为客人，赴宴讲究仪容，根据关系亲疏决定是否携带小礼品或好酒。赴宴守时守约；抵达后，先根据认识与否，自报家门，或由东道主进行引见介绍，听从东道主安排。然后入座。

总的来讲，座次“尚左尊东”“面朝大门为尊”。家宴首席为辈分最高的长者，末席为最低者；家庭宴请，首席为地位最尊的客人，请客主人则居末席。首席未落座，都不能落座，首席未动筷，都不能动筷。

若是圆桌，则正对大门的为主客，左手边依次为2，4，6，右手边依次为3，5，7，直至汇合。如果为大宴，桌与桌间的排列讲究首席居前居中，左边依次2，4，6席，右边为3，5，7席。根据主客身份、地位、亲疏分坐。

可见，在中国古代的餐饮礼仪中，人们是以左为尊。

2. 现代餐饮礼仪

中华民族的餐饮礼仪在时代发展中传承了优良传统，也接受了外来的一些影响，比如，在座位、桌次礼仪上开始受国际商务礼仪影响，变为以右为尊。

就宴会而言，通常，桌次地位的高低以距主桌位置的远近而定。以主人的桌为基准，右高、左低，近高，远低。就座次的高低而言，主要考虑以下几点：首先，以主人的座位为中心，如果女主人参加时，则以主人和女主人为基准，近高远低，右上左下，依次排列。其次，通常要把主宾安排在最尊贵的位置，即主人的右手位置，主宾夫人安排在女主人的右手位置。再次主人方面的陪客要尽可能与客人相互交叉，便于交谈交流，避免自己人坐在一起，冷落客人。如果碰上外宾，翻译一般都安排在主宾右侧。家宴的席次相对简单，主人与女主人一般相对或者交叉而坐，主人一般背对厅壁。

现代中餐礼仪座次参考下图

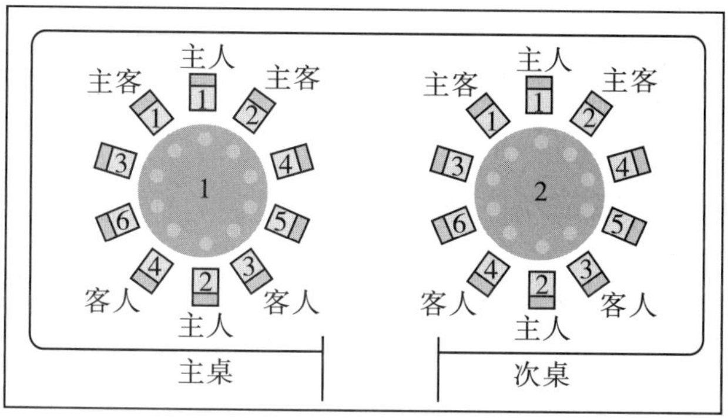

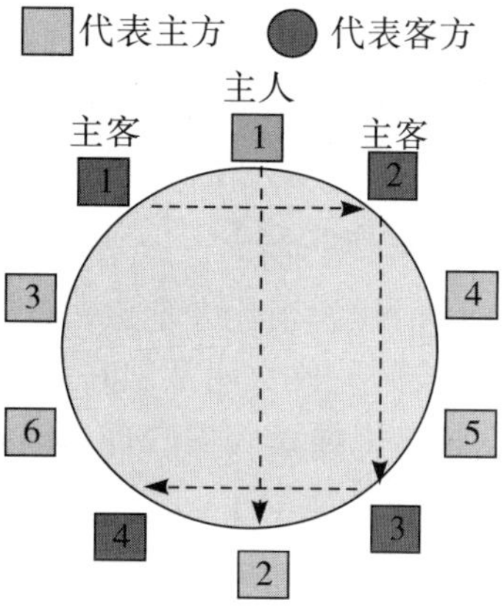

现代餐饮礼仪一般遵循的原则：以远为上，面门为上，观景为佳，临墙为好，临台为上，各桌同向。

3. 不可不知的广东餐桌叩指礼仪

在广东的餐桌上，经常会看到有人行叩指礼，那这个叩指礼是怎么回事呢？

叩指礼（或称“叩手礼”），以“手”代“首”，二者同音，“叩首”为“叩手”所代，即以叩手礼表示感谢。

相传乾隆微服南巡时，到一家茶楼喝茶，当地知府不小心知道了这一情况，也微服前往茶楼护驾，怕万一出事，自己担待不起。到了茶楼，也就在皇帝对面末座的位上坐下。皇帝心知肚明，也不去揭穿，久闻大名、相见恨晚地装模作样寒暄一番。皇帝是主，免不得提起茶壶给这位知府倒茶，知府惶诚惶恐，但也不好当即跪在地上来个“谢主隆恩”，于是灵机一动，弯起食指，中指和无名指，在桌面上轻叩三下，权代行了三跪九叩的大礼。于是这一习俗就这么流传下来。

叩指礼的种类：

第一种，晚辈向长辈或下级向上级行的礼。行礼者，将五个手指并拢成拳，拳心向下，五个手指同时敲击桌面，相当于五体投地跪拜礼。一般情况下，敲三下就可以了，相当于三拜，但是，如果遇到特别尊敬的人，可以敲九下，相当于三拜九叩。

第二种，平辈之间行的礼。行礼者，将食指和中指并拢，同时敲击桌面，相当于双手抱拳作揖。敲三下，表示对对方的尊重。

第三种，长辈对晚辈或上级对下级行的礼。行礼者，将食指或中指敲击桌面，相当于点头。一般只需敲一下，表示点一下头，如果特别欣赏、喜欢对方，可以敲三下。通常，老师对自己的得意门生，都会敲三下。

四、练习实践

【单元话题】

1. 微笑，是我们表示愉悦、欢乐、幸福，或乐趣的一种方式，微笑不分文化、种族、宗教，它是社交最基本的礼仪，请大家学会对身边的父母、师长、朋友、同学微笑，传递我们的礼貌和善意。

2. 拱手礼源于我国，至今还在我国的传统节日春节中应用，而拜师礼也源于我国的拱手礼，请大家向老师行拜师礼，向老师传递我们的尊敬之情。

3. 中国自古以来被称为“礼仪之邦”，礼仪文化源远流长，请大家通过典籍查阅和互联网搜索相关礼仪文化的知识内容，在课堂上开展礼仪知识文化竞赛。

【写作实践】

1. 作为当代大学生，请做校园文明礼仪人，你认为校园礼仪文明包括哪些内容，请搜集校园礼仪文明常识并做 PPT 分享。

2. 以面试礼仪内容为核心，创作一个微情景剧本。要求展示面试过程涉及的礼仪。

【语言素养】

诗词和对联是中国古代重要的文学形式，对声调、音律、格律等都有严格的要求。在古代，自私塾的幼童起，就开始这种文学修养的训练。清朝康熙年间车万育所做的《声律启蒙》就是训练儿童应对、掌握声韵格律的启蒙读物，分为上下卷。按韵分编，包罗天文、地理、花木、鸟兽、人物、器物等的虚实应对。从单字对到双字对，三字对、五字对、七字对到十一字对，声韵协调，朗朗上口，我们从中可以得到语音、词汇、修辞的训练。

《声律启蒙》卷一

一东

云对雨，雪对风，晚照对晴空。来鸿对去燕，宿鸟对鸣虫。三尺剑，六钧弓，岭北对江东。人间清暑殿，天上广寒宫。两岸晓烟杨柳绿，一园春雨杏花红。两鬓风霜，途次早行之客；一蓑烟雨，溪边晚钓之翁。

沿对革，异对同，白叟对黄童。江风对海雾，牧子对渔翁。颜巷陋，阮途穷，冀北对辽东。池中濯足水，门外打头风。梁帝讲经同泰寺，汉皇置酒未央宫。尘虑萦心，懒抚七弦绿绮；霜华满鬓，羞看百炼青铜。

贫对富，塞对通，野叟对溪童。鬓皤对眉绿，齿皓对唇红。天浩浩，日融融，佩剑对弯弓。半溪流水绿，千树落花红。野渡燕穿杨柳雨，芳池鱼戏芰荷风。女子眉纤，额下现一弯新月；男儿气壮，胸中吐万丈长虹。

二冬

春对夏，秋对冬，暮鼓对晨钟。观山对玩水，绿竹对苍松。冯妇虎，叶公龙，舞蝶对鸣蛩。衔泥双紫燕，课蜜几黄蜂。春日园中莺恰恰，秋天塞外雁雍雍。秦岭云横，迢递八千远路；巫山雨洗，嵯峨十二危峰。

明对暗，淡对浓，上智对中庸。镜奁对衣笥，野杵对村舂。花灼烁，草蒙茸，九夏对三冬。台高名戏马，斋小号蟠龙。手擘蟹螯从毕卓，身披鹤氅自王恭。五老峰高，秀插云霄如玉笔；三姑石大，响传风雨若金镛。

仁对义，让对恭，禹舜对羲农。雪花对云叶，芍药对芙蓉。陈后主，汉中宗，绣虎对雕龙。柳塘风淡淡，花圃月浓浓。春日正宜朝看蝶，秋风那更夜闻蛩。战士邀功，必借干戈成勇武；逸民适志，须凭诗酒养疏（同：疏）慵。

第四章　明　　智

一、导读

在中华文化中，“智”不仅是一个文字，而且是一种哲学思想。在儒家文化思想中，“智”与仁、义、礼、信合为一体，构成了儒家“仁义礼智信”伦理道德体系，“智”是基本而重要的德目之一，被视为“三达德”“四德”和“五常”的重要内容，列为修德立人养成君子人格的重要品质之一。

（一）智的词源学意义

先秦古文中的“知”一般多作“智”，东汉许慎《說文解字》中，没有“智”，只有“知”，注解为：“词也。从口从矢，徙离切。”只是对“知”字的构造、切音做了说明，对词义未做具体解释。清段玉裁《说文解字注》对“智”做了补注：“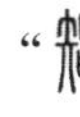，识詈也。此与矢部知音义皆同，故二字多通用……，古文智。”据此，应当明确，古文中“知”等同“智”。

“智”由“知”衍化而成。甲骨文“知”，由+口+会意而成。为“示”，古代祭祀置放牌位或祭品的石、木祭台，供人瞻仰，显现虔敬。《说文》释“示，神事也”。祭祀的祭台、牌位、祭品、仪式具有公开的示意性，祭祀的目的是用语言表达虔敬以祈求祷告上天、祖先神灵福佑。于是，“示”有了显示、表示、表达的引申意。“口”为说话表达；“矢”是箭，引申有疾速、定向不移、正直之意。《释名》：“天指也，言其有所指向，迅疾也。”从甲骨文的会意可知，“知”的初义是把事情显示的意义迅速正直地表达出来。南唐徐锴《说文解字系传》释知为：“曰知理之速，如矢之疾也。”清段玉裁《说文解字注》：“知义同，故作知。从口矢。识敏，故出于口者疾如矢也。”在这基础上，后来引申出“知识、知道、知晓、知觉、知闻、知见、明白、懂得、理解”等义。

“知”衍变为“智”。为了看清衍变的情况，有必要将“知”从甲骨文到楷书的变化做排列对比，以便清楚其演变痕迹。

甲骨文　　金文　　西周晚期　　春秋晚期　　战国晚期

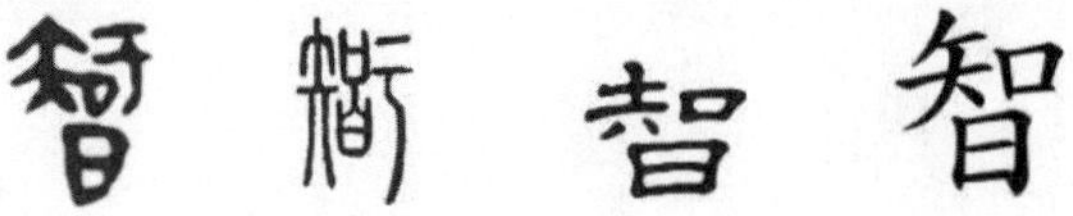

秦　　秦小篆　　隶书　　楷书

可以看出，“知”字最晚到西周中期后发生了显著的变化，在“知”右边“示”改变为“于”“亐”，在下方加了或“甘”或“白”或“日”，至秦基本定型，下方为“日”。隶书确定了“智”形。

“知”衍变为“智”可得两点信息：一是古文“知”同“智”，先知后智，为古今字。二是先知后智标明字义的发展，呈现出中国文化的特性。“知”加“日”为“智”，使其内涵具有了中国文化认知天地自然的独特气质。中国文化重天尚道，“以天合其德”。“日”代表天，《易·说卦传》言：“立天之道曰阴与阳”，“阴阳之义配日月”，天的运动有了四时之变，使万物各得其宜。所以，天道“知周乎万物而道济天下”（《易·系辞传》）。“智”字的形成，标明敏感于天道显示的意义并迅疾地表达的含义基本确定，简言之，智就是知晓天道、通达时变、慧明于心的敏睿性，就是通达明白的心力智性。由于“智”是知晓通达天道时变而内心慧明的心力智性，这种认知高度“知”的含义已不能涵盖。于是，才有了后来对“智”的解释，诸如智慧、大智、真智、睿智、聪明、聪慧等义。对智慧的理解，孟子说“是非之心，智之端也”。认为人心能明辨是非，心明为慧，是智慧的发端。换句话说，慧明于心就是智，心与智连在一起为心智，智可称为心智。管子也说：“心也者，智之舍也。”认为“洁其宫”“虚其欲”，“去私毋言，神明若存”，“神将入舍”。只要内心洁净，空虚欲念，排除私欲和主观成见，神妙明澈就进入心舍。这里的“神明”是指不可言状测度地明了一切的慧心智性。有了慧心智性，就能明道察变，与时变而不化，从物而不移。黄石公《素书》有这样一句话：“贤人君子，明于盛衰之道，通乎成败之数，审乎治乱之势，达乎去就之理。……若时至而行，……得机而动，则能成绝代之功。”说明贤人君子具有晓明阴阳之理，穷通盛衰之道，依时而行，随机而动，取舍得失的智慧，阐明智者而功成的道理。刘熙《释名》解释：“智，知也。无所不知也。”朱熹认为，“盖人心之灵，莫不有知”。人由身、心、灵合为一体，身为形，心为思，思而灵。人心一般指心灵，具有灵敏感觉特征，所以人没有谁不具有认识感知事物的智性。可以说，“知”衍化为“智”，已从感性认知层面升华到理性认知层面，反映了心灵综合能力和理性思维的发展，具有哲学认知意味。智慧既是人的心灵禀赋，更是理性思维的结晶。

（二）“智”在中国文化表现中的两个层面

第一是对事物知识的认识感知和理解把握，对问题的辨析判断，对事情本末明了的远见卓识，发现和创造的能力才智。这是智的一般认知层面。一般对“智”的解释和运用多为认知层面，即智的认知性，“知”“智”同义。《玉篇》：“知，识也。”前面所引段注“知智义同，故知作智，从口矢。识敏”。《论语·为政》中孔子对子路说的一句话在“智”认知层面上的表现较为典型：“由，诲汝知之乎！知之为知之，不知为不知，是知也。”这句话是孔子对学生求知的要求，掌握理解知识、学问必须有实事求是的态度，有了求真态度，求知才是智慧。话中前面五个“知”是指知识学问，“知之”“不知”指对知识学问的掌握理解和不掌握理解，“为知之”“为不知”指对知识学问已掌握理解和没有掌握理解应有的实事求是态度。后一个“知”，指的是智慧。这段话不仅表明孔子强调求知必须具有求真态度，而且说明知识学问与智慧的区别。以求真的态度求知就是智慧。从表现上看，这段话侧重于“智”的认知层面。同样，荀子对“智”的认知性亦有表述：“知之在人者谓之知，知有所合谓之智。”现代汉语对“智”的解读、运用也多为认知层面。如《汉语大词典》对“智”的解释仅限定在认知层面，其义为“①形容词，有智慧；聪明：智者，智取。②名词，智慧；见识：智略，智能、智巧、智勇。③姓。”又如作为现代教育方针的“德、智、体、美、劳”，其中“智”则侧重于知识的学习、掌握、运用，主要指智育、智力、智能。

第二是把“智”作为修德立人的道德条目，以培育君子人格的精神品性，是儒家伦理道德体系的重要组成部分，成为中国文化精神特质之一。这是智的道德哲学认知层面。

孔子是把“智”提升到道德认知层面，以智作为道德规范，修身立德，为人为事，养成君子人格精神品质的第一人。他把“智”与“仁”“勇”并举，视为君子之道，提出“知（智）者不惑，仁者不忧，勇者不惧”（《论语·子罕》）著名的君子三德论断。后来子思在《中庸》中做了阐明，规范为“三达德”：“知、仁、勇三者，天下之达德也，所以行之者一也。”“子曰：‘好学近乎知，力行近乎仁，知耻近乎勇’。知斯三者，则知所以修身；知所以修身，则知所以治人；知所以治人，则知所以治天下国家矣’。”孟子又以“仁义礼智”并提，三德完善为四德，进一步解释为：“恻隐之心，仁也；羞恶之心，义也；恭敬之心，礼也；是非之心，智也。仁义礼智，非由外铄我也，我固有之也，弗思耳矣。”（《孟子·告子上》）汉代董仲舒以“五行”为基础配搭德目，将“信”列入四德中，扩充为“仁、义、礼、智、信”五常。五常的确立，构成了儒家较为完整的伦理道德体系。从此，“五常”成为中国文化价值体系中的核心元素，而“智”作为一种道德价值判断，则始终贯穿于中华伦理道德的发展中。

导读以明智作为标题，是基于智具有明道通变辨别是非且慧明于心的敏睿特性，为儒家所提倡，比较符合智的含义。下面分别对中国文化中的“智”做简单梳理分析。

（三）儒家之智

儒家思想是中国文化的主流，其伦理道德体系成为中国文化价值的核心，智作为道德体系的元素之一，得到较为丰富的表现，集中体现在孔子的思想中。

存圣尚智塑造君子理想人格，智是君子人格的主要品质。孔子崇尚圣人智者，形成自己的人格理想。孔子心目中的人格有圣人、君子、士、小人等几种类型。中国传统文化中，“圣人”指品德最高尚、智慧最高超、人格至善至美的人。圣人明天地之道，通万物之情，无所不通，大德大智即是圣人。后世称孔子为圣人，但孔子认为自己不是圣人，圣人是他崇尚的理想人格。孔子对学生说过：“若圣与仁，则吾岂敢？抑为之不厌，诲人不倦，则可谓云尔矣！”（《论语·述而》）其意是如果说我是圣人和仁者，我怎敢担当？要是说做事不知厌烦，教诲人不知厌倦，那还说得过去。孔子谦虚，不但不以圣人仁者自居，还说“躬行君子，则无未之有得”（《论语·述而》），表示自己在实践君子之道上还没达到，要努力体行。“吾有知乎哉？无知也。有鄙夫问于我，空空如也。我叩其两端而竭焉。”（《论语·子罕》）认为自己不是有先见之明的智者，只承认自己喜欢对事情的是和不是尽力分析探究。孔子说自己不是圣人，够不上君子，也称不上智者，这是伟人的虚怀谦逊品质，也是智的表现。

孔子认为圣人格局太高，士人格局过小，小人格局鄙吝，唯有君子人格最理想。君子人格是孔子及其儒家追求的理想人格，影响深远，成为中国文化立人的人格坐标。人格与智有密不可分的关系，智是养成君子人格的主要品质指标，是仁、义、礼、信、勇与廉的理性体现。孔子认为智有等次，与人格类型紧密联系。由于人的素质有差异，智具有先天禀赋和后天致学而达两种特征，因而把智分为上中下三等，“生而知之者，上也；学而知之者，次也；困而学之，又其次也；困而不学，民斯为下矣”（《论语·季氏》）。可以说，圣人之智为上智，君子之智为明智，士人之智为常智，俗人之智为下智，小人之智为渎智。困而不学为下，用而不当为渎。小人无明，玩心术、多心眼、耍阴谋，智用在不正当之处，实为渎智。由于智等次不同，要区别对待，“中人以上，可以语上也；中人以下，不可以语上也”（《论语·雍也》）。

孔子认为君子人格理想而现实，提出“知（智）者不惑”的君子人格标准。“智者不惑”作为君子三达德之一，在《论语》中孔子说过两次：一次在《论语·子罕》中说：“知（智）者不惑，仁者不忧，勇者不惧”；一次在《论语·宪问》中子曰：“君子道者三，我无能焉：仁者不忧，知者不惑，勇者不惧。”可见，仁智勇三德在孔子心中的分量。既指出仁、智、勇是君子人格构成的要素品质，又提出不忧、不惑、不惧是君子人格的标准。智是君子人格的主要品质，其标准是“不惑”。智者之所以“不惑”，是因为能辨析是非、察微知著、悟道明理，具有知晓天道通达时变而慧明于心的敏睿性，因而能掌握事物发展规律，由始知末，高瞻远瞩。有此之智，何惑之有？

1. 智者不惑的特征

“不惑”作为智者的标准，体现为以下几个特征：

不惑的第一个特征是明察致真。所谓明察，即察而明之，以察致明。“不患人之不己知，患不知人也。”（《论语·学而》）君子要知人、懂人，方能为人。孔子认为知人不能人云亦云，必须亲临考察。“众恶之，必察焉；众好之，必察焉。”（《论语·卫灵公》）大家都厌恶的人，一定要去考察；大家都喜欢的人，也一定要去考察。这样才会得出符合实际的是非判断。考察一个人可以从三个方面进行，“视其所以，观其所由，察其所安，人焉廋哉？”（《论语·为政》）看他在干什么，看他用什么手段，考察他要达到什么目的。那么这个人的为人怎么会隐藏得了呢？干什么、用什么手段、达到什么目的是知人的重要方法。知人最重要的是听言观行。孔子认为“不知言，无以知人也”（《论语·尧曰》）。还从弟子宰予言行不一，累教不改的事例中，总结出“听其言，观其行”（《论语·公冶长》）的识人之道；从对人的言行观察中，得出“小人之过也必文”、“其言之不怍，则为之也难”（《论语·子张》）的论断。孔子发现小人最善于矫情矫言，巧言令色，文过饰非；那些喜欢大言不惭的人，往往难以成行。因此，看人不要只听言论，还要看实际行动，才能知道为人本质。情动于衷而行于言，言而由衷是真言，言不由衷是矫言，矫言行之为伪行，矫言伪行迷惑人。鉴于此，君子要谨言慎行，“可与言而不与之言，失人；不可与言而与之言，失言。知者不失人，亦不失言。”（《论语·卫灵公》）智者能根据对象内容，把握“言”与“不言”的分寸，“不失人亦不失言”，做到“言寡尤，行寡悔”（《论语·为政》），“言而有信”（《论语·学而》），言行一致。子贡赞叹孔子是“君子一言以为知，一言以为不知，言不可不慎也”。“听其言，观其行”实质就是透过人的现象看人的本质，明察人的品性。

知人还有一层意思，就是知人善任。知人善任是智也是仁的体现。知人的目的是用人，不用错人，发挥人的作用。知人善任是举用正直者置于枉曲者之上，使优秀者影响、规范不优秀者。用孔子的话说是“举直错诸枉，能使枉者直”。这句话是孔子回答学生樊迟问什么是“仁”、什么是“智”所说的。“樊迟问仁。子曰：‘爱人。’问知。子曰：‘知人。’樊迟未达。子曰：‘举直错诸枉，能使枉者直’。”（《论语·颜渊》）“举直”是选拔任用正直者，是智的表现；“使枉者直”是让邪曲者正直，是仁的表现。孔子还对鲁哀公说过：“举直错诸枉，则民服；举枉错诸直，则民不服。”（《论语·为政》）选拔正直者安排在邪曲者之上，老百姓就会服从；提拔邪曲之人安排在正直之人上边，老百姓就不会服从。这些话体现了孔子仁德为上、知人善任的智慧，表达以智行仁，天下归仁的思想。

明察不仅指察物察人，知物知人，还包括察己知己。人只有不断反思自己，检查自己，具有反省之心，才能有自知之明。孔子谓之“内省不疚”。孔子学生司马牛问怎样才能成为君子，孔子说“君子不忧不惧”，学生不太明白，孔子解释：“内省不疚，夫何忧何惧?”（《论语·颜渊》）“内省”就是反省自己内心，能反省自己，审察是非得失，自心明慧，就不会有愧疚，还有什么忧愁和畏惧？内心无疚就是“君子坦荡荡”，内心有疚就是“小人长戚戚”。为此，孔子拒绝四种做法：“毋意，毋必，毋固，毋我。”（《论语·子罕》）就是自己不主观臆想，不绝对肯定，不固执己见，不唯我正确。强调人要戒除主观性，尊重客观性。“内省不疚”是君子修德修身重要之法，儒家特别强调“三省吾身”。曾子说：“吾日三省吾身，为人谋而不忠乎？与朋友交而不信乎？传不习乎?”（《论语·学而》）能每天多次反省自己为人做事的得失，所以自明，曾子成为继孔子之后最有影响的儒家学者和教育家之一。荀子认为“君子博学而日参省乎己，则知明而行无过矣”（《荀子·劝学》）。君子不仅要广泛学习而致博厚，而且每天要检查反省自己，如此就会智慧明达，行为不会有过错。自知是自律更是智慧。老子有一句名言：“知人者智，自知者明。”说明知人知己是明智的表现。对自己、对他人、对人生、对社会、对世界都有足够的认识和体悟，慧明于心，一切释然，从而进入“不惑”之境。

不惑的第二个特征是慎思致远。智者往往是探赜索隐，见微知著，着眼局部，得乎全局，由近知远，本末明了。其中起关键作用的是“慎思”。慎思是指对事物包括获得的知识要做认真仔细的深度思考分析，以对内涵、外延及其关系的纵横方面有更深入的了解和把握，不仅明晓当下，而且预见未来。慎思的效果取决于心静神安，心无旁骛，不受干扰。《大学》说的“知止而后有定，定而后能静，静而后能安，安而后能虑，虑而后能得”这五条修养之法，其中“虑”就是慎思。静心安然所虑，灵性生发，慧明于心，必得其所得。“得”就是得道，就是发现规律，掌握规律。虑而后得就是慎思致远，就是大智慧。

《中庸》提出“博学之，审问之，慎思之，明辨之，笃行之”五项为学之道，强调知行合一。其中审问、慎思和明辨是为学之智，审问和明辨侧重于探究明察，而慎思则侧重于静心思考，慧明见远。与《大学》说的“静而后能安，安而后能虑，虑而后能得”有同功之妙。同样，孟子也强调“心之官则思，思则得之，不思则不得也”（《孟子·告子上》）。在孟子看来，心有思虑之功，能辨别是非，人心就是用来思考的，只有经过思考辨别，才会有心得体会，才会透过事物的表面把握实质。“慎思”“明辨”是人之为人的重要特征。诸葛亮在《诫子书》说：“静以修身，俭以养德；非淡泊无以明志，非宁静无以致远；夫学须静也，才须学也。”以此作为君子之品行，谆谆告诫后辈。

孔子重视学与思的辩证关系，认为“学而不思则罔，思而不学则殆”（《论语·为政》）。学与思两者都属于智的范畴，不可偏废，两者有内在的关系。“罔”就是蒙蔽迷茫，是缺乏“慎思”“明辨”的结果；思而不学则失去思的内容而陷入空泛，思不是空想。借用康德的一句话就是“感性无知性则盲，知性无感性则空”。只有学与思相结合才能不罔不殆。

在为人为事上，孔子特别强调“思”的意义，这与前面说到的明察知人相承。子夏说：“博学而笃志，切问而近思，仁在其中矣。”（《论语·子张》）说明为学之智与仁的关系。孔子认为君子应有九思：“视思明、听思聪、色思温、貌思恭、言思忠、事思敬、疑思问、忿思难、见得思义。”“思”就是认真思考，仔细掂量，如俗话说的“想一想”。“视思明”是指看之前就要想到是否看得清楚明白，实质是强调要考虑辨析表象与内质的关系，看到事物的本质才会通透明白；“听思聪”是指听的时候就要想到是否听得清楚明白，实质是强调思辨言语的真伪和旨意，领会话中的内涵旨意才是清楚明白；“色思温”是指对自己的表情、情绪、态度要想到是否温和适度，实质是强调要具有平和心态和大量气度，谦逊和蔼才是君子风度；“貌思恭”是指对自己的容貌仪表要想到是否庄重恭敬，实质是强调要具有尊重恭敬的品貌，只有懂得尊敬，才会得到尊敬；“言思忠”是指对自己说的话要想到是否诚实，实质是强调为人要不二心，言必有信，只有忠诚之人才有忠实之言；“事思敬”是指做事时要想到是否敬业，实质是强调做事情要有兢兢业业的事业心、责任感，只有事业心才有事业成；“疑思问”是指有疑问时要想到不懈思索和向人求教，实质是强调解疑的态度和方法，只有不断思考探究，不耻下问，才会解疑释惑；“忿思难”是指发脾气时要想到有什么后患，实质是强调要学会调控自己的情绪，为人要有忍让之心，不能意气用事，三思而后行，只有忍一时之气，才能免百日之患；“见得思义”是指有利可得时要想到这种利应不应该得到，实质是强调得利要具有正当性，利是“义之和”（《易经·乾·文言》），只有符合道义的利才能得。君子爱财，取之有道。“见得思义”是中国文化特有的义利观。“九思”贯穿着慎思和反省的精神，概括了人思想情绪和言行举止的各个方面，是行为的前提，是行为正确有效的保障，体现“凡事豫则立，不豫则废”（《中庸》）的人文智慧之光，因而成为君子为人为事的道德素质要求。

不惑的第三个特征是中庸致和。智者从公正无私、万物适宜、众生得慧的天道中，领悟并概括出中正无斜、恰切适度的中庸之道，

中庸之道是伟大的智慧，是儒家道德伦理的行为准则，具有认识论和方法论的哲学意义。中庸的核心是中正，是万物和谐的根本。这种认识思想源于《易经》。

《易经》的伟大在于揭示了天地之道，并将天地人对应，得出天地人三才，天地人

合一的精见。《易经》认为，天具有伟大的的德性："乾始能以美利利天下，不言所利"；"大哉乾乎！刚健中正，纯粹精也"（《易经·乾·文言》）。进而凝练成著名思想："乾道变化，各正性命，保合太和，乃利贞。"（《易经·乾·彖传》）"乾"为天，乾道就是天道。天道刚健中正，无私不偏，普利天下，纯粹精诚，运行不息。这就使得天下万物得宜受惠，育化生长，万物都从天道中正精诚的运行中确立了各自本真本然的性命，这是一种万物天然合和的存在。中正精诚的天道成就了万物的合和，这种常态化的合和发展扩大，就达到了大和谐大通畅的至极境界。"保合"指万物以常态化而聚合，"太和"指和谐之极，大和谐。既寓指天地人万物是一个有机和谐的整体，又明示天、地、人、万物只有在高度和谐统一中才能获得最佳的存在状态和发展方式。"保合太和"体现了天地人合一的宇宙思维，弥足珍贵。"保合太和"是中国文化最高的价值理想，成为和谐思想之源。

怎样才能"太和"，易经认为，中正是事物呈现的最美状态，中正致和，中正是太和的关键。《易经》用卦爻象效法天地事物运动，表现形式上突出"中和"为美的判断标准。讲究"中位"和"当位"，"中位"指一卦中的二位五位，是事物最适宜居处的适合位置；"当位"是指阳爻居阳位，阴爻居阴位，事物要居处于符合自己特性的应当位置和时段上。居中位为得中，当位为得正，居中又当位，是为"中正"。"中正"意味着事物处于一种最适宜最好的有序的时空状态中，中正致达和谐，因而事物吉顺亨通。这些思想智慧成为后来儒家中庸思想的源头。

孔子将中正视为大德大智，衍化为中庸之道。所谓"中"，就是事物发展处于适度、合宜的最好状态；所谓"庸"就是平常、普遍的运用。"中"与"庸"结合就是真理原则与实践运用的统一，成为一条正确合适而普遍适用的平常法则。对于中庸之道的价值意义，《中庸》开篇就做了精彩的阐述："喜怒哀乐之未发，谓之中；发而皆中节，谓之和。中也者，天下之大本也；和也者，天下之达道也。致中和，天地位焉，万物育焉。"喜怒哀乐是人本有的情感，总以适合的方式聚合一起，这是"中"；表现这些情感没有偏激和失度，恰如其分而符合常理，这是"和"。"中"是天下一切道理的最大根本所在，"和"是天下一切事物的普遍规律。达到中和境界，就是天地以各自恰当的位置运行不息，使得万物各随其性而生长发育的和谐境况。中庸之道，从对事物真理性的认知而言，具有认识论的哲学智慧；就人的品行修养而言，又是道德行为的准则。

孔子说："中庸之为德也，其至矣乎！"（《论语·雍也》）认为中庸是至高无上的道德，并以此作为君子与小人的道德判断标准，得出"君子中庸，小人反中庸"的论断，指出两者实质区别是"君子之中庸也，君子而时中；小人之中庸也，小人而无忌惮也"（《中庸》）。君子遵循中正，行为有度；小人好走极端，偏激无度。在孔子看来，"过犹不及"都不是"中"。在《论语·先进》里，记载子贡以子张（颛孙师）与子夏（卜商）对比，问孔子哪一个好一些："'师与商也孰贤？'子曰：'师也过，商也不及。'曰：'然则师愈与？'子曰：'过犹不及。'"孔子认为子张过分，子夏不足，过与不及同样不好。与之相反，无过、无不及才符合"中"。对如何处理质朴与文饰的关系，孔子认为："质胜文则野，文胜质则史。文质彬彬，然后君子。"（《论语·雍也》）质朴胜过文饰就会显得粗野，文饰胜过质朴就会显得虚浮，质朴和文饰配合恰当而有文采，这才称得上君子。不过于质，也不过于文，取其中正，恰到好处，就得到"文质彬彬"的效果。这句话成为境界甚高影响致远的重要美学原则。后来宋玉在《登徒子好色赋》中以中庸的美学标准，描写东家女子的天然丽质，“增之一分则太长，减之一分则太短；著粉则太白，施朱则太赤”。这一段描写被视为展示女性之美的经典之笔。概言之，凡事适度，恰到好处，思想不偏激，行为不极端。在事物发展的过与不及关系之间以“中正”为准则，致达中和之境界。这就是孔子乐而为之的中庸之道。

孔子称赞虞舜的伟大智慧：“舜其大知也与！舜好问而好察迩言，隐恶而扬善，执其两端，用其中于民，其斯以为舜乎！”（《中庸》）其意为：“舜可算是具有大智慧的人啊！他喜欢向人请教，又善于考察分析平凡浅近话语里的含义；能包涵别人的不足而宣扬人家的好处；能把握“过”与“不及”这两个极端的分寸，而采用正确适中的方法对待百姓。这就是舜之所以能成为舜的原因吧！”这段话扼要概括虞舜具有的仁德智慧，一是平易谦虚，好学好问；二是善于考察，分析明辨；三是心胸宽阔，包容理解；四是中正致和，懂得管理。最大亮点是虞舜善用中庸之道而成为伟大的智者。

不惑的第四个特征是与时偕行，随时而为，从宜适变。智者明晓天地依时而动，万物随时而生而变的自然法则，使自己的行为符合天地时势规律，孟子归纳为“天时地利人和”。“天下随时”（《易经·随卦》）“与时偕行”（《易经·乾·文言》）是《易经》揭示的天地大道，强调人要“与天地合其德，与日月合其明，与四时合其序”（《易经·乾·文言》），只有“应乎天而时行”（《易经·大有卦》），才能顺畅亨通。与时偕行，随时而为，昭明不能拘执于成见，必须顺应时势，从宜适变。人的思想行为要根据客观时势的发展变化随时调整，这才是明智。孔子把随时而为、从宜适变，知进退存亡作为君子修为处世的一条大智慧。孔子在解释《易经·乾卦》上九爻辞“亢龙有悔”说：“亢之为言也，知进而不知退，知存而不知亡，知得而不知丧。”龙亢奋之极，飞得太高还想飞高。物极必反是事物发展的规律，要适宜于时势。不知随时而为，就不懂进退存亡得失的辩证之理，有悔恨是必然的。“知进退存亡，而不失其正者，其唯圣人乎！”只有大智慧的人才懂得进退存亡相互依存的关系，又不失去正道。孔子对“潜龙勿用”的经典解读，则表达了“乐则行之，忧则违之”随时而为的思想智慧。“潜龙”意味着入世的条件不具备，时机不成熟，还处在发挥不了作用的阶段，所以要“遁世无闷”，潜隐待机。《易经·明夷》卦以箕子处于商末纣暴虐无常、世道昏暗的难局中，佯狂为奴，自晦其明而守其志的故事，启发君子身处暗世要善用“自晦其明”之智，韬光隐慧，以待光明再现。“自晦其明”“用晦而明”寓含随时应变的深邃哲理。孔子对易经思想智慧理解很深，曾感慨而言：“加我数年，五十以学《易》，可以无大过矣。”（《论语·述而》）他反复强调的“有道则见，无道则隐”等思想与《易经》“箕子明夷”“自晦其明”的适时处世智慧一脉相承。

在《论语·卫灵公》中，孔子借赞美卫国大夫史鱼公正无私、推贤举能、正直敢言，是一位生以言谏，死以身谏的仁义君子，从而提出“邦有道，则仕；邦无道，则可卷而怀之”的观点，后来被演绎为“国有道则仕，国无道则隐”的名言。他评论卫国大夫宁武子大智若愚：“邦有道，则知；邦无道，则愚。其智可及也，其愚不可及也。”（《论语·公冶长》）国家有道时，聪明才智有用武之地，其人表现得很有智慧；国家无道时，没有用武之地，作用发挥不了，其人表现得愚钝。这是一种用之则行，不用则藏，顺应形势适时而变的大智慧。人们可及的是常智，而大智若愚就不及了。后来孟子把君子随时而为、适时而变不改其志表述为“穷则独善其身，达则兼善天下”（《尽心章句上》）的名句。孔子多次告诫自己的弟子：“笃信好学，守死善道。危邦不入，乱邦不居。天下有道则见，无道则隐。”（《论语·泰伯》）认为依时而变，因地制宜，才是善于守道。前面提到他杜绝的四种做法，即“毋意、毋必、毋固、无我”，同样表达出人不能自以为是，要尊重客观，顺应时势，随时修正的思想。

与时偕行，随时而为，从宜适变，反映了顺应事物运动变化客观规律的真理性，这种思想智慧启发人们要遵循事物运动变化，就要不断调整修正自己的思想行为，以符合客观形势，减少实现目标理想的障碍挫折甚至失败。今天，由国家层面提出的“与时俱进”“改革开放”“深化改革”等方针决策，正是这种思想智慧在现实中的生动体现。

2. 明智的途径

一是好学。重视学习，热爱学习是中华民族的优良传统，中国社会历来讲究“耕读传家”、以学至上，“学不可以已”，学习是立人立业的阶梯。《礼记·学记》有言：“玉不琢，不成器；人不学，不知道。是故古之王者，建国君民，教学为先。”儒家重学讲学，孔子率先垂范，并以此作为毕生事业孜孜不倦。孔子把学习与人的品德行为、智慧修养联系起来，认为好学是修养君子品格获取智慧的正确途径。提出“好学近乎知，力行近乎仁，知耻近乎勇”（《中庸》）。智从知始，一个人好学，就能接近于“智”。

怎样为好学，首先是培养兴趣，把学习当作快乐的事，就能好学勤学。《论语》开篇就讲：“学而时习之，不亦乐乎？”把学习视为开心快乐，这说明学习具有了良好的心理基础。喜不喜欢学习与人的主观能动性有直接的关系，而兴趣是关键，有兴趣才会有主观能动性。因而，要学习必须培养兴趣，有了兴趣才会主动学习，从而进入学习快乐的境界。孔子把学习分为三层境界：“知之者不如好知者，好之者不如乐之者。”（《论语·雍也》）低层为知之、中层为好之、高层为乐之。进入乐学的层次，自然会好学勤学。子夏认为能日积月累地学习就是好学，“日知其所亡，月无亡其所能，可谓好学也已矣”（《论语·子张》）。每天都学一点自己没有的知识，又能每月巩固，就不会忘记学会的东西，这样做就可以说是好学的人了。“吾十有五而志于学，三十而立，四十而不惑，五十而知天命，六十而耳顺，七十而从心所欲，不逾矩。”（《论语·为政》）在其人生的每一阶段都贯穿着好学养德明智的主线，好学成就了一位博学达观、德高智圣的伟大学者，孔子不愧是好学乐学的楷模。

其次是好学要有正确的学习态度。孔子主张“知之为知之，不知为不知，是知也”。强调学习必须具有实事求是的态度，杜绝四种毛病，“毋意，毋必，毋固，毋我”；反对“巧言令色”“言之不怍”，自我为是，主观臆断。学习不是徒有虚名，似是而非，或华而不实，或以假当真，或哗众取宠，或虚与委蛇，这些都不是求学更不是好学。学习是为了求知明智，只有以求真的态度求知才能获得真知，才是明智之学。

再次是好学须讲究学习方法。孔子提出的“学而时习之”是一条总的重要的学习原则和科学方法，阐明学习是“学”与“习”的互动辩证关系，“学”要通过不断练习和实践，才得其所学；“习”是对“学”的巩固、提高和延伸，又得其新知。在这个基础上，孔子总结出“温故而知新”（《论语·为政》）“举一反三”“举一隅不以三隅反，则不复也”（《论语·述而》）“闻一知十”（《论语·公冶长》）等学习方法。就实质而言，学习方法反映出学习智慧，智慧表现在解决问题上就是方法论，方法体现智慧。从方法论而言，本章的主要内容皆涉及方法，诸如“明察”“慎思”“中庸”“随时”等，《中庸》强调的“博学之、审问之、慎思之、明辨之、笃行之”，均是学习方法最概括、最朴实的经验总结。

二是博学勤问。学习，有两条路径，一是读书，向书本学知；二是实践，向实践求知。博学就是多看多见，博闻强记，广开学道。既博览群书，又注重实践，以开拓视野，积累知识。孔子认为“君子博学于文”（《论语·雍也》），“文”是指文献，博学首先就是广泛学习文献，以获得广博的文化知识丰富自己。因此，孔子“信而好古”，“敏以求之”（《论语·述而》），以求实的态度爱好钻研古代文化，努力勤敏地求取各方面知识。在博览古文献的基础上，致力于文化实践，和他的学生修订了《诗》《书》《礼》《乐》《易》《春秋》“六经”，为中国古代文化的保存和传承开创头功，创立了儒家学说，奠定了他儒学宗师的地位。

勤问既是学习方法和实践途径，也是谦虚好学的态度。清人刘开《问说》言：“君子学必好问。问与学，相辅而行者也，非学无以致疑，非问无以广识。好学而不勤问，非真能好学者也。”“且夫不好问者，由心不能虚也；心之不虚，由好学之不诚也。”学与问关系密切，学习就是不断切问而解惑释疑，增长知识见解的过程，因而称为“学问”。学而不问等于枉学，表明不够诚心虚心。子夏认为“博学而笃志，切问而近思，仁在其中矣”。“切问”就是“学必好问”，是君子在学习中显现的仁德品性。孔子主张“敏而好学，不耻下问”（《论语·公冶长》）。不仅要勤敏好学，还要以虚心求教于别人为不耻。向他人学习，向朋友学习，向一切值得学习者学习，在人的活动中学习。在《论语》中，孔子说了许多虚心勤学，广泛求教，学无常师的至理箴言：“见贤思齐焉，见不贤而内自省也。”（《论语·里仁》）见到贤人就要想到向他学习看齐；看到不贤的人就要引以为戒内心反省。“见善如见不及，见不善如探汤”（《论语·季氏》），见到好的，向人家学习，要有怕赶不上的感觉；见到不好的，赶快避开，要有怕开水烫着的感觉。“三人行，必有我师焉。择其善者而从之，其不善者而改之。”（《论语·述而》）几个人一起行路，其中必定有值得自己学习的人，选择他的优点学习，他身上的缺点，自己若有就加以改正。“多闻，择其善者而从之。多见而识之，知之次也。”（《论语·述而》）多听，选择其中好的加以学习；多看，记在心里，这是仅次于“生而知之”的认知。这些都是社会交往活动中的广泛学习，取人之长，补己增益。从交友上也可以获得是非曲直的道理：“益者三友，损者三友。友直，友谅，友多闻，益矣。友便辟，友善柔，友便佞，损矣。”（《论语·季氏》）有益的朋友人正直、有诚信、见识广，相交获得正能量；有害的朋友谄媚奉迎、表面恭维、巧言善变，相交损害正能量。孔子告诫人们，择友有道，交友见智。

三是慎思。学与思二者属于智的范畴，都是获得明智的途径，孔子有“学而不思则罔，思而不学则殆”的精彩表述，指出两者有内在的关系，不可偏废。学而不思就会陷入蒙蔽迷茫，思而不学则无的放矢陷入空想。从表现形式上看，学与思与明智有层次上的不同。学是对事物、知识的认识了解和获得，侧重于得知，未做深化升华；而思则是对事物、知识的理解把握，侧重于思考辨析，进入深化升华的层次。儒家主张“慎思”就是指在对事物、知识认识得知的基础上，静心思考，辨析过滤，慧明见远。《大学》提出“致知在格物，物格而后知至”。“格物致知”就是探究事物而穷通其理，通过探究事物原理而从中获得智慧，即“智慧”是通过推究事物原理而获得的。这与慎思有同功之妙。因而，慎思本身就具有明智的特征。我们在“智者不惑”的第二个表现特征已做阐述，在此不做展开。

四是笃行。笃行是儒家提倡的为学为人的“五法”之一，“笃”是坚贞不渝、坚持不懈；“行”是实践、运用、行为。笃行就是坚定不懈而践行所学。学的目的是运用，学以致用。将为学所得努力践行，在实践中获得新学新知，做到“知行合一”，这是明智的重要途径，也是明智的体现。在儒家看来，“士不可以不弘毅，任重而道远。仁以为己任，不亦重乎？死而后已，不亦远乎？”（《论语·泰伯》）君子要以推行仁德作为己任，要有宽广的胸怀和坚强的意志努力践行，笃行是仁义道德在行为上的表现，是君子品格之一。“儒有博学而不穷，笃行而不倦。”（《礼记·儒行》）儒家看重笃志力行，勉励人意志坚定、目标明确，努力践行，实现达济天下的人生理想。笃行是获得知识智慧的重要途径，也是成人成才的重要途径。笃行在今天仍具有深远意义，“空谈误国，实干兴邦”。青年学生不仅要树立远大理想，“读万卷书”，学好科学知识，还要脚踏实地，“行万里路”，将所学知识运用到实践中，融入国家建设、民族复兴的伟大事业中，个人知识才有价值，智慧、品质才会得到提升，人生才会闪现光彩。

（四）道家之智

中国文化中的智慧之学，还包括道家之智和释家之智，特别是老庄思想智慧高深，穿越宇宙时空而思索当下的生命，发现“道”乃为“其大无外，其小无内”冥冥时空中的本原和法则，对世界本体做了阐明，形成了以“道”为核心的学说体系，具有理性思辨的哲学智慧，被称为中国哲学史上的“一次灿烂日出”。

1. 围绕如何悟道启明，老庄提出了一系列天地人的真知灼见

从宇宙万物的生化中，得出“有”与“无”的对立统一是大道本体的终极思考。老子表述为“道生一，一生二，二生三，三生万物”，结论为“天下万物生于有，有生于无”。“无”不是什么都没有的绝对虚空，而是感官无法感觉的东西，这个东西浑然一体，先天地而生，无声无息，“独立而不改，周行而不殆，可以为天下母”。老子说只能勉强起个名字叫“大道”。于是“有”即显现的物质物象就从这里化生，其后“有”又消失而归于“无”，原始终结，终而复始。这就是“无中生有”“有中生无”。在大道化生万物的认识上，老子及道家与《易经》有高度的一致性。《易经·系辞传》说：“易有太极，太极生两仪，两仪生四象，四象生八卦。”太极就是“一”，是宇宙阴阳未分的混沌阶段；两仪即阴阳就是“二”，就是天地开辟阴阳分立的阶段；有了阴阳就有“万物负阴而抱阳，冲气以为和”，就生化出万物，“三”就是阴阳化生出万物而繁衍万物的阶段。道是本原，太极、“一”是生化平台，“二”是阴阳元素，“三”是阴阳相合相动而化生万物之和。所以“一阴一阳之谓道”成为中国文化认识宇宙世界的开端，也是天地万物的规律法则。显然，道是一切，一切是道，“一”是一切，一切是“一”。常说的“九九归一”就是这种本体认识论的形象表述。

2. 老子提出两条认识大道运动规律的法则

其一是“反者道之动”。意思是事物本身总有对立的两个方面，向对立面转化是大道运行的规律。向对立面转化具有一定的条件，就是“物壮则老”“物极必反”。事物发展到极限必然要发生变化，用《易经》的思想表述就是“阴极而阳、阳极而阴”，这也是事物运动变化的规律，而且是不可抗拒的自然客观规律。因此，要遵循和顺应自然规律。要顺应这种规律，就必须研究规律，既然事物过阳过刚过强必反动，那么柔弱的作用更好一些。在这个问题上，《易经》认为阴阳和谐，中正致和，随时而变，把持事物发展在时空中的最好状态，掌握动和不动的辩证关系，适宜形势。儒家发展为中庸之道，孔子认为“过”和“不及”都不好，至中至正恰宜，中正是和谐的关键。老子则发现柔弱是大道发挥作用的方法，柔弱处上，刚强处下是事物的普遍现象和规律，提出“弱者道之用”、“柔之胜刚，弱之胜强”的著名论断，形成道家“贵柔”的思想智慧。老子用赤子、万物草木之生与死作比较，得出“坚强者死之徒，柔弱者生之徒”的结论，进而推断“兵强则灭，木强则折”；一再用水喻比大道，“上善若水。水善利万物而不争，处众人之所恶，故几于道”。天下莫柔弱于水，而攻坚强者莫之能胜。其无以易之。”水具有柔弱向下的特性，顺势流动，恒常不懈，水滴石穿，终入大海。水看似柔弱，其实强大，用堵塞的强硬手段是没用的，只能因势利导。老子告诉人们，刚强抗拒不了柔弱，柔弱胜刚强，不能一味逞强。

3.“反者道之动”充满了辩证法的哲学智慧

既然“反者道之动”指的是对立的双方向自己的对方相互转化，那么也是说凡事都存在矛盾对立的特性，一方以另一方为存在的前提条件，相互依存又相互转化。实际上表明既对立统一又相互转化的关系是事物普遍永恒的规律。因此，“反者道之动”充满了辩证法的哲学智慧，为人们认识世界，了解事物，分析问题，把握规律提供了视野和方法。老子在《道德经》第二章就说：“天下皆知美之为美，斯恶已；皆知善之为善，斯不善矣。有无相生，难易相成，长短相形，高下相倾，音声相和，前后相随，恒也。”这段话的意思比较显白，是说如果天下人都知道美好是美，这样丑恶就出现了；都知道善良是善，那么凶恶就出现了。所以，有与无相反相生，难与易相互形成，长与短相互比较而存在，高和低在对比中存在，发出的声音和被感知的声音相呼应和，前与后相互伴随。美与丑、善与恶、有和无、难和易、长和短、高和低、前和后等万事万物都是对立统一的，对立双方都是互为存在条件的，通俗讲就是有你才会有我，有我才会有你，你中有我，我中有你，不能分离。同时在一定条件下对立双方都要向自己的反面转化，我会变成你，你也会变成我。

其二是“道常无为而无不为”。“无为”指的是顺应自然规律不强为，其目标是“无不为”。也就是不要在事物对立统一中固己偏执，偏拗执意就是强加人为的因素，人为因素多了，就破坏了事物对立统一的法则，就不合乎自然。显然，无为就是顺应自然，自然而然，不逆自然规律而动，不妄为，不过多地添加人的主观因素。所以“圣人处无为之事，行不言之教；万物作焉而不辞，生而不有，为而不恃，功成而弗居。夫唯弗居，是以不去”。只有圣人才奉行自然无为的做事方法，推行不言的教化，任万物自然生发而不违背，生养万物而不占有，做出贡献而不依赖，成就了功业而不居功。庄子认为“仁义道德”是伪善，老子也说“大道废，有仁义。智慧出，有大伪”。老子认为，讲仁义的前提条件是大道废失，智慧过度乱用，就会有阴谋巧诈出现。余秋雨对此评说，“当人类刻意去追求美、追求善的时候，最大的问题就是变得不自然了。一旦不自然，就开始滋生丑和恶”。

其实，以孔子和老子为代表的儒道两家，都是面对当时礼崩乐坏的昏乱社会现实，各自对治世进行思考，希望社会消弭混乱，实现大同。儒家直面现实，以人为中心，着眼于人的道德重塑，以人的道德价值为标准衡量人事；道家思考得更深更远，以宇宙自然为中心，着眼于天地万物的自然规律，以自然规律为标准衡量人事。正是儒道两家思想智慧的相辅相成才绘就中国文化的丰厚多彩。必须指出，长时间以来，人们对老子的“无为”思想理解偏颇，认为是消极的东西，甚至指责，这是认识误区。无为不是无所作为，什么也不干，而是强调要在遵循自然规律的前提下才能有所作为。

4. 怎样做到“无为而无不为”

老子认为要学道悟道，从广大普遍适用一切的道中领悟道的德性。道“万物恃之而生而不辞，功成而不名有，衣养万物而不为主。常无欲，可名于小；万物归焉而不为主，可名为大。以其终不自为大，故能成其大”。道不推辞万物对它的依赖生存，成就万物的功业而不沽名钓誉，养育万物而不以主人自居。永远没有私欲，这就叫作小；万物归附它而不以主人自居，这就叫作大。正因为道始终不自以为大，所以才能成为大。简言之，道具有包容、贡献、不贪功、不争名、不私我的博大胸怀气度。因此，老子主张见素抱朴，少私寡欲，守静致虚，知足不争，知常致明。人要“去甚、去奢，去泰”，即摒弃极端、奢侈、过分的不自然做法。保持“慈、俭、不为天下先”的品质，即保持慈爱、节俭、不争众人之先的美德。告诫人们：“罪莫大于可欲，祸莫大于不知足；咎莫大于欲得。故知足之足，常足矣。”要懂得，“金玉满堂，莫之能守；富贵而骄，自遗其咎”。欲望是人最大的敌人，纵欲是人最大的罪孽，不知足是人最大的祸殃，贪得无厌是人最大的灾难。知道满足的人收获快乐，快乐的人永远满足！明悟这些道理，就会“甘其食，美其服，安其居，乐其俗”。只有那些自己吃的饭菜觉得可口，自己穿的衣服觉得美观，自己住的房子觉得安坦，自己的生活觉得快乐的人，心里永远敞亮，天地永远广阔。老子的大道之学对宇宙生命追本溯源，在茫茫无际的星海间凿通一条时空光道，发幽远之思，明现实之道，饱含着博远深邃的天地人生智慧。面对纷纭繁复、竞争激烈、飞速发展的人类社会，面对物欲横流、急功近利、人天对立、自然错位的世界，走近老庄，读读《老子》，能让人呼吸到清新之气，心灵重回童年，生活回归自然，思想连接天地。汲取益智，慧明人生，这是明智的选择。

二、经典选读

（一）为学之智

1. 子曰：“学而时习之，不亦说乎？有朋自远方来，不亦乐乎？人不知而不愠，不亦君子乎？”

——《论语·学而》

【译文】

孔子说：“学习知识并常常温习，不也是很愉快的吗？朋友、同学来自不同的远方聚在一起，不也很快乐吗？人家不了解自己，也不生气，不也很有君子风度吗？

2. 子曰：“知之者不如好知者，好之者不如乐之者。”

——《论语·雍也》

【译文】

孔子说："知道它的人不如爱好它的人，爱好它的人不如以它为乐的人。"

3. 子曰："由，诲汝知之乎？知之为知之，不知为不知，是知也。"

——《论语·为政》

【译文】

孔子说："仲由啊，教给你的东西知道了吗？知道就是知道，不知道就是不知道，这才算是智慧。"

4. 子曰："温故而知新，可以为师矣。"

——《论语·为政》

【译文】

孔子说："温习学过的知识，进而有了新的理解，就可以做老师了。"

5. 子曰："见贤思齐焉，见不贤而内自省也。"

——《论语·里仁》

【译文】

孔子说："见到贤人要想到向他看齐，见到不贤的人，就要在内心反省（自己有没有跟他一亲的缺点）。"

6. 子曰："敏而好学，不耻下问。是以谓之文也。"

——《论语·公冶长》

【译文】

孔子说："勤敏而爱好学习，又不认为向地位比自己低下的人请教是羞耻的，所以给他（孔文子）'文'的谥号。"

7. 子曰："三人行，必有我师焉，择其善者而从之，其不善者而改之。"

——《论语·述而》

【译文】

孔子说："三个人一起走路，其中肯定有人值得我学习，选择他的优点加以学习，他身上的缺点自己也有就要加以改正。

8. 子曰："默而识之，学而不厌，诲人不倦，何有于我哉？"

——《论语·述而》

【译文】

孔子说："默默地记住（所学的知识），学习不觉得厌倦，教诲人不知道疲倦，我做到了哪一样呢？"

9. 子夏曰："博学而笃志，切问而近思，仁在其中矣。"

——《论语·子张》

【译文】

子夏说："广泛地学习，坚定自己的志向，从切身问起，由近及远地推想，仁义就在其中了。"

10. 子曰："学而不思则罔，思而不学则殆。"

——《论语·为政》

【译文】

孔子说："学习不思考，就会迷惑无所得，苦思冥想而不学习则会困惑无助。"

11. 子曰："好仁不好学，其蔽也愚；好知不好学，其蔽也荡；好信不好学，其蔽也贼；好直不好学，其蔽也绞；好勇不好学，其蔽也乱；好刚不好学，其蔽也狂。"

——《论语·阳货》

【译文】

孔子说："爱仁义而不爱好学习，其弊病是容易愚昧无知；爱智慧而不爱好学习，其弊病是无根基而容易说空话、大话；爱诚信而不爱好学习，其弊病是容易对人造成危害；爱正直而不爱好学习，其弊病是容易逼迫人；爱勇敢而不爱好学习，其弊病是容易造成祸乱；爱刚强而不爱好学习，其弊病是容易狂妄自大。"

12. 大学之道，在明明德，在亲民，在止于至善。知止而后有定；定而后能静；静而后能安；安而后能虑；虑而后能得。物有本末，事有终始。知所先后，则近道矣。

——《大学》

【译文】

大学的宗旨在于弘扬光明正大的品德，在于革新人们的不良习俗，在于使人达到最完善的境界。知道了应达到的境界然后才能够志向坚定；志向坚定了然后才能宁静而不躁动；宁静不躁了然后才能心情安然；心情安然了然后才能思虑周详；思虑周详了然后才能有所获得。万物都有根本和枝末，万事都有开始和终结。明白了事物本末始终先后次序的道理，也就接近于掌握事物发展规律的方法了。

13. 博学之，审问之，慎思之，明辨之，笃行之。有弗学，学之弗能，弗措也；有弗问，问之弗知，弗措也；有弗思，思之弗得，弗措也；有弗辨，辨之弗明，弗措也；有弗行，行之弗笃，弗措也。人一能之，己百之；人十能之，己千之。果能此道矣，虽愚必明，虽柔必强。

——《中庸》

【译文】

广泛地学习，审慎地追问，慎重地思考，明白地分辨，坚定地践行。要么不学习，学了没有学会就不要停止；要么不追问，问了没有弄懂就不要停止；要么不思考，思考了没有结果就不要停止；要么不辨析，辨析了没有明白就不要停止；要么不践行，践行了没有坚定专一就不要停止。别人一次能做到的，自己就用一百次做到；别人十次能做到的，自己就用一千次做到。如果真能用这样的方法学习，即使是愚笨的人也一定会变得明智，即使是柔弱的人也一定会变得刚强。

14. 君子曰：学不可以已。青，取之于蓝，而青于蓝；冰，水为之，而寒于水。木直中绳，輮以为轮，其曲中规。虽有槁暴，不复挺者，輮使之然也。故木受绳则直，金就砺则利，君子博学而日参省乎己，则知明而行无过矣。

——《荀子·劝学》

【译文】

君子说：学习是不可以停止的。靛青是从蓝草里提取的，可是颜色比蓝草更深；冰是水凝固而成的，可是温度比水还要寒冷。木材直得符合拉直的墨线，用火烤加热使木材弯曲制成车轮，那么木材的弯度就合乎圆规的标准。即使被风吹日晒而干枯，木材也不会再挺直，这是因为经过火烤加热的工艺使它成为这样的。所以木材经过墨线量过就能取直，刀剑经过磨刀石磨砺就能锋利，君子广泛地学习并且每天检查反省自己，那么就会智慧明达而且行为不会有过错了。

15. 积土成山，风雨兴焉；积水成渊，蛟龙生焉；积善成德，而神明自得，圣心备焉。故不积跬步，无以至千里；不积小流，无以成江海。骐骥一跃，不能十步；驽马十驾，功在不舍。锲而舍之，朽木不折；锲而不舍，金石可镂。蚓无爪牙之利，筋骨之强，上食埃土，下饮黄泉，用心一也。蟹六跪而二螯，非蛇鳝之穴无可寄托者，用心躁也。

——《荀子·劝学》

【译文】

堆积土石成为高山，风雨就从这里兴起；汇积水流成为深渊，蛟龙就从这里产生；积累善行成就高尚道德，而神妙明慧从此获得，圣人的境界由此具备。所以不累积小步，就无法达至千里；不积累细流，就不能成为江海。骏马一跃，也不足十步之远；劣马行走十天，却能达远，其成功在于不停止。如果雕刻几下就不刻了，就是腐朽的木头也刻不断。如果不停地刻下去，即使是金石也能雕刻成功。蚯蚓没有锐利的爪牙，强健的筋骨，却能上吃泥土，下饮泉水，这是因为它用心专一。螃蟹有六条腿、两只蟹钳，但是没有蛇、鳝的洞穴它就无处存身，这是因为它心浮气躁。

16. 合抱之木，生于毫末；九层之台，起于累土；千里之行，始于足下。

——《老子·道德经》

【译文】

合抱的大树，成长于细小的树苗；九层的高台，累积于一堆堆的泥土；千里的远行，开始于脚下第一步。

17. 知不知，上；不知知，病；夫唯病病，是以不病。圣人不病，以其病病，是以不病。

——《老子·道德经》

【译文】

已有了知识还认为没有知识，这是上等有知；没有知识却认为有知识，这是弊病。

正是因为把弊病当作弊病，所以才没有弊病。圣人没有弊病，正是因为他把弊病当作是弊病，所以才没有弊病。

18. 致虚极，守静笃，万物并作，吾以观其复。夫物芸芸，各复归其根。归根曰静，静曰复命。复命曰常，知常曰明，不知常，妄作凶。知常容，容乃公，公乃王，王乃天，天乃道，道乃久，没身不殆。

——《老子·道德经》

【译文】

达到极度的虚空，坚守清静空寂。万物一起蓬勃生长，我从中观察万物返本归源的运动。万物繁多纷杂，各自又都返回它的本根本源里。返归本源称为静，静就称为返归自然本性。回到自然本性称为守常道（遵守事物普遍规律），懂得常道才称为明智，不懂得守常道就会妄想妄动，妄动必然引致祸凶。懂得守常道心胸广阔而容纳万物，能包容万物才能无私公道，无私公道才是王者之道，王者之道就是天道，天道才是大道，大道才能恒久，终身才不会困殆。

19. 是故聪与敏，可恃而不可恃也；自恃其聪与敏而不学者，自败者也。昏与庸，可限而不可限也；不自限其昏与庸而力学不倦者，自力者也。

——《为学》

【译文】

所以说聪明和灵敏可以依靠而又不可以依靠；一味依靠聪明和灵敏而不去认真学习，这样的人终究会失败。愚钝和平庸，能限制人的发展也可能限制不了；自己不受愚钝和平庸的限制而坚持学习不停止，这就是力求上进能成功的人。

【感悟评析】

从生物遗传的生命现象中看，有些人拥有一定的天赋和自然资质，形成了某些方面的天然优势，在灵感、反应、敏锐、想象、创造等感知方面比一般人强。具有禀赋固然好，禀赋为智慧、才能发展提供了良好的前提条件。但是，仅凭天赋素质，缺乏后天的社会生活条件，包括教育、实践、家庭、社会环境和自身勤奋努力，任何天才都不会取得成功的。据研究表明，良好的遗传素质仅仅为天才的发生和成功提供了不可多得的可能性，而这种可能性要成为现实，必须取决于环境的影响和教育的作用，还要加上人在社会实践中的主观努力才能达到。王安石的《伤仲永》，说的是一个叫“方仲永”的神童，五岁竟能“指物作诗立就”，后因父亲庸俗，以他为挣钱之器而耽误学习，以致“泯然众人矣”。现实中也有神童，20 世纪 80 年代曾被人捧赞的三大耀眼少年，小小年纪就进入中国科学技术大学少年班，去过普林斯顿大学深造，但结果未尽人意，不是过于固执，就是自我封闭，人格障碍明显。方仲永们的故事说明人决不可只依赖天资而不学习新知识，也不可仅凭靠天资而忽视与社会的对接沟通，后天的环境影响、教育学习、社会实践对成才至关重要。爱因斯坦说：“人们把我的成功归因于天才，其实我的天才只是刻苦罢了。”鲁迅说：“哪里有天才，我是把别人喝咖啡的时间都用在工作上了。”古今中外任何“天才”，无不是经过长期的艰苦勤奋努力才取得杰出成就。孔子肯定“生而知之”，更肯定“学而知之”。他不认为自己是生来就有知识的人，只承认自己好学勤学，讲求方法。主张“学而时习之”，学以致用；忌讳主观臆断，自我为是，杜绝“毋意，毋必，毋固，毋我”；人要“三省吾身”“内省不疚”，才能知明而行无过；提倡“博学之，审问之，慎思之，明辨之，笃行之”五种为学为智之法，反对“德之不修，学之不讲，闻义不能徙，不善不能改”四种毁德害智之为。驽马十驾，功在不舍；锲而不舍，金石可镂。自恃聪敏而不学者，自败者也；力学不倦者，自力者也！诲人箴言，发人深省。圣贤学而生智养德成才的思想，在今天仍有深义，好学、慎思、笃行是通往智慧人生的大道。

（二）为人之智

1. 古之欲明明德于天下者，先治其国；欲治其国者，先齐其家；欲齐其家者，先修其身；欲修其身者，先正其心；欲正其心者，先诚其意；欲诚其意者，先致其知；致知在格物。

物格而后知至；知至而后意诚；意诚而后心正；心正而后身修；身修而后家齐；家齐而后国治；国治而后天下平。

——《大学》

【译文】

古代那些想在天下彰明善良光明品德的人，首先要治理好自己的国家；要想治理好自己的国家，首先要管理好自己的家庭和家族；要想管理好自己的家庭和家族，首先要修养好自身的品德；要想修养好自身的品德，首先要端正自己的思想；要端正自己的思想，首先要使自己的意念真诚；要想使自己的意念真诚，首先要使自己获得知识；获得知识的方法，在于研究分析事物。

对事物的研究分析之后，才能明确知识；明确知识之后，意念才能真诚；意念真诚了，心思才能端正；心思端正了，才能修养好自身品德；自身品德修养好了，才能管理好家庭、家族；家庭、家族管理好了，才能治理好国家；国家治理好了，天下才能太平。

2. 汤之《盘铭》曰：“苟日新，日日新，又日新。”

——《大学》

【译文】

商汤镂刻在洗澡铜盘上的铭言说：“如果一天能够洗涤自身污垢而焕然一新，就应天天清洗而保持天天新，持之以恒，就能日新又日新，新更新，永远新。”

3. 天行健，君子以自强不息；地势坤，君子以厚德载物。

——《易经·乾·象辞》《易经·坤·象辞》

【译文】

天的运行精进不已，刚健不息，君子从中得到启示，要自强不息；地的形势柔顺包容，君子要效法大地的品德，以深厚的道德承载万物。

4. 谦亨。天道下济而光明，地道卑而上行。天道亏盈而益谦，地道变盈而流谦，鬼神害盈而福谦，人道恶盈而好谦。谦尊而光，卑而不可逾，君子之终也。

——《易经·谦·彖辞》

【译文】

谦卦讲谦虚，所以亨通。天的法则是在上却向下普照光明助济万物，地的法则是处下却向上随天运行。天的法则是减损满盈以增加虚少；地的法则是把满盈的变少以流入低下之处；鬼神的法则是祸害骄满而福佑谦虚；人的法则是厌恶骄满而喜好谦虚。谦虚受人尊敬而光荣，位虽处下但不可超越，君子有谦虚美德，就会有好结果。

5. “君子之爱人也以德，细人之爱人也以姑息。”

——《礼记·檀弓上》

【译文】

君子爱人是按道德标准的要求；小人爱人是无原则的纵容迁就。

6. 子曰：“君子怀德，小人怀土；君子怀刑，小人怀惠。”

——《论语·里仁》

【译文】

孔子说：“君子怀恋的是道德，小人怀恋的是自己的田土；君子怀恋的是法度，小人怀恋的是恩惠。”

7. 子曰：“君子喻于义，小人喻于利。”

——《论语·里仁》

【译文】

孔子说：“君子考虑的是仁义，小人考虑的是利益。”

8. 子曰：“君子不重则不威，学则不固。主忠信，无友不如己者。过则勿惮改。”

——《论语·学而》

【译文】

孔子说：“君子言行不庄重就没有威严，学习的知识就不会巩固。为人处世要坚持忠实诚信的原则，不交不如自己的朋友，有过失不要怕改正。”

9. 子曰：“士志于道，而耻恶衣恶食者，未足与议也。”

——《论语·里仁》

【译文】

孔子说：“读书人立志于学习圣人的道理，却以穿破烂的衣服，吃粗糙的饮食为耻，就不值得与他谈论道了。”

10. 子曰：“质胜文则野，文胜质则史。文质彬彬，然后君子。”

——《论语·雍也》

【译文】

孔子说："质朴胜过文饰就会显得粗野，文饰胜过质朴就会显得虚浮，质朴和文饰配合恰当而有文采，这才称得上君子。"

11. 子曰："君子进德修业，忠信，所以进德也；修辞立其诚，所以居业也。知至至之，可与几也；知终终之，可与存义也。是故，居上位而不骄，在下位而不忧，故乾乾因其时而惕，虽危无咎矣。"

——《易经·乾·文言》

【译文】

孔子说："君子不断提高自己的道德修养，努力修成功业，忠诚信实，是用以提升道德修养；说话言辞合宜显示内心诚意，是用以确定功业。知道时势机遇会到来，就努力促使它到来，这样就可以说懂得细微而具有先见之明；知道时势会终止，就适可而止，这样就可以说懂得什么是合宜而随时而为。因此，居处上位而不骄尊，居处下位而不忧卑。所以能自强不息，根据时势条件不断警醒自己，这样即使有危险也不会有咎害。

12. 君子学以聚之，问以辩之，宽以居之，仁以行之。

——《易经·乾·文言》

【译文】

君子要努力学习，聚少成多，有疑难而求问，辨析明白，以宽容之心为人处世，以仁义之德行善为事。

13. 知人者智，自知者明。胜人者有力，自胜者强。知足者富。强行者有志。不失其所者久。死而不亡者寿。

——《道德经》

【译文】

了解别人的人聪明，了解自己的人明智。能战胜别人的人有力量，能战胜自己的人强大。知道满足的人富有，坚强力行的人有志气。不丧失本分的人长久，身虽死而精神不消亡的人长寿。

14. 孟子曰："自暴者，不可与有言也；自弃者，不可与有为也。"

——《孟子·离娄上》

【译文】

孟子说："自己损害自己的人，不能和他谈出有价值的言语；自己放弃（对自己极不负责任）自己的人，不可能和他干出有价值的事业。"

15. 孟子曰："人有不为也，而后可以有为。"

——《孟子·离娄下》

【译文】

孟子说："人要有所不为，然后才会有所作为。"

16. 子曰："巧言、令色、足恭，左丘明耻之，丘亦耻之。匿怨而友其人，左丘明耻之，丘亦耻之。"

——《论语·公冶长》

【译文】

孔子说："花言巧语，讨好人脸色，过分恭顺谄媚，左丘明认为可耻，我也认为可耻。把怨恨隐藏起来，装出一副对人友好的样子，左丘明认为可耻，我也认为可耻。"

17. 信言不美，美言不信。善者不辩，辩者不善。知者不博，博者不知。

——《道德经》

【译文】

真实的话不华丽，华丽的话不真实。好话不巧辩，巧辩没好话。真知的人不贪广博，贪广博的人没有真知。

18. 名与身孰亲？身与货孰多？得与亡孰病？甚爱必大费，多藏必厚亡。故知足不辱，知止不殆，可以长久。

——《道德经》

【译文】

人的名声与身体，哪样更值得爱惜？身体与财富，哪样更为重要？得与失哪样更为有害？过分吝惜就必定有极大的破费；收藏太多必定遭致极大的损失。所以，懂得满足的人不会受困辱，懂得适可而止的人就不会有危险，这样才可以长久平安。

19. 企者不立，跨者不行，自见者不明，自是者不彰，自伐者无功，自矜者不长。

——《道德经》

【译文】

踮起脚跟想站得高而站立不稳；分腿站立想占得宽而迈不开步。自我表现反而名声不大，自以为是反而不能明理，自我吹嘘反而没有功劳，自高自大反而不能有长进。

20. 时者得天，义者得人，既时且义，故能得天与人。

——《管子·枢言》

【译文】

随顺天时的人懂得自然规律，符合正义的人得到别人拥护。既占天时，又合正义，这样就拥有天和人的力量。

（三）为事之智

1. 君子终日乾乾，夕惕若厉，无咎。

——《易经·乾》

【译文】

君子整天努力不懈、自强不息，晚上也能警戒谨慎如有危厉一样，这样就没有咎难。

2. 君子进德修业，欲及时也，故无咎。

——《易经·乾·文言》

【译文】

君子提高道德修养，建立功业，总是想不违背时势，能把握时机，所以无咎难。

3. 亢之为言也，知进而不知退，知存而不知亡，知得而不知丧。其唯圣人乎！知进退存亡，而不失其正者，其唯圣人乎！

——《易经·乾·文言》

【译文】

所谓“亢”，就是说只知道前进而不知道后退，只知道存在而不知道消亡，只知道获得而不知道丧失。只有圣人吧，能知道进退存亡相互依存的关系，又不失去正道，大概只有圣人才能这样吧！

4. 易穷则变，变则通，通则久。

——《易经·易传·系辞下》

【译文】

易道揭示了天地万物的规律，（就是）穷尽就会变化，变化才能通达，通达才能长久。

5. 履霜，坚冰至。

——《易经·坤》

【译文】

当脚踩踏着薄霜时，就知道厚雪坚冰会到来。

6. 积善之家，必有余庆；积不善之家，必有余殃。

——《易经·坤·文言》

【译文】

积累善行的人家，必定会有吉庆余留给子孙后代；积累恶行的人家，必定会有祸殃余留给子孙后代。

7. 子曰：“其身正，不令则行；其身不正，虽令不从。”

——《论语·子路》

【译文】

孔子说：“自身品行端正，不发布命令，人们也会执行；自身品行不端正，即使三令五申，人们也不会听从。”

8. 子曰：“无欲速，无见小利。欲速则不达；见小利则大事不成。”

——《论语·子路》

【译文】

孔子说："不要求快，不要贪图小利。想要快反而达不到目的，贪图小利就办不成大事。"

9. 子曰："居处恭，执事敬，与人忠。虽之夷狄，不可弃也。"

——《论语·子路》

【译文】

生活要谦恭，做事要敬业，交往要忠诚。即使到了夷狄之地，也不能丢弃。

10. 子曰："君子和而不同，小人同而不和。"

——《论语·子路》

【译文】

孔子说："君子能与不同意见和谐相处但不随意苟同，小人随意苟同却不能和谐相处。"

11. 子曰："君子耻其言而过其行。"

——《论语·宪问》

【译文】

孔子说："君子以言过其行为可耻。"

12. 子曰："工欲善其事，必先利其器。"

——《论语·卫灵公》

【译文】

孔子说："工匠想要把活干好，一定会先把他的工具整治锋利。"

13. 子曰："苗而不秀者有矣夫！秀而不实者有矣夫！"

——《论语·子罕》

【译文】

孔子说："长苗而不扬花吐穗的有啊！扬花而不结果的也有啊！"

14. 子游曰："事君数，斯辱矣；朋友数，斯疏矣。"

——《论语·里仁》

【译文】

子游说："服事君王过于殷勤频繁，会自取其辱；与朋友交往过于殷勤频繁，会使关系疏远。"

15. 持而盈之，不如其已；揣而锐之，不可长保。金玉满堂，莫之能守；富贵而骄，自遗而咎。功遂身退，天之道也。

——《道德经》

【译文】

执持盈满，不如适可而止；打磨得很尖利，锋芒难保长久。金玉满堂，不可能长期守住。富贵而骄傲，自己给自己带来祸害。功成身退，这是天的自然法则。

16. 天长地久。天地所以能长且久者，以其不自生，故能长生。是以圣人后其身而身先，外其身而身存。非以其无私耶，故能成其私？

——《道德经》

【译文】

天地长久存在，天地所以能够长久存在，正是因为它不为自己而生存，所以才能够长久存在。正是如此，圣人总是把自己放在众人的后边，反而能身居前列，把自己置之度外，反而能保存自身。这难道不正是因为自己无私，才能成全自己的私吗？

17. 上善若水。水善利万物而不争，处众人之所恶，故几于道。居善地，心善渊，与善仁，言善信，正善治，事善能，动善时。夫唯不争，故无尤。

——老子《道德经》

【译文】

最高境界的善行像水一样。水善于滋润万物而不与万物相争，甘愿处于众人都不愿去的地方，所以接近大道的特性。居住善于选择地方，心胸善于沉渊深不可测，待人善于真诚友爱，说话善于恪守诚信，为政善于治理有条理，办事善于发挥能力，行动善于把握时机。正因为他与世无争，所以没有过失，也就没有怨咎。

18. 曲则全，枉则直，洼则盈，弊则新，少则得，多则惑。是以圣人抱一为天下式。不自见，故明；不自是，故彰；不自伐，故有功；不自矜，故长。夫唯不争，故天下莫能与之争。

——老子《道德经》

【译文】

委曲才能保全，弯曲才会伸直，低洼才会满盈，陈旧才会更新；少求才会获得，贪多反会迷惑。所以圣人总是让对立的双方抱合为一，并以此作为天下事理的法则范式。不自我表现，所以反而显明；不自以为是，所以反而彰明道理；不自己夸耀，所以反而有功劳；不自高自大，所以反而为长。正因为不与人争，所以天下没有人能与他争。

19. 人法地，地法天，天法道，道法自然。

——老子《道德经》

【译文】

人效法地，地效法天，天效法道，道效法自然。

20. 为无为，事无事，味无味。大小多少，报怨以德。图难于其易，为大于其细。天下难事必作于易，天下大事必作于细。是以圣人终不为大，故能成其大。夫轻诺必寡信，多易必多难。是以圣人犹难之，故终无难矣。

——老子《道德经》

【译文】

以无为的态度去有所作为（以无为为有为），以不生事的心态去处理事情（以无事为有事），以恬淡无味当作有味（以无味为有味）。大生于小（以大为小），多兴于少（以少为多）。用恩德回报怨恨，解决难事要从容易的地方谋划，做大事要从细微处做起。天下的难事必定是从容易的时候发展起来的，天下的大事必定是从微细的地方一步一步形成的。因此圣人始终不直接去做大事，所以才能成就大功业。轻易许诺肯定难以兑现，把事情看得太容易肯定会遭遇很多困难。因此圣人总是看重困难，所以最终没有困难。

21. 人之生也柔弱，其死也坚强。万物草木之生也柔脆，其死也枯槁。故坚强者死之徒，柔弱者生之徒。是以兵强则灭，木强则折。强大处下，柔弱处上。

——老子《道德经》

【译文】

人初生时身体柔软，死了以后身体就变得僵硬。万物草木活的时候也是柔软脆弱的，死了以后就变得干硬枯槁了。所以坚硬强壮的东西属于死的类型，柔软稚弱的东西属于活的类型。因此，用兵强硬就会灭亡，树木强硬就会折断。强大的总是在下位，柔弱的总是在上位。

22. 天下莫柔弱于水，而攻坚强者莫之能胜。其无以易之。柔之胜刚，弱之胜强，天下莫不知，莫能行。

——老子《道德经》

【译文】

天下没有比水更柔弱的东西了，而能攻坚克强的却没有什么东西可以胜过水。任何东西都取代不了它。柔胜过刚，弱胜过强，天下没有人不知道，但是没有人能实行。

23. “大知闲闲，小知间间；大言炎炎，小言詹詹。”

——《庄子·齐物论》

【译文】

大智慧的人，广博豁达，小聪明的人，琐细计较；大道之言，火焰炙人，小智之言，烦琐不休。

24. 直木先伐，甘井先竭。

——《庄子·外篇·山木》

【译文】

挺拔的树木先遭砍伐，甘甜的井水先枯竭。

25. 井蛙不可以语于海者，拘于虚也；夏虫不可以语于冰者，笃于时也；曲士不可以语于道者，束于教也。

——《庄子·外篇·秋水》

【译文】

对井里的蛙不可与它谈论海，因为它受到居处的局限；对夏生夏死的虫子不可与它谈论冰雪，因为它受到时令的制约；对见识浅陋的人不可与他谈论大道理，因为他受到教育的束缚。

26. 勿以恶小而为之，勿以善小而不为。

——《三国志·蜀书·先主传》

【译文】

不要认为坏事很小就去做，不要认为好事很小就不去做。

【感悟评析】

从本质上看，智慧就是文化的精华，其价值在于使人明道明理，心胸广阔，眼光辽远，境界高尚。智慧不是心计，智慧不是机巧，智慧更不是小聪明。智慧的关键词是“慧明”，世间唯有真理明亮，善于发现真理、善于掌握真理、善于运用真理才叫慧明于心，因此可以说智慧只存在于真理之中。学习优秀传统文化就是在汲取智慧，明辩之、慎思之、笃行之就会获得智慧。慧明于心，真理在胸，是非清了，就有了“世事洞明皆学问，人情练达即文章”的通透。智慧是美丽的，智慧是无穷尽的，智慧往往眷恋那些仁德善行、心胸宽广、求知好学、追求真理的人。

（四）明智故事

1. 梓庆为鐻

梓庆削木为鐻（jù），鐻成，见者惊犹鬼神。鲁侯见而问焉，曰：“子何术以为焉？”对曰：“臣，工人，何术之有？虽然，有一焉。臣将为鐻，未尝敢以耗气也，必齐（zhāi同斋）以静心。齐三日，而不敢怀庆赏爵禄；齐五日，不敢怀非誉巧拙；齐七日，辄然忘吾有四肢形体也。当是时也，无公朝，其巧专而外滑消。然后入山林，观天性。形躯至矣，然后成见鐻，然后加手焉。不然则已。则以天合天。器之所以疑神者，其是与！

——《庄子·达生》

【译文】

木匠梓庆能削刻木头做鐻，鐻做成以后，看见的人无不惊叹好似鬼斧神工。鲁侯见到后就问他，说：“你用什么办法做成的呢？”

梓庆回答道：“我是个做工的人，哪有什么高明的技术！话虽这样说，但还是有一种本事。我准备做鐻时，从不敢随便耗费精神，必定以斋戒来静养心。斋戒三天，不再怀有得到庆贺、赏赐、爵位和俸禄的想法；斋戒五天，心不存有非议、赞誉、技巧或笨拙的念想；斋戒七天，心已经完全不受外界影响，仿佛忘掉了自己的四肢和形体。此时，我的心里已不存在公室和朝廷，智巧专一而外界的扰乱全都消失。然后进入山林，观察各种木料的天然质地，选择那些外形与体态与鐻最相合的。这个时候，鐻的形成形象便呈现在我的眼前，然后动手加工制作。不是这样我会停止不做。这就是用我木工的自然本性融合于木料的自然本性，制成的木器好似鬼斧神工的原因，大概是这样吧！”

【感悟评析】

齐以静心，以天合天，忘我之境，人生大慧。

当年，小小的慧能偶尔听到一句“应无所住，而生其心”，便毅然北上黄梅寻道，一首“菩提本无树，明镜亦非台。本来无一物，何处惹尘埃”的菩提偈，成就了伟大的六祖。这里，庄子提到重要的“心斋”之法，是指人摒除杂念，使内心纯静虚空，进入虚无忘我的境界，激发真性而明了大道。梓庆做鐻的三个步骤依次扫除了利、名、我等外界杂念，使心虚空纯一，将自然本我和自然木性相融合，“以天合天”，做出了鬼斧神工的钟架。实际上，庄子是以故事的形式表达“心斋”明道之法。

人最大的障碍就是欲求太多，得失苦恼绑捆自心，不如意、不成功的根本原因就是因为心有所碍，不是为名，就是为利，心中只有自己。有了这些障碍以后，人心自受欲望左右，人心就难以平静，行为容易违背初衷。人是欲望的载体，但欲壑难填，永远也满足不了。儒家用道德义理规范欲望，道家用静寂虚空返璞归真彻明大道，不为物所累。老子说“罪莫大于可欲，祸莫大于不知足，咎莫大于欲得。故知足之足，常足矣”。庄子主张“物物而不物于物”。不知满足的贪欲是人生最大的祸害，知道满足的人才能永远满足。人要“不欲以静”，不为物欲所驱使，活得洒脱些，活得自然些。人如果不受名利和“我”所碍，心像行云流水一般自由自然，行为动作就不会走形变态，所做之事就会水到渠成，若出水芙蓉，绰约天然。

2. 虚船触舟

方舟而济于河，有虚船来触舟，虽有惼（biǎn）心之人不怒，有一人在其上，则呼张歙（xī）之，一呼而不闻，再呼而不闻，于是三呼邪，则必以恶声随之。向也不怒而今也怒，向也虚而今也实。人能虚己以游世，其孰能害之！

——庄子《山木》

【译文】

两条并联的船在渡河，一条空船突然撞过来，即使是心胸狭窄气量小的人也不会生气。如果有一个人在那条撞来的船上，那么就会大声呼喊呵斥他，一次呼喊不听，两次呼喊也不听，于是第三次呼喊就必定带着恶言粗语呵骂。刚开始不发脾气而现在发怒，是因为刚开始那条船是空船，而现在那条船上有人。人如果能虚空自己自由遨游世间，又有谁能伤害他！

【感悟评析】

庄子“虚船触舟”的寓言即所谓“空船理论”。有两个指向，一是说人太把自己当回事了，太把自己当回事的人容不得人。担心人超越自己，更不能冒犯自己。人有保护自己的防卫之心是正常的，如果防卫之心超常就是过度防卫。过度防卫往往是那些私心重、心眼小的人，这种人很在乎自己，生怕自己吃亏，因而放大自己，缩小别人，处处提防；更甚者还把朝自己走来的人视为威胁者，把别人当作假想之敌，形成了自私自人、戒备他人的极端心态。所以当有人的船向自己冲来时，便声嘶力竭甚至恶语相向，甚至可以不惜一战；当没有人的空船冲来时，气量、心眼再小的人也不会生气。为何？没有人，没有威胁侵犯我的对象。人最大的防范对象是他人。这是人性的优点还是人性的弱点？这是这则寓言的第一个指向。

二是“向也不怒而今也怒，向也虚而今也实”。刚开始不发脾气而现在发怒，是因为刚开始那条船是空船，而现在那条船上有人。庄子借“空船”，说明“虚空”的处世之道：“人能虚己以游世，其孰能害之！”虚己就是放空自己，不要太把自己当成一回事，太当一回事就必有事，有事就有烦恼。人的烦恼往往是自己找的，人要学会虚己去我，放下自己，想到别人。只有心里有别人位置的人，心里才会敞亮，生活才拥有快乐。“心底无私天地宽”。虚己者必无私，无私者包容天下。五代后梁布袋和尚有一首插秧诗：“手捏青秧插满田，低头便见水中天。六根清净方成稻，后退原来是向前。”放得下自我，容得下他人，懂得后退的人最有智慧。

三、拓展阅读

（一）生命无草稿

小时候练习书法，开始都是用废纸来写。学了很长时间，但一直没有大的长进。父亲的一位书法家朋友对我父亲说：“如果你让孩子用最好的纸来写，她可能会写得更好。”父亲便叫我按照书法家所说的去做。果然，没过多久，我的字进步快。父亲很惊奇，去问那书法家朋友。他笑而不答，只在纸上写了一个“逼”字。父亲顿悟，这是让我因惜纸而逼迫自己写好字。

的确，平常的日子总会被我们不经意地当作不值钱的“废纸”。涂抹坏了也不心疼，总以为来日方长，平淡的“废纸”还有很多。实际上，这样的心态可能使我们每一天都在与机会擦肩而过。

生命并非演练，而是真刀真枪的实战。生活也不会给我们“打草稿”的时间和机会，人们一页页漫不经心或全心全意写下的草稿，都会成为人生无法更改的答卷。

（二）测试

卡特先生在底特律经营一家百年老店，积累了大笔的财富。他只有一个女儿叫珍妮，时尚、漂亮、单纯，拥有众多追求者。

但卡特一个也不看好，他知道这些人的小算盘，无非是看中了女儿的美貌和他们家的巨额财产。珍妮是个听话的孩子，并没有被那些人的甜言蜜语冲昏头脑，但尽管如此，还是有一个叫汤姆的小伙子慢慢走入了她的感情生活。听女儿把男友夸成了一朵花，卡特微微一笑，提出让女儿带汤姆来见见他。

第二天，汤姆精心准备一番，前往拜会卡特。卡特发现，这个汤姆果然不错，言谈举止谦逊稳重，待人接物彬彬有礼，初次见面，这个年轻人就给他留下了良好的印象。但他还是冷静地说：“我愿意相信你和珍妮是真心相爱，不过，想成为我的女婿，并不那么容易。你需要通过一项测试。”汤姆听卡特这么说，并不感到意外，他知道卡特对未来女婿的要求很高。想到这，他点点头答应了。

卡特转身从抽屉里抽出三张百元美钞，并排放到汤姆面前，说：“做我们这种店铺生意，识别假钞至关重要。我经营店铺几十年，一直和钞票打交道，虽然一向谨慎，但还是不小心收到了几张高仿的假钞。在这三张中，有一张就是，请你从中找出来。”汤姆虽然不够专业，但也偶尔接触假钞，基本的辨别能力还是有的。他看看面前的三张钞票，拿起其中一张，认真地辨认起来，但端详了半天，看不出有什么问题。他又拿起一张，用手指仔细捻捻，感觉似乎不太对劲儿，他又和第三张对比了一下，心里有了点儿谱，便举起了那张钞票。卡特摇了摇头，说："很遗憾，你错了。不过既然是高仿，肯定有难度的，再给你一次机会。"汤姆平静一下心情，拿起另外两张，反复对比后，又举起了其中的一张。卡特又笑着摇摇头，然后正色说："别找了，三张都是假币。我说过了，这些都是高仿，完全可以乱真，即使是专业人员，也很难辨认出来。"汤姆没想到卡特会来这一手，感觉受到了戏弄，脸一下子涨红了。

他刚要申辩，珍妮这下不干了，对卡特嚷道："爸爸，您这样做太不公平！您这不是测试，是故意设置陷阱！"卡特笑了，点点头说："的确有点不公平。不过这只是个铺垫，不代表最终的测试结果，我的目的是让他对接下来的真正测试有足够的信心。""真正的测试？"汤姆和珍妮都不解地看着卡特。

卡特冲汤姆点点头："对，通过刚才的热身，我挺喜欢你这种敢于冒险一搏的拼劲儿。那么，让我们开始真正的测试吧，小伙子，请你在两天之内，把这三张假币成功处理掉。我可不愿三百美元变为三张废纸！"汤姆稍稍犹豫就答应了，花掉三张假钞，对他来说不算难事儿。

但卡特好像看懂了他的心思，紧接着补充说："请注意年轻人，我所说的'处理，指的是把它存入银行。两天内把存款回执交给我，就算成功通过测试。"什么？汤姆惊得张大了嘴巴。如果只是把假钞花掉，他或许可以轻而易举地做到，只需找那些眼神不好的人出手就是了。但如今卡特却要求他把钱存入银行，这不是让他找死吗？汤姆大脑飞速旋转，苦苦思索着对策，忽然他眼前一亮，旋即做出了决定，点点头答应了。

第二天，汤姆果然把三百美元的存款回执交到了卡特手上。卡特先是一惊，紧接着脸色沉下来，冷笑着说："年轻人，如果我没猜错的话，你是拿自己的真钞充数吧？"小伎俩被一眼看穿，汤姆心虚得不得了，不敢辩解。他沮丧地摇摇头，小声喃喃道："可是，若按您的吩咐，万一被识破，是要坐牢的。"卡特一点也不手软，盯着他说："那你自己掂量该怎么办。我说过了，想做我的女婿不太容易，通不过测试，即使你们真心相爱，也无法得到我的祝福。"汤姆汗珠下来了，想想漂亮的珍妮，想想美好的未来，他心一横，决定铤而走险。他不甘心就此退出。次日，汤姆逛了几家银行，终于把一个小姑娘锁定为出击目标。

小姑娘满脸稚嫩，一看就是新手或者是实习人员，说不定真能蒙混过关呢。何况这几张假钞都是高仿，卡特也说了，专业人员都未必能辨认出来。再退一步说，就算被识破，将来面对法官，他也有自己的一套说辞。汤姆心跳得厉害，忐忑不安地来到柜台前，故作镇定地递上了那三张假钞。

小姑娘看看三张假钞，又用手捻了捻，冲他微微一笑，立即开始办理。汤姆一下子松了一口气，提到嗓子眼的心放了下来。当他激动地再次把存款回执交给卡特时，卡特没说什么，对他点了点头。汤姆成功通过了测试，不由得心花怒放，连连感叹这些假钞做得真厉害，银行的工作人员都没能识别出来。"那些是真钞，孩子。我怎么可能真的让你去做违法的事呢？"卡特同情地看着汤姆。"你……"汤姆一下子傻了，搞不懂这个老狐狸到底在干什么。

晚上，卡特和女儿谈了很久，劝女儿说："事实证明，汤姆并没有你说得那么优秀，你所看到的只是表象而已。珍妮，离开他吧！"珍妮难过得流下了眼泪，仍旧替汤姆辩护。

卡特摇摇头，说："第一次用真钞耍小聪明，说明他不诚实，太爱投机；第二次，明知违法，却甘心冒险——你不要说这是因为他爱你，他只是太渴望得到你，为了更漂亮的女子和更诱人的利益，他以后同样会不择手段不计后果。把你和店铺交给他，我如何能放心！我真的希望他当时能断然拒绝，可惜，他没能通过测试。"

珍妮仍不甘心："爸爸，您对他要求过高了！您应该知道，人性是经不起测试的，我敢说，没几个人能够通过这样的测试。"

卡特微微一笑，回答说："未必吧！当年，我就成功通过了你外祖父同样的测试，本本分分，合法经营，这才赢得了我们百年老店的持续辉煌。"

（资料来源：http://www.gushi365.com/info/13910.html）

【感悟评析】

人们常说"老实人吃亏"，曾国藩却说："人以机巧，我以诚愚。"哪句话是对的？细想起来，其实是标准不同，前者以眼前利益得失为标准，后者则以诚实作为人处事的标准。人生也是一场投资，以利益装点人生，获得的是眼前，以诚实绘画人生，获得的是永远。眼前易逝，长久不失。这则故事对我们的启示是：

诚实是最美的智慧，机巧不会挣来幸福。

表象容易乔装打扮，本质终究遮掩不住。

（三）三光日月星

宋哲宗年间，辽国派遣使者来中原。带来一副对子的上联，要大宋朝三日之内对上，若对上，即为上邦；若对不上，便为下邦。其上联为："三光日月星。"

朝廷传旨让百官联对下联，然无一人能对。佞臣李定、舒亶为陷害苏轼，便向高太后推荐苏轼出对。苏东坡奉命出阵，请辽使亮对，辽使大声朗道："三光日月星。"苏东坡一听，哑然失笑说："敝国三岁蒙童也能对出，我朝官员，不屑联对，逗尔而已。"辽使不悦，催促快对。苏轼道："敝国童蒙自幼以《诗经》脱蒙，我以'四诗风雅颂'为对，可以吧？""四诗风雅颂"一出，辽使鄂然，满堂叹然。《诗经》分为"风雅颂"部分，其中"雅"包括"大雅"和"小雅"，实为四部分诗，故称"四诗"。这样，既以数字"四"巧对上联数字"三"，又包含了后面三部分诗，还巧妙地把"三光"寓含在"四诗"之中。即"风雅颂"闪烁日月星之光。苏轼趁势而言："你们这幅对子，吾可信手拈来，你听：一宫清慎廉、一阵风雷雨、半桶泥涂浆、四德元亨利……"当听到"四德元亨利"一句时，辽使不解而问："《周易》乾卦的四德应该是'元、亨、利、贞'，怎么漏了一字？"苏东坡答："最后一字是先皇圣讳，臣不能随口念出。"宋朝第四位皇帝宋仁宗赵受益，被立为皇太子后，赐名赵祯。祯、贞同音，属于"圣讳"，故删去一"贞"。听罢，辽使羞愧，只得自认下邦，狼狈而回。

（四）名家谈：我看"智慧"

说"知"论"智" 王蒙

●智慧要求远见，要求眼光，要求对对象的整体性把握。

●智慧要求有所不为，有所作为，要求学有新意，事有新意，言有新意。

●智慧的依据是生活，是世界，是实践，而不仅仅是书本。

什么是智慧？是“知识多”吗？不。知识多，是渊博，是活字典，未必就是智慧。掉书袋的人，学贯中西、文通古今的人，是学问大家，但未必是最好的智者。仅仅有一种绝活，人们会称赞你心灵手巧，称呼你是能手巧匠，却不一定认为你很智慧。

今天，追求技巧、想走捷径成功的人越来越多。这又是“智慧”吗？不，最多是心眼多，是投机取巧，是机灵鬼。智慧要求远见，要求眼光，要求对于对象的整体性把握，要求不仅经得住一时一地一事的考验，而且经得住较为长期与全面的检查。智慧要求举一反三，融会贯通，要求有所不为，有所作为，要求学有新意，事有新意，言有新意。

智慧，是指人的一种高级的、主要是知性方面的精神能力。“智”强调的是知识与胆识，是能够做出正确的判断、估量、选择与决策。“慧”主要是悟性，是对于是非、正误、成败、得失等的迅速感受与理解掌控。

尽管智慧给人的印象首先是一种能力，但能力不可能完全脱离品质与境界。我们说到远见、大局、明辨、敏锐与周全，说到选择与决策、承担与应变、淡定与冷静、正视与勇气，这都不是鼠目寸光、私心杂念、斤斤计较、患得患失、蝇营狗苟、妒贤嫉能、夸张矫饰、胆小怕事、苟且偷安的人所能做得到的。相反，只有具有远大的目光与胸怀的人，具有谦逊兼听、从善如流的品德的人，具有求知好学、服膺真理的性格的人才能做得到。

我还喜欢讲一句话：智慧是美丽的。智者会有更好的风度，更宽阔的心胸，更从容的举止，更自如的挥洒，更多的包容与耐受，当然也有更多的自信、自尊自爱。

在中国古人那里，不常用智慧这个词，而喜用“知”。儒家讲得更多的是“学”字，要人重视学习，重视切磋琢磨。老庄常常抨击或贬低知，提倡厚朴，反对滥用智谋。老子讲大成若缺、大盈若冲、大巧若拙、大辩若讷，这些意思都与我们今天讲的“大智若愚”相通。真正的大智是深藏的，是不那么张扬外露的。这也包含了警示人们不要耍小聪明、不要一心投机取巧、不要聪明反被聪明误的意思。

大的智慧，不等于万事通，事事通。有些有大智慧的人，某件小事上可能冒傻气。比如牛顿，为了便于家里一大一小两只猫出入，要求木匠在大门上凿出大小两个猫洞；因为着迷做实验，煮鸡蛋时却心不在焉地把怀表放进了锅里。

当然，从传统上看，古人还是重视智力教育的。自古流传下来的许多神童故事，都与智力的直觉有关，如曹冲称象、司马光砸破水缸救人等。

智慧是永无止境的。向往智慧、靠拢智慧、汲取智慧之心人皆有之。尤其在今天，在全球化的激烈竞争的时代，不论个体还是群体，没有足够的智慧，就无法生存和发展，就无法在竞争中取得成绩，更不要说胜利了。回想中国近代史，曾经的丧权辱国、危难深重，与我们长期封建制度造成的非智慧状态有关，开启民智，一直是中国近现代爱国志士的一个口号。

怎么获得智慧？自然要汲取全世界的一切智慧成果，弘扬民族文化的益智精华，倾听时代高端与科学前沿的信息与呼唤。更重要的是，面对我们的生活实践，有所实验、有所创新、有所尝试、有所撷取，有所思索，有所发现，有所见解。智慧的依据是生活，是世界，是实践，而不仅仅是书本。

（资料来源：《光明日报》2011 年 01 月 07 日 15 版）

四、练习实践

【单元话题】

1. 以“大学生退学创业是否明智”为辩题，进行一次班级主题辩论赛。

2. 外国关于智慧的名言欣赏

敬畏耶和华是智慧的开端，认识至圣者便是聪明！（圣经）

当我们得到理解的时候，智慧是不会枯竭的；智慧同智慧相碰，就迸溅出无数的火花。（马克思）

所谓智，便是指人们的聪明智慧，所谓谋，便是指人们对问题的计议和对事情的策划。智是谋之本，有智才有谋，智比谋更重要。（邓拓）

智慧的可靠标志就是能够在平凡中发现奇迹。（爱默生）

智慧的标志是审时度势之后再择机行事。（荷马）

一盎司自己的智慧抵得上一吨别人的智慧。（斯特恩）

可以碰到上千个学者，不定碰上一个智者。（克林凯尔）

高官厚禄许会从天而降；金银财富许会不求自来；可是智慧非得我们自己去追求不可。（爱・扬格）

人的智慧就是快乐的源泉。（薄伽丘）

精神像乳汁一样可以养育人，智慧便是一只乳房。（雨果）

极端的命运是对智慧的真正检验，谁最能经得起这种考验，谁就是大智大慧。（坎伯兰）

过去的一切都是智慧的镜子。（克・罗塞蒂）

【写作实践】

古人言：慧眼识珠。有智慧的眼睛才能辨出珍珠。智慧是什么呢？智慧的表达形式是丰富的。请你以智慧为话题写一篇 800 字左右的文章，文体不限，诗歌除外。

【语言素养】

《声律启蒙》卷一

五微

来对往，密对稀，燕舞对莺飞。风清对月朗，露重对烟微。霜菊瘦，雨梅肥，客路对渔矶。晚霞舒锦绣，朝露缀珠玑。夏暑客思欹石枕，秋寒妇念寄边衣。春水才深，青草岸边渔父去；夕阳半落，绿莎原上牧童归。

宽对猛，是对非，服美对乘肥。珊瑚对玳瑁，锦绣对珠玑。桃灼灼，柳依依，绿暗对红稀。窗前莺并语，帘外燕双飞。汉致太平三尺剑，周臻大定一戎衣。吟成赏月之诗，只愁月堕；斟满送春之酒，惟憾春归。

声对色，饱对饥，虎节对龙旗。杨花对桂叶，白简对朱衣。尨也吠，燕于飞，荡荡对巍巍。春暄资日气，秋冷借霜威。出使振威冯奉世，治民异等尹翁归。燕我弟兄，载咏棣棠韡韡；命伊将帅，为歌杨柳依依。

六鱼

无对有，实对虚，作赋对观书。绿窗对朱户，宝马对香车。伯乐马，浩然驴，弋雁对求鱼。分金齐鲍叔，奉璧蔺相如。掷地金声孙绰赋，回文锦字窦滔书。未遇殷宗，胥靡困傅岩之筑；既逢周后，太公舍渭水之渔。

终对始，疾对徐，短褐对华裾。六朝对三国，天禄对石渠。千字策，八行书，有若对相如。花残无戏蝶，藻密有潜鱼。落叶舞风高复下，小荷浮水卷还舒。爱见人长，共服宣尼休假盖；恐彰已吝，谁知阮裕竟焚车。

麟对凤，鳖对鱼，内史对中书。犁锄对耒耜，畎浍对郊墟。犀角带，象牙梳，驷马对安车。青衣能报赦，黄耳解传书。庭畔有人持短剑，门前无客曳长裾。波浪拍船，骇舟人之水宿；峰峦绕舍，乐隐者之山居。

七虞

金对玉，宝对珠，玉兔对金乌。孤舟对短棹，一雁对双凫。横醉眼，捻吟须，李白对杨朱。秋霜多过雁，夜月有啼乌。日暖园林花易赏，雪寒村舍酒难沽。人处岭南，善探巨象口中齿；客居江右，偶夺骊龙颔下珠。

贤对圣，智对愚，傅粉对施朱。名缰对利锁，挈榼对提壶。鸠哺子，燕调雏，石帐对郇厨。烟轻笼岸柳，风急撼庭梧。鸜眼一方端石砚，龙涎三炷博山垆。曲沼鱼多，可使渔人结网；平田兔少，漫劳耕者守株。

秦对赵，越对吴，钓客对耕夫。箕裘对杖履，杞梓对桑榆。天欲晓，日将晡，狡兔对妖狐。读书甘刺股，煮粥惜焚须。韩信武能平四海，左思文足赋三都。嘉遁幽人，适志竹篱茅舍；胜游公子，玩情柳陌花衢。

八齐

岩对岫，涧对溪，远岸对危堤。鹤长对凫短，水雁对山鸡。星拱北，月流西，汉露对汤霓。桃林牛已放，虞坂马长嘶。叔侄去官闻广受，弟兄让国有夷齐。三月春浓，芍药丛中蝴蝶舞；五更天晓，海棠枝上子规啼。

云对雨，水对泥，白璧对玄圭。献瓜对投李，禁鼓对征鼙。徐稚榻，鲁班梯，凤翥对鸾栖，有官清似水，无客醉如泥。截发惟闻陶侃母，断机只有乐羊妻。秋望佳人，目送楼头千里雁；早行远客，梦惊枕上五更鸡。

熊对虎，象对犀，霹雳对虹霓。杜鹃对孔雀，桂岭对梅溪。萧史凤，宋宗鸡，远近对高低。水寒鱼不跃，林茂鸟频栖。杨柳和烟彭泽县，桃花流水武陵溪。公子追欢，闲骤玉骢游绮陌；佳人倦绣，闷欹珊枕掩香闺。

第五章　诚　　信

一、导读

诚，形声字。篆文。《说文解字》解释：“信也。从言成聲。”意为对待人们要诚实讲信用。信，会意字，篆文。《说文解字》解释：“从人从言。”即“人言为信”，意为诚实，不欺骗。从字形来看，这两个字有一个共同的部件，那就是“言”。言，指示字。甲骨文，“言”是张口伸舌讲话，意为言出传达真理。由此可见，无论是“诚”还是“信”，都是从最基本的人的语言表达出发，意为要诚实，不欺骗。相比之下，“诚”即诚实诚恳，主要指主体真诚的内在道德品质；“信”即信用、信任，主要指主体内诚的外化。“诚”更多的指“内诚于心”，“信”则侧重于“外信于人”。“诚”与“信”一组合，就形成了一个内外兼备，具有丰富内涵的词汇，其基本含义是指诚实无欺，讲求信用。

《弟子规》有“凡出言，信为先”的告诫，警示世人说话应三思而后行，不可信口开河，言而无信；成语有“一诺千金”“一言九鼎”的道义，同样彰显的是“诚信”的重要，否则损失的不仅是金钱，更可能是江山社稷。

诚信是立人的根本。子曰：“人而无信，不知其可。”意为人若不讲信用，在社会上就无立足之地，什么事情也做不成。中华民族在创造灿烂文化的过程中，构建了诚信守义的优良传统，将其作为修身齐家处世治国的必备美德。早在先秦时期，儒家就提出了“诚”“信”概念。

诚信是交友的基础。在人类社会中，人与人之间不可避免地要有交流往来，无论是同性还是异性，无论是年长还是年幼，无论是官员还是百姓，无论哪个职业哪个领域，都要以“诚信”为基本的交往原则。曾子经常自我反省，替别人做事有没有尽心竭力？与朋友交往合作做到诚信了吗？所以今人总结说，诚信是架设在人与人之间的桥梁，是沟通连接人与人之间的纽带，是点亮人们心灵的一盏明灯。

诚信是治国的法宝。孔子在足食、足兵、民信三者中，宁肯去兵、去食，也要坚持保留民信，因为孔子认为“民无信不立”，如果人民不信任统治者，国家朝政根本立不住脚。因此，统治者必须“取信于民”，王安石也有言：“自古驱民在信诚，一言为重百金轻。”意为，自古以来管理百姓就在于讲求诚信，一句诺言比百两黄金的分量还要重。所以我们早有“一诺千金”的成语。

诚信是经商的灵魂。市场经济，是交换经济、竞争经济，又是一种契约经济，如何保证契约双方履行自己的义务，是维护市场经济秩序的关键。《老子》中说“信不足焉，有不信焉”，意思是说，诚信不足，就会失去诚信。在商品交流的过程中，只有诚信才能换来诚信。这是不言自明的道理。但是，在社会转型期，中华民族诚信的优良传统正在受到利益的侵蚀，引起了社会的担忧。所以，为了维护经济秩序正常运行，一方面依靠法律手段，另一方面则必须用道德的力量，以诚信的道德觉悟来感化世人。法治和刑罚着重于惩罚那些违法犯罪的人；而道德教育和德治则着重于对违法犯罪前的教育和预防。如果社会失去了诚实守信的道德基石，失去了以“诚实守信”为荣、“背信弃义”为耻的舆论氛围，市场经济的正常秩序是根本无法建立起来的。

总之，在中国传统文化中，视诚信为立人之本、齐家之道、为政之法，更是经济发展、社会和谐的根基。只有这样，我们才能真正建立起和谐社会。

二、经典选读

（一）诚信与为政

人民是国家的根本，我国自古推崇重民亲民，为政者的一诺千金是提高百姓对政府的信任度，拉近政府与群众距离的最好保障。亲民信民，才能取信于民，才能凝聚为政公信力，进而才能保证社会秩序稳定、国家长治久安。

1. 子贡问政。子曰：“足食，足兵，民信之矣。”子贡曰：“必不得已而去，于斯三者何先？”曰：“去兵。”子贡曰：“必不得已而去。于斯二者何先？”曰：“去食。自古皆有死，民无信不立。”

——《论语》

【译文】

子贡问怎样治理国家。孔子说：“使粮食充足，使军备充足，老百姓信任执政者。”子贡说：“如果不得不去掉一项，那么在三项中会先去掉哪一项呢？”孔子说：“去掉军备。”子贡说：“如果不得不再去掉一项，那么这两项中去掉哪一项呢？”孔子说：“去掉粮食。自古以来人总是要死的，如果老百姓对统治者不信任，那么这个国家就不能存在下去了。”

【感悟评析】

民无信不立是孔子说的话，意思是一个国家不能得到老百姓的信任就要垮掉。国家如此，由大及小，个人也是如此。

2. 唯天下至诚，为能经纶天下之大经，立天下之大本，知天地之化育。

——《中庸》

【译文】

只有对天下百姓真诚，才能成为治理天下的崇高典范，才能树立天下的根本法则，掌握天地化育万物的深刻道理。“经纶”原指在用蚕丝纺织之前整理丝缕，经，纺织的经线，常引申为常道法规，这里引申为治理国家大事，创制天下的法规。

【感悟评析】

《中庸》提出的至诚被后世继承，已经成为中华民族的传统美德之一。在现代社会，我们依然要强调以“至诚”为立身处世的根本原则，人与人之间待人接物要真实诚信，国家与百姓之间也是如此。

3．信，国之宝也，民之所凭也。

——《左传·僖公二十五年》

【译文】

诚信，是一个国家的无价之宝，是人民凭借它而信任自己的国家。

【感悟评析】

信用建设离不开政府的引导，同时也需要顺应时代潮流的发展。

政府作为信用建设的先导，推进诚信建设，优化营商环境，创造公正平等的社会氛围，无疑能够让信用建设的进程跨进新时期。健全的立法制度、完善的征信系统和积极的社会宣导能够让信用的“约束性”起到放射效果。法律的强制性和威慑性，是其他政府职能无法替代的，发挥好法律的锤子，能够把“信用建设”这座艺术品雕刻得更加精美。近年来，人们愈加重视自身征信信息，这种重视信用维护和建设的观念，约束和规范我们的思想和行为，使得经济社会愈加健康，这都得益于征信系统的不断完善。积极的社会宣导，让“讲诚信，树新风，争当时代主人翁”的思想不断涌入人们内心，呼唤人们内心深处的善良和诚信，净化社会风气，创造美好的社会氛围。

4．夫信者，人君之大宝也。国保于民，民保于信。非信无以使民，非民无以守国。是故古之王者不欺四海，霸者不欺四邻。善为国者，不欺其民；善为家者，不欺其亲。

——《资治通鉴·卷二》

【译文】

诚信是国君最大的法宝，国家被百姓保护，百姓被诚信保护。不讲信用无法使人民服从，没有人民就无法维持国家。所以古代圣王不欺四海人民，建立霸业者不欺四方邻国。善于治国者，不欺骗其人民；善于治家者，不欺骗其亲人。

【感悟评析】

可见，信在治国齐家中是何等重要。

5．古者禹汤本义务信而天下大治，桀纣弃义背信而天下大乱。故为人上者，必将慎礼义、务忠信然后可，此君人者之大本也。

——《荀子·强国》

【译文】

古代圣王禹、汤，循义讲信而天下大治；暴君桀、纣，弃义背信而天下大乱。所以，作为国君一定要慎礼义、讲忠信，然后才能治国。这是“君人者之大本也”。

【感悟评析】

用古代帝王讲究“诚信”与失去“诚信”的不同结果来说明诚信的重要，尤其是让人们认识到讲究“诚信”对治理国家的重要。“诚信”是国家的根本，也是做人的根本。所以说，“诚信”小则关系到一个人的命运，大则关系到国家的命运，不可等闲视之。

6. 上好信，则民不敢用情。

——《论语·子路》

【译文】

君上喜好待人以信任，那么民众没有不敢以真实感情回馈君上的。

【感悟评析】

可见，信不仅是普通人与人之间的交友之道，也是仕进和治国之道。作为道德规范，诚信具有两个层面的含义：一是在政治领域中，强调统治者应取信于民，民无信不立；二是在人际关系层面，强调人际交往要讲信誉、守信用。言必行，行必果，一诺千金，是说人际交往中要遵守诚信的原则；买卖公平、童叟无欺，则是商业活动的重要道德规范。

7. 太上，不知有之；其次，亲而誉之；其次，畏之；其次，侮之。信不足焉，有不信焉。悠兮，其贵言。功成事遂，百姓皆谓“我自然”。

——《老子·第十七章》

【译文】

最好的统治者，人民并不知道他的存在；其次的统治者，人民亲近他并且称赞他；再次的统治者，人民畏惧他；更次的统治者，人民轻蔑他。统治者的诚信不足，人民才不相信他，最好的统治者是多么悠闲。他很少发号施令，事情就办成功了，老百姓说“我们本来就是这样的”。

【感悟评析】

由此可见，老百姓对统治者的要求其实很简单，只要能够取信于民，就是百姓最为信任的统治者，这个简单的要求，在某种程度上也是最高的要求。

（二）诚信与修养

做一个有修养的人，首先就是要做一个诚信的人，内诚于己，外信于人。诚信是一个人最基本的修养，是沟通心灵的桥梁，是一种自我约束的品质。

君臣不信，则百姓诽谤、社会不宁；处官不信，则少不畏长，贵贱想轻；赏罚不信，则民易犯法，不可使全；交友不信，则离散忧怨，不能相亲；百工不信，则器械若伪，丹漆不贞。夫可与为始，可以为终，可与尊通，可与卑穷者，其惟信乎！

——《吕氏春秋》

【译文】

君臣不诚信，那么百姓就会批评指责，国家就不会安宁；做官不诚信，那么年少的就不敬畏年长的，地位尊贵的和地位低贱的就相互轻视；赏罚不诚实，那么百姓就容易犯法，不可以役使；结交朋友不诚信，那就会离散怨恨，不能相互亲近；各种工匠不诚信，那么制造器械就会粗劣作假，丹、漆等颜料就不纯正，可以跟它（诚信）一同开始，可以跟它（诚信）一起终结，可以跟它（诚信）一同尊贵显达，可以跟它（诚信）一同卑微困厄的，大概（恐怕）只有诚信吧！

【感悟评析】

诚信可以使一个人在实际与人交往或共事的时候，保持正直，保证自己不被世事所迷惑而失去本质。诚实是个人修养的最高境界。人与人之间都能够坚守诚心，以诚信相处，以“诚”为契合点，而不是互相揣摩心计，勾心斗角，尔虞我诈，互相遮盖，不是互相利用，如果这样，那世间还有什么事不能办到呢？

2. 诚者，天之道也。诚之者，人之道也。诚者，不勉而中，不思而得；从容中道，圣人也。诚之者，择善而固执之者也。

——《中庸》

【译文】

诚信是上天的原则，追求真诚是做人的原则。天生真诚的人，不用勉强就能做到，不用思考就能拥有，自然而然地符合上天的原则，这样的人是圣人。努力做到真诚，就要选择美好的目标执着追求。

【感悟评析】

这段话概括了诚信的内涵，它有五层意思：诚信客观实在——所有事物都要向外界展现；做人就应该诚信——人是高级动物，智慧要求诚信；诚信是自然而然的事——存在必然彰显；为人处世符合客观规律的就是圣人；努力做到真诚，就要选择美好的目标执着追求。

3. 所谓诚其意者，毋自欺也。如恶恶臭，如好好色，此之谓自谦。故君子必慎其独也！小人闲居为不善，无所不至，见君子而后厌然，掩其不善，而著其善。人之视己，如见其肺肝然，则何益矣。此谓诚于中，形于外。故君子必慎其独也。曾子曰：“十目所视，十手所指，其严乎！”富润屋，德润身，心广体胖。故君子必诚其意。

——《礼记·大学》

【译文】

所谓使意念真诚的意思是说，不要自己欺骗自己。要像厌恶腐臭的气味一样，要像喜爱美丽的女子一样，一切都发自内心。所以，品德高尚的人哪怕是在一个人独处的时候，也一定要谨慎。品德低下的人在私下里无恶不作，一见到品德高尚的人便躲躲闪闪，掩盖自己所做的坏事而自吹自擂。殊不知，别人看你自己，就像能看见你的心肺肝脏一样清楚，掩盖有什么用呢？这就叫作内心的真实一定会表现到外表上来。所以，品德高尚的人哪怕是在一个人独处的时候，也一定要谨慎。曾子说：“十只眼睛看着，十只手指着，这难道不令人畏惧吗？”财富可以装饰房屋，品德却可以修养身心，心胸宽广而身体舒泰安康。所以，品德高尚的人一定要使自己的意念真诚。

【感悟评析】

跟《中庸》一起并列“四书”的《大学》，同样认为诚信十分重要。认为诚信就是不要自己骗自己。十分强调慎独，也就是一个人的时候，也要讲究诚信。

4. 九三曰：“君子终日乾乾，夕惕若厉，无咎。”何谓也？子曰：“君子进德修业。忠信，所以进德也；修辞立其诚，所以居业也。知至至之，可与言几也；知终终之，可与存义也。是故居上位而不骄，在下位而不忧。故乾乾因其时而惕，虽危无咎也。”

——《周易·乾卦》

【译文】

九三的爻辞说：“君子整天勤奋努力，晚上也随时警惕着，这样，及时遇到危险，但终究没有灾难。”说的是什么意思呢？孔子说：“这是说君子应讲究品德，增进学业。以忠信来培养品德，以人心如一的言辞来建立诚信，这是操持事业的根本。知道事业可以发展就发展它，便可以见微而知著；知道事业应该中止而及时终止，便可以保持行为的道义。这样才能够做到身居高位不骄傲，身居底层不忧愁。这也就是此卦爻辞所说的，整天勤奋努力，时刻警惕，即使遇到危险，但终究没有灾难。”

【感悟评析】

“进德修业”，意为增进道德与建立功业；因为忠信，故能进德。至于修辞立其诚——“修辞”反映了从巫史作辞、正辞、用辞到春秋时期政教和外交辞令的发展；“立诚”则主要强调历史传承的官守职业精神和敬慎持中的文化心理。“修辞立其诚”是要求修辞者持中正之心，怀敬畏之情，对自己的言辞切实承担责任，采用最好的方式予以表达，并预期达致成功，由此形成了中国文化中“敬言”、“谨言”、“慎言”的优良传统。

5. 孟子曰：“居下位而不获于上，民不可得而治也。获于上有道；不信于友，弗获于上矣；信于友有道：事亲弗悦，弗信于友矣；悦亲有道：反身不诚，不悦于亲矣；诚身有道：不明乎善，不诚其身矣。是故诚者，天之道也；思诚者，人之道也。至诚而不动者，未之有也；不诚，未有能动者也。”

——《孟子·离娄上》

【译文】

孟子说：“职位低下而得不到上司的信任，是不能治理百姓的。要获得上司的信任也有一定的道路，如果不能得到朋友的信任，也就不能获得上司的信任。取信于朋友也有一定的道路，如果侍奉父母而不能博得父母的欢心，也就不能得到朋友的信任。博得父母的欢心也有一定的道路，如果反躬自问而不诚心诚意，也就不能博得父母的欢心。要想诚心诚意也有一定的道路，如果不明白什么是善，也就不能做到真心诚意。因此，所谓的真心诚意，是天的道路；追求真心诚意，是人类的道路。有了至诚的心意而没有感动别人，是没有的。不真心诚意，要感动别人也是不可能。”

【感悟评析】

“人之初，性本善”，作为一个人，诚信，很重要，但这是人一出生就具有的本能，是天给的，人人都有，但当人不断的长大时，诚信就会发生变化，无论是好的，还是坏的，只有一个人真正学会用思想去做诚信的事，那他才算是一个真正的人，这才是真正的做人之道！

6. 行足以为仪表，智足以决嫌疑，信可以使守约，廉可以使分财，此人之豪也。

——西汉·黄石公《素书》

【译文】

行为端正，可以为人表率；足智多谋，可以解决疑难问题；讲究信用，可以使人信守约定；廉洁公正，且疏财仗义。这样的人，可以称他为人中豪杰。

【感悟评析】

人中豪杰的标准不只一条，但“守约”是必不可少的一部分，在某种意义上讲，没有诚信，人无论怎样慷慨大方，足智多谋也无法称其为豪杰之人了。不讲信用，行为也无法称其为端正。

7. 言忠信，行笃敬，乃圣人教人取重于乡曲之术。盖财物交加，不损人而益己，患难之际，不妨人而利己，所谓忠也。不所许诺。纤毫必偿，有所期约，时刻不易，所谓信也。处事近厚，处心诚实，所谓笃也。礼貌卑下，言辞谦恭，所谓敬也。若能行此，非惟取重于乡曲，则亦无入而不自得。然敬之一事，于己无损，世人颇能行之，而矫饰假伪，其中心则轻薄，是能敬而不能笃者，君子指为谀佞，乡人久亦不归重也。

——宋·袁采《世范》

【译文】

言论讲究忠信，行动奉行笃敬，这种原则是圣人教人们如何获得乡里人敬重的方法。不外乎在财物方面，不干损人利己的事；在关键时刻，不干妨碍别人而方便自己的事。这就是人们所说的“忠”。一旦许诺给人，就是一丝一毫的小事，也一定要有结果；一旦定期有约，就是一时一刻也不耽误。这就是人们所说的“信”。待人接物热情，内心诚实敦厚，这就是人们所说的“笃”。礼貌谨慎，言辞谦逊，这就是人们所说的“敬”。如果能够“言忠信，行笃敬”，不仅能得到乡亲的敬重，就是干任何事都能顺利。然而恭敬待人一事，因为对自己毫无损失，世人还能做到。可是如果不能表里如一，表面上待人很好，心中却轻视鄙薄，这就成了能“敬”而不能“笃”了，君子就会把他称为谄佞小人。乡亲们久而久之也不会再敬重他。

【感悟评析】

《袁氏世范》是中国家训史上可与《颜氏家训》相提并论的一部家训著作，作者为南宋学者袁采。袁采，字君载，衢州人，南宋孝宗隆兴元年（1163 年）进士，初为县令，官至监登闻鼓院。袁采自小受儒家之道影响，以儒家的“修”“齐”“平”“治”等信条来砥砺自己，颇有长进，才德并佳，时人称其为“德足而行成，学博而文富”。步入仕途后，袁采颇能以儒家之道理政，以廉明刚直著称于世。“言忠信”，忠，就是话不能乱说，要从对别人有益的角度去说话；信，就是不轻诺，就是要信守承诺。“行笃敬”，笃，强调的是行动的程度，敬，强调的是行动的态度，就是要在做事时认真负责，恒久不怠。如果能牢牢记住这六字教诲，就可以减少言行的过失。我们把“言忠信行笃敬”作为座右铭“刻印在脑子里，溶化在血液里，落实在行动上”，才可以“有理走遍天下”，否则将“无理寸步难行”。

8. 无信人之言，人实不信。

——《诗经·郑风·扬之水》

【译文】

无诚信品德的人说的话，是不应当相信的。

【感悟评析】

要使他人相信自己，就必须做诚实之人。

9. 儒有不宝金石，而忠信以为宝。

——《礼记·儒行》

【译文】

儒者不以金玉为宝贝，而以忠信为宝贵。

【感悟评析】

儒者重德，故不以金玉为宝，而以忠信为宝。可见，儒者是把忠信作为修身养性、齐家治国的法宝。

10. 诚，五常之本，百行之源也。

——《周子全书·通书·诚下》

【译文】

诚是五常（仁、义、礼、智、信）的基础，是人的各种善行的根源。

【感悟评析】

可见“诚信”在儒家道德体系中是何等的重要。

11. 诚则信矣，信则诚矣。

——《河南程氏遗书》卷二十五

【译文】

诚实就会有信誉，讲信誉就是诚实，可见“诚”与“信”是相通的。

【感悟评析】

诚与信本身就是相辅相成的，只有内有“诚”的本质，才能做到对外守“信”，反之亦然，也就是能够做到对外守“信”的人，就是具有“诚”的本质的人。

12. 诚者，真实无妄之谓。

——《四书章句集注·中庸章句》

【译文】

诚信就是真实而无虚假。

【感悟评析】

肯定“诚”是一种真实不欺的美德。要求人们修德做事要真实可信。说真话，做实事，反对欺诈、虚伪。

13. 诚者，天之道也。诚之者，人之道也。

——《孟子·离娄上》

【译文】

“诚”是天的运行规律，追求诚信之道才是做人的道理。

【感悟评析】

“诚”本自然固有之，但作为人效法天道、追求诚信，这是做人的道理、规律。在实际生活中，是不是人人都能做到效法天道，追求诚信，却是不一定的。所以我们应该推崇这种对诚信追求的做人的本真。

14. 人先信而后求能。

——《淮南子·说林训》

【译文】

人应当先看他是否讲信用，然后再论及他的能力如何，说明信重于能。

【感悟评析】

对一个人的评价，“诚信”应该放在第一位，对于没有“诚信”的人来说，即便再有能力，都是不值得提倡的，甚至是从根本上可以被否定的。

（三）诚信与交友

与朋友交往，只有做到真诚不欺、推心置腹、无私帮助，才能保持长久的友谊。否则，朋友之间充满虚伪、欺骗，就绝不会有真正的朋友，朋友是建立在诚信的基础上的。

1. 与朋友交，言而有信。

——《论语》

【译文】

同朋友交往，说话要诚实，恪守信用。

【感悟评析】

内容很简单，几乎不需要解读。与朋友交往的方式很多，但首先要做到的就是“言而有信”，如果“言而无信”，所说的话再漂亮都是毫无意义的，甚至可以说，嘴上说的越好听，往往会越让人担心的。

2. 君子之言，信而有规，故怨远于其身；小人之言，僭而无征，故怨咎及之。

——《左传·昭公八年》

【译文】

君子之言，诚实而有证据，所以怨恨远于其身；小人之言，越分妄言，又无根据。所以遭致怨祸。

【感悟评析】

要求人说话要诚实，要有根据，切忌无事实根据地胡言乱语。

3. 以四教：文、行、忠、信。

——《论语》

【译文】

孔子以文、行、忠、信四项内容教授学生。（注释：文：文献、古籍等。行：指德行，也指社会实践方面的内容。忠：尽己之谓忠，对人尽心竭力的意思。信：以实之谓信，诚实的意思。）

【感悟评析】

孔子注重历代古籍、文献资料的学习，但仅有书本知识还不够，还要重视社会实践活动，所以，从《论语》书中，我们可以看到孔子经常带领他的学生周游列国，一方面向各国统治者进行游说，另一方面让学生在实践中增长知识和才干。但书本知识和实践活动仍不够，还要养成忠、信的德行，即对待别人的忠心和与人交际的信实。概括起来讲，就是书本知识，社会实践和道德修养三个方面。

4. 或问信，曰："不食其言"。

——《法言·重黎》

【译文】

所谓信实，就是指不违背和忘记自己的诺言，一定要信守承诺，说到做到，言行一致。

【感悟评析】

所谓"食言"指对自己说过的话不履行，形容说话不算数，不守信用，只图自己便宜。正如春秋时代"食言而肥"的故事：鲁国有个大臣叫孟武伯，他最大的毛病是说话不算数。有一天鲁哀公举行宴会招待群臣，孟武伯参加了。在宴席上，孟武伯不喜欢另一位大臣郑重，便故意问他："郑先生怎么越来越胖了？"哀公听见了，说："一个人常常吃掉自己的诺言，当然会胖起来呀！"鲁哀公的话显然是在指桑骂槐，讽刺孟武伯。可见，说话不算数，总"食言"的人永远是遭人唾弃的。

5. 信者，诚也，专一不移也。

——《白虎通义·性情·论五性六情》

【译文】

信就是诚，意思是专一不变。

【感悟评析】

从一定意义上，信就是诚，诚就是信，二者相通，基本内涵都是真实无欺。无论说话做事，都是诚实可信的。

6. 信者，无伪而已。

——《河南程氏遗书·卷一》

【译文】

所谓"信"，就是无"伪"意思。

【感悟评析】

既不说假话，亦不做假事；既不自欺，亦不欺人。一切言行皆以诚实为本，排除一切虚伪、虚假。

7. 信言不美，美言不信。

——《老子·第八十一章》

【译文】

真实可信的话不漂亮，漂亮的话不真实。

【感悟评析】

一般来讲是这样，俗话说“良药苦口”，但若从语言表达的技巧上来讲，我们也可以尝试着如何让漂亮的话也真实，让可信的话也漂亮。古人所说的不过是一般的现象道理而已。

8. 有子曰：“信近于义，言可复也；恭近于礼，远耻辱也；因不失其亲，亦可宗也。”

——《论语·学而》

【译文】

有子说：“信誉符合道义，才能兑现诺言；恭敬符合礼法，才能远离耻辱；任用可信赖的人，才会取得成功。”

【感悟评析】

任用什么样的人，从他的言语是否符合道义，是否讲信用，是否能兑现承诺，举止上是否符合礼法，是否有一种恭敬的态度就能辨别出来。

9. 勿持功能而失信。

——《出师表》

【译文】

不要仗持有功劳、有才能就失信于人。

【感悟评析】

“诚信”是人的根本，不论是谁，不论是这个人有多大的本事，也不能因为自己的本事而丢掉诚信。在现实生活中，有的人会因为在不同的生活境遇中而改变自己。

10. 推之以诚，则不言而信。

——《中说·周公》)

【译文】

只要能够推心置腹，以诚相待，不用言说也会相互信任。

【感悟评析】

从与人交往的角度讲，“以诚相待”的确是前提，只有“以诚相待”才可能换来对方的信任，否则，很难取得对方的信任。相反，如果不能做到推心置腹，那就绝对不可能赢得人们的信任。

11. 一诚足以消万伪。

——《明儒学案》卷四十四《语录》

【译文】

一个诚实的行为足以消解千万种虚伪。

【感悟评析】

其实这句话所要表达的是诚信的力量。只要诚信，所有虚伪的行为都会显得苍白无力。当然，这既是一种希望，也是一种理想。事实上，社会是复杂的，我们能否用诚信来消解虚伪，能否让社会上的人都讲诚信而摒弃虚伪，还需要社会成员的每一个分子的共同努力。这样“诚信”的力量才会真的存在。

12. “信不足焉，有不信焉”

——《老子》

【译文】

诚信不足，就会失去信任。

【感悟评析】

其实道理很简单，一个人失去诚信之后，你就将长时间的得不到信任。我们小的时候大多都听过“狼来了”的故事。一个人一次失去诚信就可能永远都无法再获得信任，甚至永远都不会再拥有诚信。当今的“老赖”们就是因为失去了诚信，于是，不守信的名声将长期甚至直到永远伴随着他们。所以，诚信是做人的底线和原则，无论在什么情况下都不能跨越。

（四）诚信与齐家

1. 夫妇有恩矣，不诚则离。

——《群书治要·体论》

【译文】

夫妻之间本来有恩爱之情，但如果彼此不忠诚就会分手。

【感悟评析】

夫妻之间如果连诚信都做不到，表面上无论显得多么的恩爱，都是一句空话。貌合神离，同床异梦，名存实亡的夫妻不过就是一种交易、一种形式而已。

2. 夫妇之道，有义则合，无义则离。

——《汉书·孔光传》

【译文】

夫妇之间的准则是有情感的就合在一起，无情义的就分离。

【感悟评析】

以上两则文字分别节选自不同时代，不同篇章之中，但其基本内涵却是惊人的相似甚至一致。由此可见，只有夫妻、父母子女和兄弟之间以诚相待，诚实守信，才能和睦相处，万事兴盛。若家人彼此缺乏诚信，甚至尔虞我诈，离心离德，家庭成员之间必将貌合神离，渐行渐远，最后四分五裂，分道扬镳。

（五）诚信与经商

人宁贸诈，吾宁贸信，终不以五足童子而饰价为欺。

——《晋书》

【译文】

别的商贾宁愿用欺诈手段，而我经商坚守诚信，永远不会因（消费者是）儿童而进行价格欺诈。

【感悟评析】

诚信在经商方面“诚信”主要表现为以诚待客、货真价实、公平买卖、信守合同、偿还借贷、不做假账等。商家只有以诚待客，方能赢得顾客盈门。

徽州商人吴南坡宣示：“人宁贸诈，吾宁贸信，终不以五尺童子而饰价为欺。”所以，他出售的“南坡布”货真价实，深受顾客信任。久而久之，四方顾客都十分相信“南坡布”。只要去买布，看见是吴南坡的铺面，不管精恶长短，买了就走。

诚信是人必备的优良品格，讲诚信的人，处处受欢迎；不讲诚信的人，人们会忽视他的存在；所以我们人人都要讲诚信。“反身而诚，乐莫大焉。”只有做到真诚无伪，才可使内心无愧，坦然宁静，给人带来最大的精神快乐，是人们安慰心灵的良药。人若不讲诚信，就会造成社会秩序混乱，彼此无信任感，后患无穷。综观而言，诚信对于为政、自我修养、齐家、交友都是一种不可缺少的美德，可见诚信在人类社会中非常重要的。

（六）诚信及其他（解疑）

子贡问曰：“何如斯可谓之士矣？”子曰：“行己有耻；使于四方，不辱君命，可谓士矣。”曰：“敢问其次。”曰：“宗族称孝焉，乡党称弟焉。”曰：“敢问其次。”曰：“言必信，行必果，硁硁然小人哉！抑亦可以为次矣。”曰：“今之从政者何如？”子曰：“噫！斗筲之人，何足算也！”

——《论语·子路》

【译文】

子贡问道：“怎样才可称得上‘士’呢？”孔子说：“能用羞耻之心约束自己的行为，出使不辜负君主的委托，这就可以称作‘士’了。”子贡说：“请问次一等的‘士’是什么样的？”孔子说：“宗族的人称赞他孝顺，乡里的人称赞他友爱。”子贡说：“请问再次一等的‘士’是什么样的？”孔子说：“说话一定要诚信，做事一定要坚定果断，这虽是耿直固执的小人，但也可以算是再次一等的‘士’了。”子贡说：“现在那些执政的人怎么样？”孔子说：“唉！一班器量狭小的家伙，算得了什么呢！”

【感悟评析】

本段选文其主要目的是为了明确文中的“言必信，行必果，硁硁然小人哉！抑亦可以为次矣”。因为有些人不理解，为什么“言必信，行必果”还属于“小人”。要想理解这段文字和所谓“诚信”的不同，必须要从以下几个方面来考虑：

首先，我们明确，“士”是春秋时期中国崛起的一个特殊阶层，大多数是有知识、有技能，而且关心民瘼，热爱国家，有仁者之心的有胆有识的人。他们经常被诸侯与卿大夫所重用，招募在自己的门下，为自己做事，包括出使他国完成国家使命。所以，在春秋战国时代，“士”作为一个特殊阶层，已然成为社会中独立的中坚力量。

其次，子贡请教的问题就是“士”的层次。针对这个问题，孔子的回答，对“士”的层次进行了分析，其中说到的“言必信，行必果，硁硁然小人哉”的意思就是最低等次的“士”，也无非是能做到，也该做到“说话一定要诚信，做事一定要坚定果断”，至少能不走样的，或者说是教条的、刻板地完成主人所委托的使命而已，他们没有前两种人的有“羞耻之心，不辱使命”的气概，或许也没有被“宗族称孝，被乡里称友爱”的情怀，只不过是耿直的，死板地执行了命令。

最后，“小人”在此并不是指“人格卑鄙的人”，而应该指“学见浅狭、平庸的人”。

这样，就能解释得通了。不然，社会上很多人都会对“言必信，行必果”被称为是“小人”感到费解，甚至不满。由此来理解这里的言必信，和我们所推崇的诚信也是如出一辙的，就是言语要真实、不欺骗，所不同的是，也仅止于“言必信”，没有做到有“羞耻之心，不辱使命”的气概，也没有被“宗族称孝，被乡里称友爱”的情怀，只不过是耿直的，死板地执行了命令而已。

三、拓展阅读

（一）古代诚信故事

1. 晏殊信誉的树立

北宋词人晏殊，素以诚实著称。在他 14 岁时，有人把他作为神童举荐给皇帝。皇帝召见了他，并要他与 1000 多名进士同时参加考试。结果晏殊发现考试是自己 10 天前刚练习过的，就如实向真宗报告，并请求改换其他题目。宋真宗非常赞赏晏殊的诚实品质，便赐给他“同进士出身”。晏殊当职时，正值天下太平。于是，京城的大小官员便经常到郊外游玩或在城内的酒楼茶馆举行各种宴会。晏殊家贫，无钱出去吃喝玩乐，只好在家里和兄弟们读写文章。有一天，真宗提升晏殊为辅佐太子读书的东宫官。大臣们惊讶异常，不明白真宗为何做出这样的决定。真宗说：“近来群臣经常游玩饮宴，只有晏殊闭门读书，如此自重谨慎，正是东宫官合适的人选。”晏殊谢恩后说：“我其实也是个喜欢游玩饮宴的人，只是家贫而已。若我有钱，也早就参与宴游了。”这两件事，使晏殊在群臣面前树立起了信誉，而宋真宗也更加信任他了。

【感悟评析】

晏殊的做法现在看来也许很“傻”，但做人要实事求是，不能弄虚作假，只有这样才能树立信誉。

2. 杨震不受“四知”金

东汉名臣杨震在赴任东莱郡太守的途中，经过昌邑县。昌邑县令王密是他过去推荐的秀才，王密深夜带十斤黄金私赠给杨震。杨震说：“老朋友了解你，你却不了解老朋友，这是为什么呢？”杨震回答说：“天知，神知，你知，我知，怎么说没有人知道呢？”王密听了这番话，很羞愧地走了。杨震“不受四知金”的故事，说明他的道德修养已达到了不自欺的“慎独”境界。只有在没有人监督的情况下，能做到不自欺，才算是真正的“诚信”。

【感悟评析】

当今社会，有些贪官，别说“四知”，甚至世人皆知的“财物”，都敢肆无忌惮地获取，所以，“诚信”不仅有其历史意义，更有其现实价值。杨震既是古今的榜样，更是为当今做官者敲响的警钟。

3. **曾子杀猪守信**

曾子原名曾参，春秋末期鲁国有名的思想家、儒学家，是孔子门生中七十二贤之一。他博学多才，且十分注重修身养性，德行高尚。一次，他的妻子要到集市上办事，年幼的孩子吵着要去。曾参的妻子不愿带孩子去，便对他说：“你在家好好玩，等妈妈回来，将家里的猪杀了煮肉给你吃。”孩子听了，非常高兴，便乖乖地留在家里。这话本是哄孩子说着玩的，过后，曾参的妻子便忘了。不料，曾参却真的把家里的一头猪杀了。妻子看到曾参把猪杀了，就说，“我是为了让孩子安心地在家里等着，才说等赶集回来把猪杀了烧肉给他吃的，你怎么当真呢。”曾参说：“孩子是不能欺骗的。孩子年纪小，不懂世事，只得学习别人的样子，尤其是以父母作为生活的榜样。今天你欺骗了孩子，玷污了他的心灵，明天孩子就会欺骗你、欺骗别人；今天你在孩子面前言而无信，明天孩子就会不再信任你，你看这危害有多大呀。”曾子深深懂得，诚实守信，说话算话是做人的基本准则，若食言不杀猪，那么家中的猪保住了，但却在一个纯洁的孩子的心灵上留下不可磨灭的阴影。

【感悟评析】

《曾子杀猪》讲述了曾子用自己的行动教育孩子要言而有信，诚实待人。同时这个故事也教育成人，父母的言行对孩子影响很大。待人要真诚，不能欺骗别人，否则会将自己的子女教育成一个待人不真诚的人。

4. **韩信守诺报恩**

汉朝的开国功臣韩信，幼时家里很贫穷，常常衣食无着落，他跟着哥哥嫂嫂住在一起，靠吃剩饭剩菜过日子。小韩信白天帮哥哥干活，晚上刻苦读书，尽管如此，刻薄的嫂嫂还是非常讨厌他读书，认为读书耗费了灯油，又没有用处。于是韩信只好流落街头，过着衣不蔽体，食不果腹的生活。有一位在别人家当佣人的老婆婆很同情他，支持他读书，还每天给他饭吃。面对老婆婆的一片诚心，韩信很感激，他对老人说：“我长大了一定要报答你。”老婆婆笑着说：“等你长大后我就入土了。”后来韩信成为著名的将领，被刘邦封为楚王，他仍然惦记着这位曾经给他帮助的老人。他找到这位老人，将老人接到自己的宫殿里，像对待母亲一样对待她。

【感悟评析】

韩信报恩的故事告诉我们，守信乃为人之根本，立足天下应以诚心为本！所以我们要为人守信！

5. **商鞅立木为信**

春秋战国时，秦国的商鞅在秦孝公的支持下主持变法。当时处于战争频繁、人心惶惶之际，为了树立威信，推进改革，商鞅下令在都城南门外立一根三丈长的木头，并当众许下诺言：谁能把这根木头搬到北门，赏金十两。围观的人不相信如此轻而易举的事能得到如此高的赏赐，结果没人肯出手一试。于是，商鞅将赏金提高到五十两。重赏之下必有勇夫，终于有人站起将木头扛到了北门。商鞅立即赏了他五十两金。商鞅这一举动，在百姓心中树立起了威信，而商鞅接下来的变法也很快在秦国推广开了。新法使秦国渐渐强盛，最终统一了中国。

【感悟评析】

信用是国家的重宝，治理国家的人信守承诺，取信于民，必定能得到民众的信任和拥护，国家才能强盛。

6. 季布一诺千金

秦末有个叫季布的人，一向说话算数，信誉非常高，许多人都同他建立起了浓厚的友情。当时甚至流传着这样的谚语："得黄金百斤，不如得季布一诺。"（这就是成语"一诺千金"的由来）后来，他得罪了汉高祖刘邦，被悬赏捉拿。结果他旧日的朋友不仅不被重金所惑，而且冒着灭九族的危险来保护他，使他免遭祸殃。

【感悟评析】

一个人诚实有信，自然得道多助，能获得大家的尊重和友谊。反过来，如果贪图一时的安逸或小便宜，而失信于朋友，表面上是得到了"实惠"。实际上却毁了自己的声誉，而声誉比物质重要得多。

7. 季札赠剑履诺

吴国宗室季札，在出使北方大国途中，顺道访问了徐国国君。徐君非常喜欢季札的宝剑，但知它是吴国国宝，所以不好意思索要。

季札心知徐君很喜欢这宝剑，想立即将它送给徐君，但碍于自己仍需前往其他国家，所以需要带着这宝剑以代表吴国出使。于是，季札心中暗暗向徐君许下诺言："当我结束这次行程后，我会再到徐国，届时定将这宝剑送给您。"

后来，当季札返回徐国时，徐君已死。季札来到徐君墓前，将宝剑挂在徐君墓旁的树上。随从连忙问道："人都死了，还赠他宝剑干什么？"季札说："我早在心中答应将这宝剑送给徐君，如今徐君虽已离世，但不可因此改变我的承诺，我仍要履行诺言。"

【感悟评析】

真正的"诚信"不是表面文章，更不是沽名钓誉，而是一种真正的从内心去履行，去践行的，否则就是空话。表面上看来似乎这种"履行承诺"对于一个死者来说没有什么意义，其实，真正在内心里能够"平静"的，是生者，季札才是真正的君子，他这种在心里许下的、别人并不知道的承诺他都能信守，那么昭示于天下的承诺，就更不可能不去履行了。

8. 皇甫绩守信求责

皇甫绩是隋朝有名的大臣。他 3 岁的时候父亲就去世了，母亲一个人难以维持家里的生活，就带着他回到娘家住。外公见皇甫绩聪明伶俐，又没了父亲，怪可怜的，因此格外疼爱他。外公叫韦孝宽，韦家是当地有名的大户人家，家里很富裕。由于家里上学的孩子多，外公就请了个教书先生，办了个自家学堂，当时叫私塾。皇甫绩就和表兄弟们都在自家的学堂里上学。外公是个很严厉的老人，尤其是对他的孙辈们，更是严加管教。私塾开学的时候，就立下规矩，谁要是无故不完成作业，就按照家法重打二十大板。有一天，上午上完课后，皇甫绩和他的几个表兄躲在一个已经废弃的小屋子里下棋，一贪玩，不知不觉就到了下午上课的时间，大家都忘记做教师上午留的作业。第二天，这件事被外公知道了，他把几个孙子叫到书房里，狠狠地训斥了一顿。然后按照规矩，每人重打二十大板。外公看皇甫绩年龄最小，平时又很乖巧，再加上没有爸爸，不忍心打他，于是，就把他叫到一边，慈祥地对他说："你还小，这次我就不罚你了。不过，以后不能再犯这样的错误。不做功课，不学好本领，将来怎么能成大事？"皇甫绩和表兄们相处得很好，小哥哥们都很爱护他，看到小皇甫绩没有被罚，心里都很高兴。可是，小皇甫绩心里很难过，他想：我和哥哥们犯了一样的错误，耽误了功课，外公没有责罚我，这是心疼我，可是我自己不能放纵自己，应该也按照私塾的规矩，被重打二十大板。于是，皇甫绩就找到表兄们，求他们代外公责打自己二十大板。表兄们一听，都笑了起来。皇甫绩一本正经地说："这是私塾里的规矩，我们都向外公保证过触犯规矩甘愿受罚，不然的话就是不遵守诺言。你们都按规矩受罚了，我也不能例外。"表兄们都被皇甫绩这种信守学堂的规矩，诚心改过的精神感动了。于是，就拿出戒尺打了皇甫绩二十大板。后来皇甫绩在朝廷里做了大官，但是这种从小养成的信守诺言、勇于承认错误的品德一生都没有丢弃，这使得他在文武百官中享有很高的声望。

【感悟评析】

皇甫绩是隋朝著名的文武双全的人才，关于他的一些典故很多，但一直被人们津津乐道的最有名的就是皇甫绩守信求责的故事。古人云：人无信不立，国无信则衰。皇甫绩从小就履行诚实守信的信条，才能成就他的高贵品格和声望。

9. 宋就以诚感人

宋就曾在梁、楚交界处当县令，梁、楚边亭四周都种瓜。由于梁亭人勤劳，所以瓜长得很好；而楚亭人懒惰，所以瓜长得不好。

于是，楚亭人心生嫉妒和恼恨，在深夜践踏和扯断梁亭的瓜藤。梁亭人发现后，去请示县令宋就，想要以同样的方式践踏楚亭瓜藤。宋就听完摇头说："怎么可以这样做呢？与人结怨，是招祸的门径。人家对我们不好，我们也对人家不好，这多么狭隘呢！你们如果听我的话，那应以诚感人，每夜派人暗中为楚亭浇瓜地，不要让他们知道。"

楚亭人每天早晨到瓜地，发现瓜地似乎被浇过，瓜长得越来越好。后来观察发现竟然是梁亭人所为。楚国县令和楚王知道这件事后，深深被宋就以德报怨的行为所感动，自觉惭愧，就以重礼对梁王表示感谢，并请求两国交好。

【感悟评析】

有人可能会觉得，面对不诚信的人，我们也应该"以其人之道，还治其人之身"，对不讲诚信的人讲诚信是愚蠢的。但是，我们更应该明确，以暴制暴或许能暂时缓解眼前的暴力，但以悲剧的方式去挽回悲剧肯定不是最好的选择。所以，我们可以不相信"失信"之人，但不应该以"失信"去对待"失信"，那样做，有失我们做人的"诚"的本真。

10. **商人失信丧生**

《郁离子》中记载了一个因失信而丧生的故事。济阳有个商人过河时船沉了，他抓住一根大麻杆大声呼救。有个渔夫闻声而至。商人急忙喊："我是济阳最大的富翁，你若能救我，给你100两金子。"待被救上岸后，商人却翻脸不认账了。他只给了渔夫10两金子。渔夫责怪他不守信，出尔反尔。富商说："你一个打渔的，一生都挣不了几个钱，突然得十两金子还不满足吗?"渔夫只得怏怏而去。不料想后来那富商又一次在原地翻船了。有人欲救，那个曾被他骗过的渔夫说："他就是那个说话不算数的人!"结果商人淹死了。

【感悟评析】

商人两次翻船而遇同一渔夫也许是偶然的，渔夫因商人的失信而见死不救或许也太过狭隘，但商人因失信而不得好报有其必然性。因为，即便不是在海上，商人也会在其他事情上因失信而"翻船"。因为一个人若不守信，便会失去别人对他的信任，一旦他处于困境，便没有人再愿意出手相救。失信于人者，一旦遭难，只有坐以待毙。

（二）诚信与实话实说

1998年10月，香港廉政公署执行处面向本处所有工作人员公开选拔一名首席调查主任。经过严格的资格审查和层层推荐，最后有40多人进入了笔试环节。

时年43岁的蔡双雄也参加了这次选拔考试。蔡双雄25岁就进入廉政公署工作，承办过多起大案要案，具有很高的专业水平。对于这次考试，他做了充分的准备。

考试进行得很顺利，多是些专业性的题目，蔡双雄做起来轻车熟路。可是，最后一道题把蔡双雄难住了。这道题分值高达20分，成败在此一举。题目是这样的：请简述唐太宗李世民为了保护环境采取了哪些措施，并详细论述其合理性。蔡双雄知识面并不算窄，而且很崇拜李世民，平时读过许多关于李世民的书。但是此时，他绞尽脑汁也想不起来李世民曾在环保方面有过什么施政措施。

交卷的时间快到了，无奈之下，蔡双雄只好在试卷上写下了这么一行字：我实在想不起来李世民在环保方面曾有过什么举措，对不起，这道题我不会答。

一道20分的题没做，哪里还会有希望。交卷后，蔡双雄显得很沮丧。廉政公署选拔官员，考什么环保？一些关系好的同事了解情况后，都纷纷安慰蔡双雄。

万万没有想到的是，两个星期后，考试结果出来了，最后的那一道题，蔡双雄竟然得了满分，并且，只有他一个人得了满分。蔡双雄成了进入面试环节的唯一人选。

选拔委员会是这样解释的：唐太宗时，还没有环境保护这种说法。综观李世民一生，他也没有为了保护环境采取过任何措施。这道题根本就没有答案，或者说，最标准的答案就是"不知道"。

其实，这道题是从联合国教科文组织的试题库里抽出来的，目的就是测试应试者的诚信度。"知之为知之，不知为不知"，这才是做人应有的态度。遗憾的是，竟然有那么多的考生妙笔生花地列出了李世民的多项环保举措，并洋洋洒洒地用了数百字去论述其科学性与合理性。

一个人的德行，往往会在细节中自然而然地流露出来。

诚实是一个人的基本品质，保持诚实的美德，是走向成功的基石！

［资料来源：朱国勇，香港廉政公署的考题作者［J］：读者．2014（5）］

（三）诚信与刻板教条

在某婚宴中，一位中年男士认出他小学的教师，于是上前恭敬地说：老师，您好！您还认得我吗？

老教师：对不起、我实在记不起来。

学生：老师您再想想，我是当年在课室里偷了同学手表的那位学生。

老师看着面前的这位学生，还是摇了摇头说：我真得认不出你。

学生：当时您叫全班同学站起来，面向墙壁，再用手帕蒙上自己的眼睛，然后您一个个搜查我们的口袋。当您从我口袋里搜出手表时，我想我一定会受到您的谴责和处罚，一定会遭到班上同学的鄙视，也将在我人生中烙下不能磨灭的耻辱和创伤……

但是事情并不是如我想象的，您把手表归还给物主后，就叫我们坐回原位继续上课。一直到我毕业离开学校那一天，偷手表的事从来没有被提过或被传过。

老师，现在您应该记起我了吧。

老师微微笑说：我怎么会认得你呢？为了同学之间能保持良好关系，为了不影响我对班上同学的印象，当时我也蒙上自己眼睛来搜查学生的口袋。

学生听了，紧紧抱着面前这位老师，师生俩就这样彼此默默拥抱着……

给人容身的空间，给人转身的台阶，这不只是慈悲和智慧，更是一个高超的境界。

这无声的智慧拯救了一个人，影响了一群人，震撼了无数人！

【感悟评析】

老师当着全班同学的面搜身并将东西拿出来是诚信，可是，老师让全班同学蒙上眼睛搜身也是诚信，老师自己也蒙上眼睛更是诚信，这种“信”是对人之善良本心的“笃信”，更是一种至高境界的大智慧。而多少年后，学生在老师面前的勇于相认，并且勇敢地用此事来提醒老师，也是一种诚信。而学生的“诚信”无疑是对老师昔日的无声的教诲的回报。所以，诚信不是刻板的教条，也不是一味地说教，而是一种心灵的呼唤，甚至是灵魂的感召。

（资料来源：https://weibo.com/1551643695/IdHIkgmqW）

（四）诚信与灵活变通

1971 年 3 月 25 日下午，一架波音飞机从北京飞抵上海，这是为罗马尼亚国家首脑、共产党总书记、国务委员会主席齐奥塞斯库即将进行访华活动“打前站”的一个工作小组，总共 27 人。他们的具体任务是对齐奥塞斯库访问上海期间的食宿、交通、安全、医疗、通信、应急事宜处置等，做全方位的了解和安排。

当晚 7 点钟，该工作组的 27 名外宾在衡山俱乐部品尝到了他们称为“出生以来所吃到的世界上最美味的菜肴”，一顿甚为丰盛的宴席。不料，席间竟出了一桩绝对意想不到的事情——一只珍贵的九龙杯失踪了。

原来，坐在 B 桌上的一位外宾从一开始就对九龙杯显示出浓厚的兴趣。九龙杯的珍贵与神奇使这位外宾惊喜着迷，爱不释手。酒过三巡，他佯装醉意，竟顺手牵羊将一只九龙杯塞进自己随身携带的公文包里，如此意外的举动立即被服务员察觉，但考虑到外事接待的友好气氛，又不便当场揭穿或索取，究竟该怎么办呢！

当时，周恩来总理也在上海。于是，上海接待外宾的负责人立即将九龙杯被“窃”事件向总理做了汇报。周总理回答说：“九龙杯是国宝，一只也不能少，一定要追回。但有个前提是：在不伤感情，又不影响国与国的友好关系的情况下追回来。”他又接着问：“今天，你们为这位贵宾安排了什么活动?”接待贵宾的负责人回答：“宴会结束后去上海杂技厅观看杂技表演。”

周总理听后很坦然地笑了笑：“这不是很好吗。”此时，机敏聪慧的周恩来已经计上心来。于是，他口授机宜，如此这般，一一做了安排。

夜色朦胧，华灯初上。上海杂技厅里，座无虚席。最后压轴的杂技节目是魔术。只见魔术师在红布铺的台上摆着3只金光闪烁的九龙杯，右手高举一把“手枪”，只听得枪声一响，台上的九龙杯只剩下两只，另一只九龙杯已不翼而飞。正当观众惊讶地不知那只九龙杯究竟飞到哪里去了时，只见魔术师已走下舞台，来到前排贵宾席前，彬彬有礼地请求那位外宾打开时刻不离身的公文包，轻而易举地取回了那只珍奇的九龙杯。全场观众席上立即爆发出雷鸣般的掌声。

被蒙在鼓里不知底细的观众以为这真是一个高超的魔术节目，还以为九龙杯真是被魔术师神奇地“变”到那位外宾的公文包里去了，一个个激动得狂欢不已。

而那位颇有身份的外宾只好强装着一副尴尬的“笑脸”。实在是出于无奈，九龙杯就失而复得了。周恩来智取九龙杯也成了我国外交史上的一段佳话。

（资料来源：http://dangshi.people.com.cn/n1/2018/0511/c85037-29978955.html）

【感悟评析】

罗马尼亚史官偷盗国宝的行为固然应该得到谴责，但关系到外事工作的影响所以必须考虑策略，周恩来利用表演魔术的机会将国宝巧妙取回，也不失大国风范，以此种巧妙的计谋，来对付可耻的偷盗，无论如何也无可厚非。我们没法设想，义正辞严，有理有据，戳穿真相，结果会如何，但我们从最后的实际效果来看，这种方法无论怎么说都是最为完美的。所以说，诚信有时候需要变通。

（五）诚信与善意谎言

一位年轻的母亲第一次参加家长会，幼儿园的老师对她说：“你的儿子可能有多动症，在板凳上连3分钟都坐不住，你最好带他去医院看一看。”回家的路上，儿子问母亲，老师都说了些什么。她鼻子一酸，差点流下泪来。因为全班30位小朋友，只有她的儿子表现最差；唯有对他，老师表现出不屑。然而，她还是告诉儿子：“老师表扬你了，说宝宝原来在板凳上坐不了1分钟，现在能坐3分钟了。别的孩子的妈妈都非常羡慕你的妈妈，因为全班只有宝宝进步了。”那天晚上，她儿子破天荒地吃了两碗米饭，并且没让母亲喂。

儿子上小学了。家长会上，老师对这位母亲说：“全班50名同学，这次数学考试，你儿子排在第40名，我们怀疑他智力上有些障碍，最好你带他去医院查一查。”走出教室，她流下了眼泪。然而，当这位母亲回到家里，却对坐在桌前的儿子说：“老师对你充满了信心。他说了，你并不是个笨孩子，只要能细心些，一定会超过你的同桌，这次你的同桌排在第21名。”说这话时，她发现，儿子黯淡的眼神一下子充满了光亮，沮丧的脸也一下子舒展开来。她甚至发现，从这以后，儿子温顺得让她吃惊，好像长大了许多。

孩子上了初中，又一次家长会。这位母亲坐在儿子的座位上，等着老师点她儿子的名字，因为每次家长会，她儿子的名字总是在差生的行列中被点到。然而，这次却出乎她的预料，直到家长会结束，也没听到她儿子的名字。她有些不习惯，临别她去问老师，老师告诉她：“按你儿子目前的成绩，考重点高中有点危险。”听了这话，她惊喜地走出校门，此时，她发现儿子在等她。路上，母亲扶着儿子的肩膀，心里有一种说不出的甜蜜，她告诉儿子：“班主任对你非常满意，他说了，只要你努力，很有希望考上重点高中。”

高中毕业了。第一批大学录取通知书下达时，学校打电话来让她儿子去一趟。此时，这位已是中年的母亲有一种预感，她儿子被第一批重点大学录取了。因为在报考时，她相信儿子能考上重点大学。儿子从学校回来了，并把一封印有清华大学招生办公室的特快专递交到母亲的手里。突然，儿子转身跑到自己的房间里大哭起来，边哭边说：“妈妈，我知道自己不是一个聪明的孩子，可是，这个世界上只有你能欣赏我……尽管你说的都是骗我的话。我知道这些话只是一层纸，一捅就破，但我还是喜欢听，因为它成了我学习的动力。”听了这话，两鬓已经斑白的母亲悲喜交集，再也按捺不住十几年来凝聚在心中的泪水，任它流下，滴落在手中的信封上……

（资料来源：沪教版语文教科书第十册《母亲的谎言》www.jiaoba.net/yuwen/JiaoBa_Html/Class921/921_ 25387.html）

【感悟评析】

我们经常用善意的谎言来欺骗得了重病的亲人，每当我们这样做的时候，几乎没有谁受到良心的谴责，就是因为在谎言前面有个“善意”作为修饰语。那么善意的谎言难道仅仅在亲人得了重病的时候才能用吗？也许这是个极端的案例，但诚信与善意的谎言是不相矛盾的。仍然用这个极端的案例，我们有理由设想，一味的教条的刻板的所谓实话实说的诚信，也许会葬送这个孩子的一生。

四、练习实践

【单元话题】

1. 讨论

假如你很富有，有七件行囊：金钱、荣誉、机敏、健康、诚信、美貌、才学，但你却搭上了一艘危险的船，遇上了风浪，你将舍弃哪件行囊呢？

①说说抛弃每件行囊的后果。

②写出把“诚信”抛进水里所导致的结局。

2. 辩论

①诚信问题是个人问题/诚信问题是社会问题；

②对不讲诚信的人也应该讲诚信/对不讲诚信的人不应该讲诚信；

③善意的谎言有利于诚信/善意的谎言不利于诚信；

④学生诚信意识的提高主要在于学校教育/学生诚信意识的提高主要在于自我修身。

【写作实践】

“做诚信学生，建诚信班级，创诚信校园”主题演讲。

【语言素养】

1.《声律启蒙》（节选）

九佳

河对海，汉对淮，赤岸对朱崖。鹭飞对鱼跃，宝钿对金钗。鱼圉圉，鸟喈喈，草履对芒鞋。古贤尝笃厚，时辈喜诙谐。孟训文公谈性善，颜师孔子问心斋。缓抚琴弦，像流莺而并语；斜排筝柱。类过雁之相挨。

丰对俭，等对差，布袄对荆钗。雁行对鱼阵，榆塞对兰崖。挑荠女，采莲娃，菊径对苔阶。诗成六义备，乐奏八音谐。造律吏哀秦法酷，知音人说郑声哇。天欲飞霜，塞上有鸿行已过；云将作雨，庭前多蚁阵先排。

城对市，巷对街，破屋对空阶。桃枝对桂叶，砌蚓对墙蜗。梅可望，橘堪怀，季路对高柴。花藏沽酒市，竹映读书斋。马首不容孤竹扣，车轮终就洛阳埋。朝宰锦衣，贵束乌犀之带；宫人宝髻，宜簪白燕之钗。

十灰

增对损，闭对开，碧草对苍苔。书签对笔架，两曜对三台。周召虎，宋桓魋，阆苑对蓬莱。薰风生殿阁，皓月照楼台。却马汉文思罢献，吞蝗唐太冀移灾。照耀八荒，赫赫丽天秋日；震惊百里，轰轰出地春雷。

沙对水，火对灰，雨雪对风雷。书淫对传癖，水浒对岩隈。歌旧曲，酿新醅，舞馆对歌台。春棠经雨放，秋菊傲霜开。作酒固难忘曲蘖，调羹必要用盐梅。月满庾楼，据胡床而可玩；花开唐苑，轰羯鼓以奚催。

休对咎，福对灾，象箸对犀杯。宫花对御柳，峻阁对高台。花蓓蕾，草根荄，剔藓对剜苔。雨前庭蚁闹，霜后阵鸿哀。元亮南窗今日傲，孙弘东阁几时开。平展青茵，野外茸茸软草；高张翠幄，庭前郁郁凉槐。

十一真

邪对正，假对真，獬豸对麒麟。韩卢对苏雁，陆橘对庄椿。韩五鬼，李三人，北魏对西秦。蝉鸣哀暮夏，莺啭怨残春。野烧焰腾红烁烁，溪流波皱碧粼粼。行无踪，居无庐，颂成酒德；动有时，藏有节，论著钱神。

哀对乐，富对贫，好友对嘉宾。弹冠对结绶，白日对青春。金翡翠，玉麒麟，虎爪对龙鳞。柳塘生细浪，花径起香尘。闲爱登山穿谢屐，醉思漉酒脱陶巾。雪冷霜严，倚槛松筠同傲岁；日迟风暖，满园花柳各争春。

香对火，炭对薪，日观对天津。禅心对道眼，野妇对宫嫔。仁无敌，德有邻，万石对千钧。滔滔三峡水，冉冉一溪冰。充国功名当画阁，子张言行贵书绅。笃志诗书，思入圣贤绝域；忘情官爵，羞沾名利纤尘。

十二文

家对国，武对文，四辅对三军。九经对三史，菊馥对兰芬。歌北鄙，咏南薰，迩听对遥闻。召公周太保，李广汉将军。闻化蜀民皆草偃，争权晋土已瓜分。巫峡夜深，猿啸苦哀巴地月；衡峰秋早，雁飞高贴楚天云。

欹对正，见对闻，偃武对修文。羊车对鹤驾，朝旭对晚曛。花有艳，竹成文，马燧对羊欣。山中梁宰相，树下汉将军。施帐解围嘉道韫，当垆沽酒叹文君。好景有期，北岭几枝梅似雪；丰年先兆，西郊千顷稼如云。

尧对舜，夏对殷，蔡惠对刘蕡。山明对水秀，五典对三坟。唐李杜，晋机云，事父对忠君。雨晴鸠唤妇，霜冷雁呼群。酒量洪深周仆射，诗才俊逸鲍参军。鸟翼长随，凤兮洵众禽长；狐威不假，虎也真百兽尊。

2. 诚信对联精选

* 人无信不立；天有日方明。
* 生命的本质自真实开始，人格的尊严从诚信起步。
* 细节处的诚信尤见真实，心灵中的纯净更是可贵。
* 坚守心灵的诚信，提升人生的品位。
* 花因拒绝染污而更加芬芳，心由坚守诚信而愈益高尚。
* 一人诚信一人立，天下诚信天下兴。
* 祝你以诚实的舵掌航人生，愿我用守信的心奠基未来。
* 每人每天竞为诚实之人，每时每地力行信义之事
* 分分秒秒学做真人人人竞展诚信风采，时时处处力行实事事事皆铸人格基石
* 读书在于明理，做人在于诚信。
* 东城翘楚以诚立笔走龙蛇扬文字，北府精英凭信争气冲霄汉点江山
* 有实力莫怯场俯首笑答 A 试卷 B 试卷，讲诚信不舞弊抬头直面甲监考乙监考

第六章 忠 恕

一、导读

（一）忠与恕

1. 什么是忠?

许慎《说文解字》："忠，敬也，从心，中声。"忠，敬业，从心中声。段玉裁在《说文解字段注》中说："忠，敬也。敬者，肃也，未有尽心而不敬者。此与慎训谨同义。"基本是对于许慎解释的阐发，而用"肃"来解释"敬"，更能体现外在仪表的意思。"忠"和"敬"是人内心的两种状态，并不等同，故不能相互注释。《说文解字白话版》：忠，敬仰并遵从。东汉马融撰《忠经》里认为，"忠"的本意应是中，意思是非常公正，无半点私心的意思。"忠也者，一其心之谓也。"也就是说，只有一心一意才能算是"忠"。《辞海》将"忠"归到"中"部，但也不是绝对没有道理。因为从会意字角度看，"忠"确实也有"中"的含义，但其主要字符是"心"而不是"中"。《论语为政篇》季康子问："使民敬、忠以劝，如之何?"子曰："临之以庄，则敬；孝慈，则忠；举善而教不能，则劝。""敬""忠""劝"是并列的，各是一种思想行为。敬是尊敬、敬重，忠是忠于、忠诚，劝是勤奋、努力。孔子在《宪问篇》中回答子路关于如何事君的提问时说："勿欺也，而犯之。"孔子反复强调忠君，"勿欺"就是不要欺骗，不欺骗就是忠，就是实事求是，不能偏离中正。在历代文献中，《左传·庄公十年》："忠之属也。"意思是尽力做好本分的事。《楚辞·九歌·湘君》："交不忠兮怨长。"意思是交往的时候没有忠诚为伴，那么伴随而来的就是诸多怨气。诸葛亮在《出师表》中说："为忠善者。"司马光《训俭示康》说："君子以为忠。"

"中"的意思就是正宗，不偏不倚。不论做什么事情，对待什么，只要把心放在正中间就不会有错，这就是"忠"的意思。"中"原来指的就是正中间，两边对称，距离相同。"中"字下面加"心"表示的意思是内心正中，不偏向左右任何一边，做事情，对待事物能够客观公正，实事求是。

2. 什么是恕?

《说文解字》："恕，仁也。从心，如声。"《说文解字段注》："恕，仁也。孔子曰：能近取譬，可谓仁之方也矣。孟子曰：强恕而行，求仁莫近焉。是则为仁，不外于恕。析言之则有别，浑言之则不别也。仁者亲也。"《词源》："恕，宽容。"孔子论"恕"，在《论语·卫灵公》曰："其恕乎，己所不欲，勿施于人。"屈原《离骚》："羌内恕己以量人兮，各兴心而嫉妒。"《辞海》："恕：①儒家的伦理范畴，谓以仁义之心待人。《论语·里仁》：夫子之道，忠恕而已矣。参见忠恕'。②宽宥、原谅。"《公冶长》言："我不欲人之加诸我也，吾亦欲无加诸人。"《庸》亦言："忠恕违道不远，施诸己而不愿，亦勿施于人。"

"恕"由"如""心"组成，从如从心，是"如心"。什么是"如心"？"心"为象形，属于独体字。"如"字则是会意字，从随也。从女从口，有"相似"之意。"如心"就是如他人之心，我的心要和他人的心一样，这就是推己及人，就是人同此心，心同此理。"恕"即如同自己之心，用自己之心理、心情去体会他人之心理、心情。恕道要求人们皆从自身出发，推己及人，要求人们不把自己都不情愿接受的东西强加到他人身上。主要表现的是人与人之间能够相亲相爱的途径和方法，而不仅仅是结果。

3. 何为"忠恕之道"？

"忠"是对于自己之要求，把心放正，放在正中间，对于一切事情，所有人都要不偏不倚，要中正，保持内心道德情感之真实和道德理智之觉醒。而"恕"字则是在与人交往中，用自己之心去体会他人之心，能够用自己切近之情感欲望而通情、体谅他人，以此为道德实践的情感基础。"忠"指自己处事之准则，"恕"指对他人之态度，二字便可以构成人内心情感和以什么态度和情感去对待他人的准则，可以奉行终身，可以"一以贯之"。"忠恕之道"作为孔子"仁学"的核心和精髓，已经成为千百年来中国人处理人与人关系，构成人做人做事以及处理社会人际关系方面的基本准则。因此，坚持和把握"忠"与"恕"便是仁义的关键。

在孔子学说中，"忠恕"是实行"仁"的方法，是贯穿孔子全部伦理学说的重要思想。《论语·里仁》篇记载："子曰：'参乎！吾道一以贯之。'曾子曰：'唯。'子出，门人问曰：'何谓也？'曾子曰：'夫子之道，忠恕而已矣。'""己所不欲，勿施于人"恰恰是用自己之心去体会他人之心，也就是"如自己心"的意思。这样理解"忠"和"恕"二字，对其所表达的真实意义会有更准确更深刻的理解，二字其他方面的意义都由此引申出来，不但在《论语》中当如此理解，在其他文献和现实运用中也当如是观。宋代朱熹在《四书章句集注》中这样诠释"夫子之道，忠恕而已矣"："尽己之谓忠，推己之谓恕。"冯友兰先生在《中国哲学史》中曾提到说："'因己之欲，推以知人之欲'，即'己欲立而立人，己欲达而达人'，即所谓忠也。'因己之不欲，推以知人之不欲'，即'己所不欲，勿施于人'，即所谓恕也。"冯友兰先生认为实行忠恕即实行仁。

忠恕思想的精神意蕴体现了仁爱宽容的精神实质。忠恕之道从根本上来讲就是仁爱的具体化，要求每个人把握人性中善的本性，在任何时候任何情况都应设身处地替他人着想，对别人要全心全意地帮助。

（二）"忠恕"思想对促进社会和谐的积极现实意义

1. 人际关系的和谐

要达到人际关系的和谐，首先必须学会关心关爱他人，即仁爱相处。人既有自然属性，也有社会属性，两种属性都表现出仁爱他人的心理需求。儒家主张"忠恕"，推崇"礼义"，这种做法既是成就他人，也是成就自己。秉持"忠恕之道"的原则，仁爱他人，时时处处替别人着想，与他人形成良好的社会关系。社会人人如此或者大多数人如此，整个社会将能实现整体利益最大化，最终个人也能实现自身利益最大化。人人乐此不彼，人际关系达到和谐。其次，必须坚持人人平等的原则。人人平等就不存在欺压，每个个体经济独立、人格独立，相互之间的关系平衡，没有纷争。斗争与纷扰起源于不平等。所以，要达到人际关系的和谐，每个人必须以平等之心待人，没有平等就不可能有真正的和谐。“忠恕之道”本身就体现了人格上的平等和相互尊重。再次，必须学会宽恕他人。宽恕就是打开心扉，容纳包括异己在内的任何人，这样于人于己都是一种释放和解脱。宽恕意味着不计较别人的过错，理解别人产生过错的原因，这样才能人与人相互和谐相处。人人能做到宽恕，整个社会人与人之间的矛盾与仇恨就会消解，人类就能描绘出一幅太平、小康、安详的和谐美好蓝图。相反如果世界纷争不断，人人尔虞我诈，勾心斗角，明争暗斗，人际关系永无安宁之日。

2. 人与自然的和谐

“忠”主要是指人通过修心养性，去除心中杂念，使得心中最纯朴、自然、原始的情感显现出来，从而回到守正的状态，不偏不倚、公正无私，也就是一种清明之境、极致良知、人性齐物的大道状态。这种状态是一种物我两忘、天地一体的本真状态。人通过修身克己尽心，保持一种与天地一体的中正之心和自然情感，自然会生发出公正无私、爱人如己的道德行为。当代人自然不希望前代人因为盲目无知和过分的物欲膨胀，对自然实行一种涸泽而渔式的掠夺与开采，从而导致当代人生活在资源枯竭、环境荒凉、空气污浊的现实之中。相反，当代人希望前代人能够充分尊重他们的平等主体性地位，对资源善加珍惜与保护，为他们留下一个物产丰裕、环境优美、空气清新的未来宜居之境。己之所欲而施之，己之不欲勿施之，秉持忠恕之道的当代人因此应该认识到，自然资源是为整个人类提供的，他们应该坚持可持续发展观，不能以牺牲后代人生存权利为代价来无节制地满足自己的物质欲求，相反，他们有责任、有义务考虑子孙后代的生存条件，注重对资源与环境的保护性利用，与自然保持一种相通相感、相辅相成的和谐的生态关系。

3. 个人身心的和谐

建设和谐社会，还内在地包含着要实现个人身心的和谐，因为它是实现人与人、人与自然关系和谐的基础与前提条件。视人如己、推己及人的“忠”的思想与行为对人的身心健康起到的是一种积极的作用。因为，研究发现共情能充分调动生理免疫机能的活力，从而能够抵御生理疾病，甚至使得一些病症可以不治而愈；而代表“忠”的反面的攻击体验带来的应激所具有的破坏性效果与免疫系统有关。高共情的人有较高的主观幸福感。宽恕与人们的生理、心理健康水平密切相关。大量研究充分证明了这一点。高宽恕水平指数对应较高正性健康指标，而低宽恕水平指数对应了诸如功能障碍或痛苦等负性健康指标。宽恕对个体摆脱恐惧、愤怒、失望等不良情绪，减轻痛苦、输入希望、提升自尊，平和心境具有积极作用；宽恕有助于个体做出亲近社会行为，减少攻击行为，从而建立和维护与他人的和谐人际关系。

二、经典选读

（一）忠

1. 曾子曰："吾日三省吾身——为人谋而不忠乎？与朋友交而不信乎？传不习乎？"

——《论语·学而》

【译文】

曾子说：我每天都在反省自己的言行：我为他人做事情有做到一心一意，竭尽所能了吗？我和朋友之间的交往讲忠诚信用了吗？我每天能做到温习老师传授的知识并学以致用了吗？

2. 定公问："君使臣，臣事君，如之何？"孔子对曰："君使臣以礼，臣事君以忠。"

——《论语·八佾》

【译文】

鲁定公问："君怎样使臣，臣怎样事君？"孔子对答说："国君要以礼仪使用臣子，臣子要以忠心侍奉国君。"

3. 子张问政。子曰："居之无倦，行之以忠。"

——《论语·颜渊》

【译文】

子张问如何治理政事。孔子说："在位不要疲倦懈怠，执行政令要忠心。"

4. 子贡问友，子曰："忠告而善道之，不可则止，毋自辱焉。"

【译文】

子贡问怎样对待朋友。孔子说："忠诚地劝告他，恰当地引导他，如果不听也就罢了，不要自取其辱。"

【感悟评析】

孔子论"忠"有多层意思：一认为"忠"乃表现在与人交往中的忠诚老实，如"为人谋而不忠乎"；二表现为全心全意为君主效劳，如《论语·八佾》云："臣事君以忠"；三表现为忠于职守，如《颜渊》讲"居之无倦，行之以忠"；四还表现为对朋友不是之处的提醒和规劝，如《宪问》谓"忠告而善道之""忠焉能勿诲乎"等。我们生活在现代社会，应该结合现代生活理解"忠"的含义。

5. 子张问行，子曰："言忠信，行笃敬，虽蛮貊之邦，行矣。言不忠信，行不笃敬，虽州里，行乎哉？立则见其参于前也，在舆则见其倚于衡也，夫然后行。"子张书诸绅。

——《论语·卫灵公》

【译文】

子张问如何才能使自己在世间通行无阻。孔子说："说话要忠信，行事要笃敬，即使到了蛮貊地区，也可以行得通。说话不忠信，行事不笃敬，即使在本乡本土，能行得通吗？站着，就仿佛看到'忠信笃敬'四字显现在面前；坐车，就好像看到这几个字刻在车辕前的横木上，这样才能使自己到处行得通。"于是子张把"忠信笃敬"写在腰间的衣带上。

【感悟评析】

如何在社会立足？在两千四百年前，孔子给出了答案："言忠信，行笃敬。"意思是言语忠诚老实，行为忠诚厚道。一个人说话要正直坦率，忠诚守信，做事要厚道实在，严肃认真，那么，即使走到天涯海角，他也能立足，也能行的通。反之，一个人说话口是心非，言而无信，做事投机取巧，偷奸耍滑，那么，即使在自己的地方，在本乡本土，他也会处处碰壁，寸步难行。做人要时刻牢记"忠、信、笃、敬"四个字。

6．季康子问："使民敬、忠以劝，如之何？"孔子说："临之以庄，则敬。孝慈，则忠。举善而教不能，则劝。"

【译文】

季康子向孔子问道："要使老百姓对当政的人恭敬忠诚又能相互勉励，该怎样去做呢？"孔子说："要用庄重认真的态度对待老百姓，他们就会恭敬，你孝顺父母，抚爱幼小，百姓就会尽忠于你；选用好人而教育弱者，他们就会互相勉励努力上进了。"

【感悟评析】

为政者为政的目的很重要，手段也很重要。季康子想要达到统治民众，使唤民众的目的就想到了一个手段"鼓励，勉励民众敬、忠"，并且问了孔子意见。季康子这个手段让民众敬、忠就能达到目的吗？显然有问题，口号的味道更浓。孔子就说了，要让民众敬就要严谨持重的对待而不是居高临下地看，要得到别人的忠就自己要做到孝和慈。这些都是态度问题也是实际行动的问题。劝在古代有点像现在的政治教育。孔子的劝的内容是什么呢？尊善和教不能。这里的善是真善美的善。民众不和睦就是不善的一个表现。尊善和教不能是一个问题的两个方面。

季康子事鲁哀公，虽迷恋权位，但大局观是有的。从这段对话中就可以看出。季康子问的是如何统御老百姓，而孔子给出的是却是如何做自己：临之以庄，孝慈，举善，教不能。《论语》把季康子和鲁哀公与孔子的对话放在相邻的位置，一个是君一个是臣，问同样的问题。耐人寻味，对比着看，很有意思。读论语一定要加入当时场景才能真正理解所述之意，才能不被表面文字所欺。

7．子路问事君，子曰："勿欺也，而犯之。"

——《论语・宪问》

【译文】

子路问怎样服侍君主。孔子说："不要欺骗他，但可以犯颜直谏。"

8．言忠信，行笃敬，乃圣人教人取重于乡曲之术。盖财物交加，不损人而益己；患难之际，不妨人而利己，所谓忠也。有所许诺，纤毫必偿；有所期约，时刻不易，所谓信也。处事近厚，处心诚实，所谓笃也。礼貌卑下，言辞谦恭，所谓敬也。若能行此，非惟取重于乡曲，则亦无入而不自得。然敬之一事情，于己无损，世人颇能行之，而矫饰假伪，其中心则轻薄，是能敬而不能笃者，君子指为谀佞，乡人亦不归重也。

——袁采《袁氏世范》

【译文】

袁采指出，忠、信、笃、敬四种修养，首先要自己做到、做好，然后再去要求别人。绝不能在自己尚未做到做好，却用这种道德标准去要求别人，那是不行的。袁采强调，能做到忠、信、笃、敬这四个方面，就会处处受到尊重。在这四者之中，他认为“笃”最重要，也最难做到。因为“笃”是言行一致，表里如一，这是最高尚的道德修养。

9. 公曰：“小大之狱，虽不能察，必以情。”对曰：“忠之属也。可以一战。战则请从。”

——《左传·曹刿论战》

【译文】

鲁庄公说：“大大小小的诉讼案件，即使不能一一明察，但我一定根据实情（合理裁决）。”曹刿回答说：“这才是忠于本职的事。可以（凭借这个）打一仗。如果作战，请允许我跟随您一同去。”

10. 夫苟中心图民，智虽弗及，必将至焉。

——《国语·鲁语上》

【译文】

（曹刿对庄公说）如能诚心地为人民利益考虑，智能即使有不够的地方，也必定将达到目的。

【感悟评析】

庄公答曹刿可以一战的理由是“小大之狱，虽不能察，必以情”，曹刿认为这是对百姓的善举，是“忠”的表现。“忠”的内涵中存在着对行为动机的要求，即一个人的行为动机要良好。“夫苟中心图民，智虽弗及，必将至焉。”诚心为民，被称之为“忠”。“忠”的意义从开始就没有局限在君臣关系或者朋友关系之间。凡是利民爱民等行为都可以命之为“忠”。

11. 曾子曰：“君子立孝，其忠之用，礼之贵。”

——《大戴礼记·曾子立孝》

【译文】

曾子说：“君子立孝道，要用其内心的诚恳，要贵重行为礼节规范。”

12. 君子有九思：视思明，听思聪，色思温，貌思恭，言思忠，事思敬，疑思问，忿思难，见得思义。

——《论语·季氏篇》

【译文】

君子有九种思虑：看的时候要想想看清楚了没有；听的时候要想想听明白了没有；待人的脸色要想想是否温和；对人的态度要想想是否恭敬；说话要想想是否忠诚；做事

要想想是否认真；有了疑问要想想怎样向人请教；遇事发怒时要想想后果；有利可得时要想想是否正当。

13. 辛苦遭逢起一经，干戈寥落四周星。
山河破碎风飘絮，身世浮沉雨打萍。
惶恐滩头说惶恐，零丁洋里叹零丁。
人生自古谁无死？留取丹心照汗青。

——宋·文天祥《过零丁洋》

【译文】

回想起我在年轻的时候由科举入仕途，其中历尽辛苦，如今战火消歇已熬过了四个年头。国家危在旦夕恰如狂风中的柳絮，个人又哪堪言说似骤雨里的浮萍。惶恐滩的惨败使我依然惶恐，零丁洋身陷元虏可叹我孤苦零丁。人生自古以来有谁能够做到长生不死？我要留一片爱国的丹心映照史册。

【感悟评析】

"人生自古谁无死，留取丹心照汗青"这两句诗的意思，是说古往今来，人难免一死，为拯救祖国而死，一片衷心将永垂史册。南宋末年，文天祥在广东兵败被元军俘虏，并被带往北方囚禁，途中经过零丁洋，便写了《过零丁洋》这首诗来抒发国破家亡的抑郁之情。其后，他始终不被任何威迫利诱打动，慷慨赴义！文天祥舍生取义的人生观，充分体现了他的民族精神！中华民族的爱国之志与日月同辉！忠诚，在我国历史文化传统中具有很高的地位，"忠"被看作是最重要的道德规范。中国传统文化中"忠"位列"八德"之首。"忠"不仅被看作是个人的"修身之要"，而且被定为"天下之纪纲""义理之所归"。早在《尚书》《左传》等典籍中，就有"忠德之正"的思想。内容浩如烟海的《二十四史》，专门辟有忠臣篇章，列数忠臣无数。苏武牧羊十九载，关羽"身在曹营心在汉"，岳飞"精忠报国"，史可法血战扬州，无不是中国古代历史上忠义之士的典型代表，所反映的大义忠贞气节，极大地彰显了优秀传统文化的思想精髓，是中华民族鲜明魂魄的生动体现。

（二）恕

1. 子贡问曰："有一言而可以终身行之者乎？"子曰："其'恕'乎？己所不欲，勿施于人。"

——《论语·卫灵公》

【译文】

子贡问道："有没有一句话可以终身奉行的呢？"孔子说："那就是'恕道'吧！自己不愿意的事，不要强加给别人。"

2. 子贡曰："君子亦有恶乎？"子曰："有恶。恶称人恶者，恶居下流而讪上者，恶勇而无礼者，恶果敢而窒者。"

曰："赐也亦有恶乎？""恶徼以为知者，恶不孙以为勇者，恶讦以为直者。"

——《论语·阳货》

【译文】

子贡问："君子也有憎恶吗？"孔子说："有憎恶。憎恶宣扬别人坏处的人，憎恶身居下位而毁谤上司的人，憎恶勇敢却没有礼义的人，憎恶果敢却刚愎自用的人。"

孔子文："子贡，你也有憎恶吗？"子贡说："憎恶把抄袭当作有学问的人，憎恶把傲慢当作勇敢的人，憎恶把揭发别人隐私当作直率的人。"

3. 子曰："参乎！吾道一以贯之。"曾子曰："唯。"子出。门人问曰："何谓也？"曾子曰："夫子之道，忠恕而已矣。"

——《论语·里仁》

【译文】

孔子说："曾参呀！我的学说可以用一个根本的原则贯起来。"曾参答道："是的。"孔子走出去以后，其他学生问道："老师说的根本的原则是什么啊？"曾参说："夫子的学说只不过是忠和恕罢了。"

4. 孟子曰："万物皆备于我矣。反身而诚，乐莫大焉。强恕而行，求仁莫近焉。"

——《孟子·尽心上》

【译文】

孟子说："我们的身上本就具备一切美好的品质。自己反思，发现能够诚于自己善良的本心，快乐莫过于此了。强行让自己做到推己及人，这是最快捷的做到仁德的方法了。"

【感悟评析】

孟子是孔子思想最正统的传承者，个人觉得孟子这句话是一个很好的佐证。孟子这句话和"夫子之道"是相互印证的。只是孟子多说了一句万物皆备于我。个人认为，这句也很重要，正是孟子性善论的体现。美好的品质从何而来？绝不是来自外在。求在我者也。我们本自具足圆满，生来良善，从不卑劣，也不需外求。但是我们自己没有看到罢了。反躬自身，诚于自身，也只是为了重新发现自己的美好，这同时也是儒家修行的阶梯。"恕"字拆开就是"如""心"，我心如人心，做到己欲立而立人，己欲达而达人，己所不欲勿施于人，也就是恕了。

5. 仲弓问仁，子曰："出门如见大宾，使民如承大祭。己所不欲，勿施于人。在邦无怨，在家无怨。"

——《论语·颜渊》

【译文】

仲弓问什么是仁。孔子说："出门好像去见贵宾，役使民众好像去承担重大祀典。自己所不想要的事物，就不要强加给别人。在邦国做事没有抱怨，在卿大夫的封地做事也无抱怨。"

6. 子曰：躬自厚而薄责于人，则远怨矣。

——《论语·卫灵公》

【译文】

孔子说，多批评自己，少责怪别人，这样就不会找人怨恨了。

7. 子贡曰："我不欲人之加诸我也，吾亦欲无加诸人。"子曰："赐也，非尔所及也。"

——《论语·公冶长第五》

【译文】

子贡说："我不愿意别人把他的观点强加给我，我也不想把自己的观点强加给别人。"孔子说："赐（子贡）啊，这不是你能做到的。"

【感悟评析】

子贡是孔子的得意弟子。子贡说出自己的想法，我不想别人强加到我身上的事，我也不会去强加到别入身上。孔子坦率地指出，子贡还未能达到如此之思想境界，从而勉励子贡加强仁德修养，努力地朝这个方向去做。现实生活中，许多人不想别人强加于自己，自己强加于人，但事实并非如此。往往管不了别人强加于自己，自己也很难做到不强加于人，这就要强调加强自身个人仁德修养，学会尊重别人，关心别人，有了完美的道德修养，学会人与人之间互换位想想，很多事情也就不难办到了。

8. 所恶于上，毋以使下；所恶于下，毋以事上；所恶于前，毋以先后；所恶于后，毋以从前；所恶于右，毋以交于左；所恶于左，毋以交于右。

——《大学》

【译文】

如果厌恶上司对你的某种行为，就不要用这种行为去对待你的下属；如果厌恶下属对你的某种行为，就不要用这种行为去对待你的上司；如果厌恶在你前面的人对你的某种行为，就不要用这种行为去对待在你后面的人；如果厌恶在你后面的人对你的某种行为，就不要用这种行为去对待在你前面的人；如果厌恶在你右边的人对你的某种行为，就不要用这种行为去对待在你左边的人；如果厌恶在你左边的人对你的某种行为，就不要用这种行为去对待在你右边的人。

9. 君子有诸己而后求诸人，无诸己而后非诸人。所藏乎身不恕，而能喻诸人者，未之有也。

——《大学》

【译文】

君子对于优点，要自己身上拥有以后再去要求别人；对于缺点，要自己身上没有以后再去批评别人。自己身上所拥有的不是恕道，却能够去教导别人的，是从来没有的。

10. 忠恕违道不远。施诸己而不愿，亦勿施于人。

——《中庸》

【译文】

一个人做到忠恕，离道也就差不远了。自己不愿意的事，也不要施加给别人。

11. 恕而行之，德之则也，礼之经也。己弗能有而以与人，人之不至，不亦宜乎？

——《左传·隐公十一年》

【译文】

按照恕道办事，是德的准则、礼的常规。自己不能保有，就拿来送给别人。别人不再来朝见，不也是应该的吗？

12. 小人戚，谓之不免。君子恕，以为必归。

——《左传·僖公十五年》

【译文】

小人认为不会被免罪，君子认为必定会回国，用好心却（最终）做了遭人怨恨的事，秦不可能做这种事的。

13. 恕思以明德，则令名载而行之，是以远至迩安。

——《左传·襄公二十四年》

【译文】

用宽厚体谅来发扬德行，那么好名声就像车子一样装载着美德四处传播，因此远方的人归附，近处的人安心。

14. 老臣病足，曾不能疾走，不得见久矣，窃自恕。而恐太后玉体之有所郄也，故愿望见太后。

——《战国策·赵策四》

【译文】

老臣我的脚有毛病，连快跑都不能，很久没来看您了，私下我自己宽恕自己。又总担心太后的贵体有什么不舒适，所以想来看望太后您。

15. 故君子责人则以仁，自责则以义。责人以仁则易足，易足则得人，自责以义则难为非，难为非则行饰。

——《吕氏春秋·举难》

【译文】

所以君子责人就用“仁”，自责就用“义”，用仁责人对方就容易满足，容易满足就会得人心。自责用义就难以做错事，不做错事则行为就有所修饰。

16. 归咎于身，刻己自责。

——《汉书·杜周传》

【译文】

把过错归于自己，对自己要严格要求。

17. 责人之心责己，恕己之心恕人。

——《增广贤文》

【译文】

用苛求别人的心理来要求自己，用宽恕原谅自己的心理去宽恕谅解别人。

【感悟评析】

人与人的相处之中，要互相尊重，互相包容，互相关爱，互相理解，彼此友爱，彼此平等，要充分考虑别人的感受，力求推己及人，人己合一。古人“天人合一”“四海之内皆兄弟”“和而不同”的传统思想，恰恰就是对“忠恕之道”这一层意义的延伸和外化。由此可见，“忠恕之道”表达的是儒家为人、处世的道德方式，也是孔子提倡的“求仁”“行仁”的基本准则。“忠”是对自我的要求，“恕”是对待别人的方式；“忠”与“恕”并非孤立，而是互相补充、互相规定又互相包含的“一以贯之”的统一关系。较之“忠”，“恕”是根本。“忠恕之道”不仅是个人修身、齐家、兴业的根本，也是治国、平天下的基础。

三、拓展阅读

（一）《出师表》——诸葛亮

先帝创业未半而中道崩殂，今天下三分，益州疲弊，此诚危急存亡之秋也。然侍卫之臣不懈于内，忠志之士忘身于外者，盖追先帝之殊遇，欲报之于陛下也。诚宜开张圣听，以光先帝遗德，恢弘志士之气，不宜妄自菲薄，引喻失义，以塞忠谏之路也。

宫中府中，俱为一体；陟罚臧否，不宜异同：若有作奸犯科及为忠善者，宜付有司论其刑赏，以昭陛下平明之理；不宜偏私，使内外异法也。

侍中、侍郎郭攸之、费祎、董允等，此皆良实，志虑忠纯，是以先帝简拔以遗陛下：愚以为宫中之事，事无大小，悉以咨之，然后施行，必能裨补阙漏，有所广益。

将军向宠，性行淑均，晓畅军事，试用于昔日，先帝称之曰“能”，是以众议举宠为督：愚以为营中之事，悉以咨之，必能使行阵和睦，优劣得所。

亲贤臣，远小人，此先汉所以兴隆也；亲小人，远贤臣，此后汉所以倾颓也。先帝在时，每与臣论此事，未尝不叹息痛恨于桓、灵也。侍中、尚书、长史、参军，此悉贞良死节之臣，愿陛下亲之、信之，则汉室之隆，可计日而待也。

臣本布衣，躬耕于南阳，苟全性命于乱世，不求闻达于诸侯。先帝不以臣卑鄙，猥自枉屈，三顾臣于草庐之中，咨臣以当世之事，由是感激，遂许先帝以驱驰。后值倾覆，受任于败军之际，奉命于危难之间：尔来二十有一年矣。

先帝知臣谨慎，故临崩寄臣以大事也。受命以来，夙夜忧叹，恐托付不效，以伤先帝之明；故五月渡泸，深入不毛。今南方已定，兵甲已足，当奖率三军，北定中原，庶竭驽钝，攘除奸凶，兴复汉室，还于旧都。此臣所以报先帝而忠陛下之职分也。至于斟酌损益，进尽忠言，则攸之、祎、允之任也。

愿陛下托臣以讨贼兴复之效，不效，则治臣之罪，以告先帝之灵。若无兴德之言，则责攸之、祎、允等之慢，以彰其咎；陛下亦宜自谋，以咨诹善道，察纳雅言，深追先帝遗诏。臣不胜受恩感激。

今当远离，临表涕零，不知所言。

（二）《敬业与乐业》（梁启超）

我这题目，是把《礼记》里头“敬业乐群”和《老子》里头“安其居，乐其业”

那两句话，断章取义造出来的。我所说是否与《礼记》《老子》原意相合，不必深求；但我确信“敬业乐业”四个字，是人类生活的不二法门。

本题主眼，自然是在“敬”字、“乐”字。……

第一要敬业。“敬”字为古圣贤教人做人最简易、直捷的法门，可惜被后来有些人说得太精微，倒变了不适实用了。惟有朱子解得最好。他说：“主一无适便是敬。”用现在的话讲，凡做一件事，便忠于一件事，将全副精力集中到这事上头，一点不旁骛，便是敬。业有什么可敬呢？为什么该敬呢？人类一面为生活而劳动，一面也是为劳动而生活。人类既不是上帝特地制来充当消化面包的机器，自然该各人因自己的地位和才力，认定一件事去做。凡可以名为一件事的，其性质都是可敬。当大总统是一件事，拉黄包车也是一件事。事的名称，从俗人眼里看来，有高下；事的性质，从学理上解剖起来，并没有高下。只要当大总统的人，信得过我可以当大总统才去当，实实在在把总统当作一件正经事来做；拉黄包车的人，信得过我可以拉黄包车才去拉，实实在在把拉车当作一件正经事来做，便是人生合理的生活。这叫作职业的神圣。凡职业没有不是神圣的，所以凡职业没有不是可敬的。唯其如此，所以我们对于各种职业，没有什么分别拣择。总之，人生在世，是要天天劳作的。劳作便是功德，不劳作便是罪恶。至于我该做哪一种劳作呢？全看我的才能何如、境地何如。因自己的才能、境地，做一种劳作做到圆满，便是天地间第一等人。

怎样才能把一种劳作做到圆满呢？唯一的秘诀就是忠实，忠实从心理上发出来的便是敬。《庄子》记痀偻丈人承蜩的故事，说道：“虽天地之大，万物之多，而惟吾蜩翼之知。”凡做一件事，便把这件事看作我的生命，无论别的什么好处，到底不肯牺牲我现做的事来和他交换。我信得过我当木匠的做成一张好桌子，和你们当政治家的建设成一个共和国家同一价值；我信得过我当挑粪的把马桶收拾得干净，和你们当军人的打胜一支压境的敌军同一价值。大家同是替社会做事，你不必羡慕我，我不必羡慕你。怕的是我这件事做得不妥当，便对不起这一天里头所吃的饭。所以我做这事的时候，丝毫不肯分心到事外。曾文正说：“坐这山，望那山，一事无成。”我从前看见一位法国学者著的书，比较英法两国国民性质，他说：“到英国人公事房里头，只看见他们埋头执笔做他的事；到法国人公事房里头，只看见他们衔看烟卷像在那里出神。英国人走路，眼注地下，像用全副精神注在走路上；法国人走路，总是东张西望，像不把走路当一回事。”这些话比较得是否确切，姑且不论；但很可以为敬业两个字下脚注。若果如他所说，英国人便是敬，法国人便是不敬。一个人对于自己的职业不敬，从学理方面说，便是亵渎职业之神圣；从事实方面说，一定把事情做糟了，结果自己害自己。所以敬业主义，于人生最为必要，又于人生最为有利。庄子说：“用志不分，乃凝于神。”孔子说：“素其位而行，不愿乎其外。”所说的敬业，不外这些道理。

第二要乐业。“做工好苦呀！”这种叹气的声音，无论何人都会常在口边流露出来。但我要问他：“做工苦，难道不做工就不苦吗？”今日大热天气，我在这里喊破喉咙来讲，诸君扯直耳朵来听，有些人看着我们好苦；翻过来，倘若我们去赌钱、去吃酒，还不是一样耗神、费力？难道又不苦？须知苦乐全在主观的心，不在客观的事。人生从出胎的那一秒钟起到咽气的那一秒钟止，除了睡觉以外，总不能把四肢、五官都搁起不用。只要一用，不是淘神，便是费力，劳苦总是免不掉的。会打算盘的人，只有从劳苦中找出快乐来。我想天下第一等苦人，便是厌恶自己本业的人，这件事分明不能不做，却满肚子里不愿意做。不愿意做逃得了吗？到底不能。结果还是皱着眉头，哭丧着脸去做。这不是专门自己替自己开玩笑吗？

我老实告诉你一句话："凡职业都是有趣味的，只要你肯继续做下去，趣味自然会发生。"为什么呢？第一，因为凡一件职业，总有许多层累、曲折，倘能身入其中，看它变化、进展的状态，最为亲切有味。第二，因为每一职业之成就，离不了奋斗；一步一步地奋斗前去，从刻苦中将快乐的分量加增。第三，职业性质，常常要和同业的人比较骈进，好像赛球一般，因竞胜而得快感。第四，专心做一职业时，把许多游思、妄想杜绝了，省却无限闲烦闷。孔子说："知之者不如好之者，好之者不如乐之者。"人生能从自己职业中领略出趣味，生活才有价值。孔子自述生平，说道："其为人也，发愤忘食，乐以忘忧，不知老之将至云尔。"这种生活，真算得人类理想的生活了。

我生平受用的有两句话：一是"责任心"，二是"趣味"。我自己常常的求这两句话之实现与调和，又常常把这两句话向我的朋友强聒不舍。今天所讲，敬业即是责任心，乐业即是趣味。我深信人类合理的生活应该如此，我望诸君和我一同受用！

（三）《与妻书》（林觉民）

意映卿卿如晤：吾今以此书与汝永别矣！吾作此书时，尚为世中一人；汝看此书时，吾已成为阴间一鬼。吾作此书，泪珠和笔墨齐下，不能竟书而欲搁笔。又恐汝不察吾衷，谓吾忍舍汝而死，谓吾不知汝之不欲吾死也，故遂忍悲为汝言之。

吾至爱汝！即此爱汝一念，使吾勇于就死也！吾自遇汝以来，常愿天下有情人都成眷属，然遍地腥云，满街狼犬，称心快意，几家能够？司马青衫，吾不能学太上之忘情也。语云，仁者"老吾老以及人之老，幼吾幼以及人之幼"。吾充吾爱汝之心，助天下人爱其所爱，所以敢先汝而死，不顾汝也。汝体吾此心，于悲啼之余，亦以天下人为念，当亦乐牺牲吾身与汝身之福利，为天下人谋永福也。汝其勿悲。

汝忆否四五年前某夕，吾尝语曰："与使吾先死也，无宁汝先吾而死。"汝初闻言而怒，后经吾婉解，虽不谓吾言为是，而亦无辞相答。吾之意盖谓以汝之弱，必不能禁失吾之悲，吾先死留苦与汝，吾心不忍，故宁请汝先死，吾担悲也。嗟夫，谁知吾卒先汝而死乎！

吾真真不能忘汝也！回忆后街之屋，入门穿廊，过前后厅，又三四折，有小厅，厅旁一室为吾与汝双栖之所。初婚三四个月，适冬之望日前后，窗外疏梅筛月影，依稀掩映，吾与汝并肩携手，低低切切，何事不语？何情不诉？及今思之，空余泪痕！又回忆六七年前，吾之逃家复归也，汝泣告我："望今后有远行，必以告妾，妾愿随君行。"吾亦既许汝矣。前十余日回家，即欲乘便以此行之事语汝，及与汝相对，又不能启口；且以汝之有身也，更恐不胜悲，故惟日日呼酒买醉。嗟夫！当时余心之悲，盖不能以寸管形容之。

吾诚愿与汝相守以死。第以今日事势观之，天灾可以死，盗贼可以死，瓜分之日可以死，奸官污吏虐民可以死，吾辈处今日之中国，国中无地无时不可以死！到那时使吾眼睁睁看汝死，或使汝眼睁睁看我死，吾能之乎！抑汝能之乎！即可不死，而离散不相见，徒使两地眼成穿而骨化石，试问古来几曾见破镜能重圆，则较死为苦也。将奈之何？

今日吾与汝幸双健；天下人人不当死而死，与不愿离而离者，不可数计；钟情如我辈者，能忍之乎？此吾所以敢率性就死不顾汝也！吾今死无余憾，国事成不成，自有同志者在。依新已五岁，转眼成人，汝其善抚之，使之肖我。汝腹中之物，吾疑其女也，女必像汝，吾心甚慰；或又是男，则亦教其以父志为志，则我死后，尚有二意洞在也，甚幸甚幸！

吾家后日当甚贫，贫无所苦，清静过日而已。

吾今与汝无言矣！吾居九泉之下，遥闻汝哭声，当哭相和也。吾平日不信有鬼，今则又望其真有。今人又言心电感应有道，吾亦望其言是实，则吾之死，吾灵尚依依旁汝也，汝不必以无侣悲！

吾生平未尝以吾所志语汝，是吾不是处。然语之，又恐汝日日为吾担忧。吾牺牲百死而不辞，而使汝担忧，的的非吾所忍。吾爱汝至，所以为汝谋者惟恐未尽。汝幸而偶我，又何不幸而生今日之中国！吾幸而得汝，又何不幸而生今日之中国，卒不忍独善其身！嗟夫！巾短情长，所未尽者尚有万千，汝可摹拟得之。吾今不能见汝矣！汝不能舍吾，其时时于梦中寻我乎！一恸！

辛亥三月念六夜四鼓，意洞手书。

家中诸母皆通文，有不解处，望请其指教。当尽吾意为幸。

四、练习实践

【单元话题】

1. 唐代刘禹锡《陋室铭》山不在高，有仙则名。水不在深，有龙则灵。斯是陋室，惟吾德馨。苔痕上阶绿，草色入帘青。谈笑有鸿儒，往来无白丁。可以调素琴，阅金经。无丝竹之乱耳，无案牍之劳形。南阳诸葛庐，西蜀子云亭。孔子云：何陋之有？

2. 宋代周敦颐《爱莲说》水陆草木之花，可爱者甚蕃。晋陶渊明独爱菊。自李唐来，世人盛爱牡丹。予独爱莲之出淤泥而不染，濯清涟而不妖，中通外直，不蔓不枝，香远益清，亭亭净植，可远观而不可亵玩焉。予谓菊，花之隐逸者也；牡丹，花之富贵者也；莲，花之君子者也。噫！菊之爱，陶后鲜有闻。莲之爱，同予者何人？牡丹之爱，宜乎众矣！

请结合材料的观点做出自己的评价，组织一场讨论会。

【写作实践】

1. 由著名音乐人陈小奇创作，毛宁演绎的歌曲《涛声依旧》，是以张继的诗歌《枫桥夜泊》为蓝本，将古诗词的神韵意境完美地融入了现代人的情怀中。“带走一盏渔火，让它温暖我的双眼，留下一段真情，让它停泊在枫桥边”，既是歌词，也是古今结合的现代诗。请搜集该歌曲欣赏，并以古典诗词为蓝本进行流行音乐歌词创作。

2. 习近平总书记在庆祝建党95周年大会上的讲话指出：一切向前走，都不能忘记走过的路；走得再远，走到再光辉的未来也不能忘记走过的过去，不能忘记为什么出发。不忘初心，继续前进。以“不忘初心，继续前进”为话题，写作一篇小短文。

【语言素养】

《声律启蒙》卷一

十三元

幽对显，寂对喧，柳岸对桃源。莺朋对燕友，早暮对寒暄。鱼跃沼，鹤乘轩，醉胆对吟魂。轻尘生范甑，积雪拥袁门。缕缕轻烟芳草渡，丝丝微雨杏花村。诣阙王通，献太平十二策；出关老子，著道德五千言。

儿对女，子对孙，药圃对花村。高楼对邃阁，赤豹对玄猿。妃子骑，夫人轩，旷野对平原。匏巴能鼓瑟，伯氏善吹埙。馥馥早梅思驿使，萋萋芳草怨王孙。秋夕月明，苏子黄岗游绝壁；春朝花发，石家金谷启芳园。

歌对舞，德对恩，犬马对鸡豚。龙池对凤沼，雨骤对云屯。刘向阁，李膺门，唳鹤对啼猿。柳摇春白昼，梅弄月黄昏，岁冷松筠皆有节，春喧桃李本无言。噪晚齐蝉，岁岁秋来泣恨；啼宵蜀鸟，年年春去伤魂。

十四寒

多对少，易对难，虎踞对龙蟠。龙舟对凤辇，白鹤对青鸾。风淅淅，露漙漙，绣毂对雕鞍。鱼游荷叶沼，鹭立蓼花滩。有酒阮貂奚用解，无鱼冯铗必须弹。丁固梦松，柯叶忽然生腹上；文郎画竹，枝梢倏尔长毫端。

寒对暑，湿对干，鲁隐对齐桓。寒毡对暖席，夜饮对晨餐。叔子带，仲由冠，郏鄏对邯郸。嘉禾忧夏旱，衰柳耐秋寒。杨柳绿遮元亮宅，杏花红映仲尼坛。江水流长，环绕似青罗带；海蟾轮满，澄明如白玉盘。

横对竖，窄对宽，黑志对弹丸。朱帘对画栋，彩槛对雕栏。春既老，夜将阑，百辟对千官。怀仁称足足，抱义美般般。好马君王曾市骨，食猪处士仅思肝。世仰双仙，元礼舟中携郭泰，人称连壁，夏侯车上并潘安。

十五删

兴对废，附对攀，露草对霜菅，歌廉对借寇，习孔对希颜。山垒垒，水潺潺，奉壁对探镮。礼由公旦作，诗本仲尼删。驴困客方经灞水，鸡鸣人已出函关。几夜霜飞，已有苍鸿辞北塞；数朝雾暗，岂无玄豹隐南山。

犹对尚，侈对悭，雾髻对烟鬟。莺啼对鹊噪，独鹤对双鹇。黄牛峡，金马山，结草对衔环。昆山惟玉集，合浦有珠还。阮籍旧能为眼白，老莱新爱着衣斑。栖迟避世人，草衣木食；窈窕倾城女，云鬓花颜。

姚对宋，柳对颜，赏善对惩奸。愁中对梦里，巧慧对痴顽。孔北海，谢东山，使越对征蛮，淫声闻濮上，离曲听阳关。骁将袍披仁贵白，小儿衣着老莱斑。茅舍无人，难却尘埃生榻上；竹亭有客，尚留风月在窗间。

第七章 孝 敬

一、导读

何为孝？汉代的许慎在《说文解字》这样解释：“孝，善事父母者。从老省，从子，子承老也。”孝就是奉养父母。古人对孝从不同角度进行理解，孝的对象从对父母扩展到对所有长辈乃至君主、国家。《孝经》：“夫孝，始于事亲，中于事君，终于立身。”

古人常常把孝理解为天性使然，但孝作为一种社会意识形态，是随着人类社会的产生而产生的。但到底产生于何时，学界一直众说纷纭。主要观点有孝产生于对死亡的恐惧；孝产生于养儿防老的准备；孝产生于生殖、先祖的崇拜；孝产生于人禽的区别；孝产生于动物的反哺报恩；孝与原始风俗有着密切的关系；孝的产生是因为良知、良能等等。随着社会的不断发展和进步，人类认识能力的增强，古人对“孝”的认识发生了两个方面的转变：第一，从图腾崇拜、生殖崇拜到祖先崇拜的转变。第二，从宗教色彩的“孝”到“善事父母”的转变。

传统孝道观念在整个中国古代伦理体系中可以说是最基本、最重要的德目，孝道文化是社会最重要的线，连接着人们。我们在此讲述的“孝”的内涵，主要包括以下三个方面的内容。

（一）传统孝道观念形成的背景

1. 孝道产生的经济基础

我国的文化属于典型的农耕文化，高度发展的农业文明是孝文化产生的重要物质基础。农业文明是中华民族文化观念的母体，孕育了朴素的传统孝道观念。尊老、敬老是古代社会农业生产的内在要求。把对有生产经验的长者的遵从内化为道德情感和道德行为。其次，农业文明为人们的生活提供了稳定的保障，也为尊老、养老以及传统孝道的产生创造了必要的物质基础。农业文明以及农耕文化的优点是，它为人们提供了稳定的、持续不断的食物资源，提供了供养老人所必需的物质资料。

2. 孝道产生的政治基础

家国一体的血缘宗法制度是孝产生的政治基础。氏族社会基于血缘关系聚群而居，加上不同氏族之间彼此联姻，互相通婚嫁娶，使得当时的氏族社会形成了一个以血缘关系为纽带的姻亲关系网络。西周宗法制度的确立，使得血缘关系逐渐上升为社会、国家的根本所在，“家国一体”的社会结构不仅决定了统治者对“孝”的重视，也决定了传统孝道德观念，尤其是早期传统孝道德观念的基本内涵。同时，“孝”作为一种文化观念为后世历代封建统治者所提倡和强化，这也为传统孝道德观念的延续和传播提供了有力的政治保障。

3. 孝道产生的文化基础

人们对待鬼神的观念和态度是传统孝道观念产生的文化基础。“事鬼神”与“事人”，二者在传统孝道德观念的形成发展过程中相互影响、相互作用。人们为了借助宗族和家族的力量来维护自身自然和社会权益，会通过营造祠堂和家庙等方式来供奉共同的祖先，以凝聚宗族力量。宗族祭祀祖先的活动，就是最早的孝的一种外在形式，也是后世孝道的重要内容和发展。在古代庞大的家族、宗族都制定有自己的家规，家规的具体内容可能不尽相同，可是“孝”几乎是所有家规的共同要求。善事父母、尊敬长辈、安分守己，才能保证宗族的秩序井然，这些都为传统孝道观念的产生与进一步强化提供了条件。

（二）孝主要内容包含养亲、敬亲、立身、侍疾、安葬、追念六个方面

“孝”的本意是“善事父母”。孔子认为，奉行“孝”的全过程是：“生事之以礼，死葬之以礼，祭之以礼。”报答父母养育之恩，儿女奉行孝道要经历养、葬、祭三个阶段。扩大到具体要求来看，“养”实际上包括了“养亲”“敬亲”“侍疾”“立身”四个内容。而葬和祭则分别包括了安葬和追念两个方面。

1. 物质上要“养亲”

养，赡养，是指子女通过钱物等的提供来维持和提升父母的生活条件与质量。在古人的观念中，人之所以区别于禽兽而为人，对父母的“养”便是最基本的标志，也是为人处世的底线，对于这个底线和原则的坚持，是和人所处的阶层与身份无关的，这是为人子女的永恒普遍的道德。《孝经》中对庶人孝的要求就是“用天之道，分地之利，谨身节用，养父母”。

那么为人子女面对在世父母究竟该如何尽到赡养的义务？“事父母，能竭其力”。也就是要求为人子女在赡养父母时，能够尽力而为、尽己所能，以自己最大的能力为父母创造尽可能良好的生活条件和生活环境。究竟怎样才能称得上是“竭力”呢？我国古人也做出了不同层面的阐释：其一，勤劳。在我国传统道德观念当中，勤劳既是人立身之本，也是“养”父母之本。孟子云“我竭力耕田，共为子职而已矣”就是对勤劳事亲的一个很好解读。其二，屈志。所谓志，多指为实现自我的人生抱负的愿望和行为，但是人处于世，难免会遭遇个人之“志”与孝老事亲相矛盾之时，所以古人提出，当面对这些矛盾和抉择时，子女要“不择官而仕。若夫信其志，约其亲者，非孝也”。其三，无私。所谓无私指的是在自身现有条件下，不能为了出于满足自身需要或者其他要求，而刻意隐瞒自身已有的物质条件从而逃避在该条件下应达到的对父母的赡养标准，“父母存，……不有私财”讲得就是这个道理。其四，节俭。节俭是我国社会长期以来的优良品德，在赡养父母过程中强调的节俭是对于自身的节俭，而不是对父母的节俭，也就是要通过自我的节俭营造一个更加良好的物质条件来赡养父母，那种“自奉俭而奉亲亦俭”就是一种不孝。其五，尽欢。即尽己所诚以博父母之欢愉，即便物质条件匮乏，“啜菽饮水，尽其欢”也谓之孝。其六，及时。及时就是要求子女无论自身物质条件如何，只要有亲需养，就要及时而为，不能落下“树欲静而风不止，子欲养而亲不待”的遗憾。

2. 精神上要“敬亲”

在中国传统的观念里，“孝”更多地包含了一种情感或态度在里面，故有“孝顺”“孝敬”等词语组合。论语中，子游问孝，孔子说“今之孝者，是谓能养，至于犬马，皆能有养；不敬，何以别乎”，就强调了饲养动物和抚养老人的区别，教育弟子要懂得“敬亲”。儒家倡导对父母首先要“敬”。所谓“事之以礼”，“礼者，敬也”。礼的核心是“敬”。孝敬父母与尊敬长辈，不仅在古代社会大力提倡，也是当今社会所提倡的，这应该是每个公民必须具备的基本道德素养。只养不敬是不孝子孙，没有礼敬的情感和态度，孝也就不复存在了。

“敬”和“爱”是密切关联的。要尊敬父母，最重要的是要爱父母。爱父母是尽自己的最大努力满足父母物质上和精神上的需要。在今天这样一个人人奔小康的社会，满足物质需求是低层次的，满足精神需求才是高层次的。人最喜欢犯的一个错误就是常常用粗暴的语言和恶劣的态度将自己的至亲伤害得最深。因此孔子早就借子夏问孝指出孝敬父母最难的是永远对父母和颜悦色。《礼记·祭义》也说：“孝子之有深爱者，必有和气；有和气者，必有愉色；有愉色者，必有婉容。”对父母有温和的态度、愉快的脸色和温婉的面容，这才是对父母尊敬和爱的表现。不爱就不会敬，不敬就是不够爱，不敬在古代视为不孝，不孝是要受到法律的严惩的，甚至付出生命的代价。所以，《百孝图说》提倡爱亲、敬亲和悦亲，这是完全正确的，应该奉行的。

3. 儿女孝要“立身”

要从物质和精神两方面做到孝敬父母，对子女本身的要求来说，前提是能立身。立身包括守己和立业两方面的内容。

守己是立身的前提，即保护好自己，爱护自己的生命，做好自己的事情，不让父母担心或伤心。《孝经》强调：“身体发肤，受之父母，不敢毁伤，孝之始也。”保护好自己的身体，爱护自己的生命，是奉行孝道的“开始”。不毁伤身体是奉行孝道的前提，在此基础上才能完成“事亲”“事君”“立身”。

为人父母的都深有体会，从小到大，儿行千里母担忧，父母最担心的就是孩子的安全问题。如果孩子在外不注意安全，出入无常，身处险地，或打架斗殴，胡作非为，使父母整天为之提心吊胆，甚至导致白发人送黑发人的恶果，无疑是最大的不孝。现在有些青少年，心灵脆弱，不爱惜自己的生命，常常为了考试、友情、爱情等人生的一些挫折就舍弃了自己的宝贵生命，全然不顾父母多年的养育之恩，这是自私的，也是不孝的表现。

所谓“立业”者，就是要成就一番事业。孝道开始于侍奉亲长，把竭诚侍奉父母亲的心意，推展开为国家服务社会，建立功业，扬名于后世，以显耀自己的父母宗族，这是孝道的最高成就。要想成就一番事业，首先要立志，要有自己的理想，要为理想而不断地汲取知识、充实自身；要磨炼自己的意志，要有百折不挠的精神。儿女在事业方面有所成就，父母会感到光荣与自豪。为国家民族建功立业的人，给父母带来了荣耀，这也是对父母尽到了孝。相反，走入邪途，身陷囹圄，不顾父母之养，也给父母精神上带来终身的负担、耻辱或负罪感，使父母白白养了一个不肖之子，能说是尽到了孝道吗？

古人说的人生“三不朽”，即“立德，立功，立言”，应该是我们当代人的价值追求，也是对父母应该奉行的孝道。

4. 父母病要“侍疾”

生老病死是人生的自然过程。孔子曾说：“父母之年，不可不知也，一则以喜，一则以惧。”要记住父母的年龄，一方面为长寿的父母高兴，一方面也要为父母的高龄而担忧。人衰老了，必然会多病。《弟子规》说“亲有疾，药先尝，昼夜侍，不离床”。父母生病了，要去看医生，及时为父母治病。要悉心服侍，亲尝汤药，看温度是否合适，以免烫伤父母。父母重病的时候，儿女们守候在父母身边，陪伴他们，随时给予照顾。当然，古人是靠中药治病。今天，我们除了中药，还可选择西药和先进的手术来挽救生命。救治父母的手段或许古今有别，而不变的是子女为救治父母竭尽全力的心，这才是侍疾中父母感到温暖的地方，体现着父母与子女这种血浓于水的亲情。

5. 父母丧要“安葬”

死，对于每个人来说都是一种痛苦。面对父母的离去，更是一种痛彻心扉的难过。父母在临终前，总想见到自己所有的儿孙；子女要在老人临终前多给老人一些关怀，让他们平和地带着微笑走完生命的最后一刻。而最后我们能为他们做的，就是将其好好安葬，让其入土为安。儒家讲究厚葬，结合自己的身份，按照自己的能力将其风风光光地厚葬。墨家讲究节用节葬。无论怎样，通过一定方式把亲人安葬，是人类良知、理性的表现。随着社会的发展，安葬父母既要结合自己的经济实力，又要满足父母的心愿，还要从环保的角度，选择符合现代文明的安葬方式，或入山林，或入公墓，或入江河湖泊。

6. 父母逝要“追念”

曾子曰：“慎终追远，民德归厚矣。”指出谨慎办理好父母的丧事、追念逝去的父母和祖先能够使人民中间的道德风气更淳厚。儒家强调，对父母的孝顺提倡“祭之以礼”，而“祭则观其敬而时也”。祭祀父母关键是对逝去的父母首先要发自内心地感念父母的恩惠，自觉自愿地将自己的感恩之心融入在祭祀中；其次要根据时间的推移和春夏秋冬的变化，触景生情，将对逝去父母的思念融入在祭祀中。清明时节，我们追念父母和祖先，其形式就是祭祀。古人有守丧三年的礼法，在这三年光阴时间感念逝去的父母，时时不忘父母的遗志。今天，我们虽然已经废除了封建社会繁琐的祭祀仪式以及带有迷信色彩的祭祀活动，但是对已逝父母或亲人们的追念，不忘记他们的养育之恩和他们的谆谆教导也是应该的、必要的。

（三）走出传统孝道文化误区，不盲目地不顾道德法律愚孝

1. 孝不是对父母唯命是从，对父母的过错要以微言劝阻

孔子主张子女要顺从父母，但不是绝对地服从。父母有过错还得要谏诤。孔子把子贡“子从父命，孝矣；臣从君命，忠矣”的言论批评为小人之见。孔子认为，对于君上、父亲的错误或不义的言行要进行谏诤，使之改正错误，才能算是对君主的忠贞与对父亲的孝顺。荀子也说，儿子对父亲的命令不能全盘接受，对于不义的行为要“诤”，对于“不义”的言行不“诤”就是不孝顺。“父有诤子，不行无礼。”由此可见，古代的大思想家们是不主张“愚孝”的。

2. 孝不能凌驾于法律之上，不能侵害社会和他人的合法利益

从汉代开始，中国提倡“以孝治国”，而且用法律来维护孝道。汉律规定子孙伤害

祖父母及其他长辈或者被父母告发不孝的子女都要处以死刑，而子孙是绝对不能告发父母的。今天，我们社会提倡的是依法治国，社会生活的准则是道德与法律，不论是作为父母，还是作为儿女，都应该遵守道德与法律。如果父母做了不道德或者与常理相背谬乃至犯法的事情，一定要对其进行劝阻，劝其改正；否则，无原则地顺从父母而使父母陷于不义或违法的境地，这也是不孝。

（四）总结

孝观念基于人的自然亲情，其产生与生殖崇拜和祖先崇拜有着密切的关系。早期的孝观念表现为生命延续，传宗接代和尊祖祭祖。周代孝道开始兴盛，在孝道观念上主要表现为尊祖敬宗，表达方式上是“追孝”“享孝”。在这一观念的影响下，尊老敬老也成为孝道的内容，并在西周形成社会风尚。春秋战国时期，随着个体家庭经济的发展，孝道的含义由西周的尊祖敬宗、传宗接代逐步转变为以“善事父母”为基本内涵。以孔子为代表的先秦儒家创立了包括孝道、孝行、孝治在内的一整套系统的孝文化理论，集中体现在了《孝经》之中，成为秦汉以后中国传统孝文化的思想基础。汉代在确立儒学为国家的指导思想之后，孝的思想不只是个人修养，而且是德治的一项重要内容。汉代以后的中国，“以孝治国”在历朝历代延续。

古代对《孝经》的研究，多处于维护封建统治的目的。近代以来中国封建社会走向衰落，传统文化陷入危机，尤其是“五四”以来，随着“西学”的冲击，对旧文化、旧道德的批判，孝文化作为旧文化旧道德的重要组成部分也成为学界批评的对象。新文化运动对传统孝道的批判和否定，使人们认识到了传统孝文化的阶级性、虚伪性和残酷性，动摇了传统孝道在中国文化中的地位，虽然是全盘否定了封建传统孝道，但也为科学研究传统孝文化创造了条件。

中华人民共和国成立后，确立了马克思主义在中国政治生活中的指导地位。在马克思主义思想的指导下，传统孝道文化被批判地继承，取其精华去其糟粕。但是近二十年来，有些人接受西方社会的一些观念，将孝道归类于封建传统，对孝道避而远之，视为封建糟粕。导致社会上一些人的价值观念、道德观念、法制观念严重滑坡，由代际关系引发的矛盾非常突出，社会问题日益凸显：现代家庭矛盾加剧，代际关系紧张，子女打骂虐待老人，老龄化与养老问题严峻……为寻求解决社会矛盾的出路，社会各界对传统文化进行了重新审视，孝文化也得到普遍关注，社会各界对孝文化的研究越来越重视。批判继承传统孝道文化，是建立现代文明社会所必须的。现代人要从“孝”的最基本意义上，吸收传统孝道文化中的精华，并加以继承和弘扬。建设社会主义新的“孝道”文化，是我们的重要任务。

二、经典选读

1．蓼蓼者莪，匪莪伊蒿。哀哀父母，生我劬劳。

蓼蓼者莪，匪莪伊蔚。哀哀父母，生我劳瘁。

瓶之罄矣，维罍之耻。鲜民之生，不如死之久矣。无父何怙？无母何恃？出则衔恤，入则靡至。

父兮生我，母兮鞠我。抚我畜我，长我育我，顾我复我，出入腹我。欲报之德，昊天罔极！

南山烈烈，飘风发发。民莫不谷，我独何害！南山律律，飘风弗弗。民莫不谷，我独不卒！

——《诗经·小雅·蓼莪》

【译文】

高高似莪草，原来是青蒿。可怜父母亲，养我真辛劳！

高高似莪蒿，原来是那蔚。可怜父母亲，养我真劳累！

酒瓶空荡荡，酒瓮愧难当。穷人活世上，不如早死亡。没爹依赖谁？没娘怎依仗？出门心忧伤，进门空荡荡。

娘曾生下我，爹曾养育我。扶我爱护我，培育我成长，照顾挂念我，出入抱着我。欲报爹娘恩，恩德如天大无边！

南山突兀起，暴风多迅疾。人人生活好，我独忧什么？南山多险峰，暴风好强劲。人人光景好，我独难尽孝！

2. 子游问孝。子曰："今之孝者，是谓能养，至于犬马，皆能有养，不敬，何以别乎？"

——《论语·为政》

【译文】

子游问什么是孝。孔子说："现今的孝是指能奉养，人们对狗与马都能有所饲养。不恭敬，以什么来区别呢？"

3. 孟懿子问孝。子曰："无违。"

樊迟御，子告之曰："孟孙问孝于我，我对曰无违。"樊迟曰："何谓也？"子曰："生，事之以礼，死，葬之以礼，祭之以礼。"

——《论语·为政》

【译文】

孟懿子（鲁国大夫，姓仲孙，名何忌）问怎样才算是孝顺。孔子说："不要违背（礼）。"

樊迟给孔子驾车，孔子告诉他说："孟孙向我询问怎样才算是孝顺，我答说不要违背（礼）。"樊迟说"这说的是什么意思呢？"孔子说："父母活着，依照礼侍奉他们；死去，就依照礼来埋葬他们，依照礼来祭祀他们。"

4. 孟子曰："事，孰为大？事亲为大。守，孰为大？守身为大。不失其身而能事其亲者，吾闻之矣；失其身而能事其亲者，吾未之闻也。孰不为事？事亲，事之本也。孰不为守？守身，守之本也。曾子养曾皙，必有酒肉。将彻，必请所与；问有余，必曰有。曾皙死，曾元养曾子，必有酒肉，将彻不请所与，问有余，曰亡矣，将以复进也。此所谓养口体者也，若曾子则可谓养志也。事亲若曾子者，可也。

——《孟子·离娄上》

【译文】

孟子说："事奉，以谁最为重大？以侍奉父母最为重大。守护，以什么东西最为重大？以守护自身的节操最为重大。不丧失自身的节操又能事奉自己父母的人，我听说过；丧失自己的节操又能事奉自己父母的人，我未曾听说过。谁不做事奉的事呢？但侍奉父母是侍奉的根本。谁不做守护的事呢？但守护自身的节操是守护的根本。曾子奉养他的父亲曾哲，每餐必定有酒和肉，将要撤除食物时，必定要请示要把剩下的酒肉给谁；如果曾皙问有没有多余，曾子必定说有。曾皙去世后，曾元奉养他的父亲曾子，每餐也必定有酒和肉。将要撤除时不请示要把剩下的酒肉给谁；如果曾子询问有没有多余，曾元就说没有了，要把它们用来再次进奉。这叫作奉养父母的口腹和身体。像曾子那样才可称为奉养父母的意愿。侍奉父母像曾子那样，就可以了。”

5. 子曰：“事父母几谏，见志不从，又敬不违，劳而不怨。”

——《论语·里仁篇》

【译文】

孔子说：“事奉父母，（他们若有过失），要婉转地劝谏，见到它们的意向是不听从，仍然恭敬而不违背，虽然忧虑但不怨恨。”

6. 曾子耘瓜，误斩其根，曾皙怒，建大杖以击其背，曾子仆地而不知人久之。有顷，乃苏，欣然而起，进于曾皙曰：“向也参得罪于大人，大人用力教参，得无疾乎？”退而就房，援琴而歌，欲令曾皙闻之，知其体康也。

孔子闻之而怒，告门弟子曰：“参来，勿内。”曾皙自以为无罪，使人请于孔子。子曰：“汝不闻乎？昔瞽瞍有子曰舜，舜之事瞽瞍，欲使之，未尝不在于侧，索而杀之，未尝可得。小棰则待过，大杖则逃走。故瞽瞍不犯不父之罪，而舜不失蒸蒸之孝。今参事父，委身以待暴怒，殪而不避，既身死而陷父于不义，其不孝孰大焉？汝非天子之民也？杀天子之民，其罪奚若？”曾参闻之，曰：“参罪大矣。”遂造孔子而谢过。

——选自《孔子家语》

【译文】

曾子修整瓜地，不小心锄断了瓜苗的根，曾皙大怒，举起大木棍来击打他的背，曾子倒地不省人事许久。良久，才醒过来，高高兴兴地从地上爬起来，向曾皙进言：“刚才参得罪了父亲大人，父亲用尽力气教训参，该不会累病了吧？”曾子退下来回到房里，拉起琴弦唱起歌，想要让曾皙听到，知道他身体健康无恙。

孔子听说了这件事很生气，告诉门下弟子：“如果曾参来了，不要让他进来。”曾参自己认为没有过错，派人向孔子请教。孔子说：“你没听说过舜的父亲是个眼瞎而又愚昧的人吗？舜侍奉他的父亲，如果要找他使唤他，舜好像时刻就在他身边一样，但父亲听信继母的谗言想要谋害他时，却总是找不到他。小鞭子打几下就当没事了，大棍子打过来就赶紧跑开，不能因父亲冲动而伤害自己。所以舜的父亲没有犯下不称职的父亲的过错，而舜也没有失去淳厚的孝道。如今曾参侍候父亲，放弃身体来等着被父亲暴打，朝死里打也不躲一下，万一被打死，就会让他的父亲获得杀人的罪名，陷他父亲于不义，他的不孝哪一个大啊？你不是天子的百姓吗？你父亲杀了天子的百姓，那罪过怎么样？”曾参听说了这些话，说：“参的罪过大啊。”于是拜访孔子为自己的过错道歉。

【感悟评析】

3000余年来，中国直到80年前，孩子们对于父母的责打，始终都是俯首顺受的。还有一个例子，《汉·刘向·说苑·卷三》记载：伯俞有过，其母笞之泣，其母曰："他日笞子未尝见泣，今泣何也?"对曰："他日俞得罪笞尝痛，今母力不能使痛，是以泣。"文中说，伯俞犯了错误，母亲用手杖打他，他哭了起来，母亲问："往日打你，你都不哭，今天为什么哭呢?"他回答说："往日儿子让母亲生气而受责打，可以感觉到痛，但今天母亲打儿子却不能像过去那样使儿子感觉到痛，从这个现象上儿子感受到母亲年老力衰了，所以才哭。"

而孔子对孝的理解之一是"无违"。这里的"无违"，有正反两个方面，是要求我们做到，一方面不要违背父母的意愿，不让父母伤心生气，这是人子侍奉父母的礼节；另一方面，做儿女的也要有智慧，须知人都有犯迷糊的时候，父母也不例外，因此在处置父子之间的事务时，要避免父母做出造成严重不良后果的行为。以"无违"于道义、法律，以免遗父母终身之恨憾。这也是人子孝亲的"礼"。

7. 孟子曰："世俗所谓不孝者五：惰其四支，不顾父母之养，一不孝也；博弈好饮酒，不顾父母之养，二不孝也；好货财，私妻子，不顾父母之养，三不孝也；从耳目之欲，以为父母戮，四不孝也；好勇斗狠，以危父母，五不孝也"

——《孟子·离娄章句下》

【译文】

孟子说："一般所谓不孝的情况有五项：怠惰自己的四肢，不顾及父母的赡养，是第一种不孝；赌博、嗜好饮酒，不顾及父母的赡养，是第二种不孝；贪吝钱财，偏爱妻子儿女，不顾及父母的赡养，是第三种不孝；放纵声色的欲望，因而给父母带来耻辱，是第四种不孝；逞强好斗，因而危及父母，是第五种不孝。"

8. 子曰："父在，观其志；父没，观其行；三年无改于父之道，可谓孝矣。"

——《论语·学而》

【译文】

孔子说："当他父亲在世的时候，观察他的志向，当他父亲死去以后，观察他的行为。如果他长期不改变父亲合理的道德原则，可以说是做到孝了。"

【感悟评析】

按照孔子讲的，我们可以设想一下，如果一个人的言行在他父亲生前和死后不一样的话，我们完全可以做出这样的猜想：即这个人在他父亲活着的时候，各个方面都比较向善，但所有这一切并不是出自他的本心。因为处处有他父亲的压力，他不向善也没有办法；而他父亲一死，这个人就立即改变了自己，说明这个人本来就很坏，只是没有机会暴露出来而已，如果在他父亲死后的一段时间才改变自己，那说明人是环境的产物，他之所以变坏确有诸多的无奈。而如果他永远都不改变自己，说明他父亲的教育是成功的。孔子把一个人父亲在世与不在世作为衡量其是否孝道的界限，我们姑且不管这是不是唯一的标准，但有一点是可以肯定的，做人就应该始终如一，至于结果如何，若是按"但行好事，莫问前程"一语来判定的话，也应该不会有什么例外。

9. 孟武伯问孝。子曰："父母唯其疾之忧。"

——《论语·为政》

【译文】

孟武伯问什么是孝，孔子说："（孝子）不令父母亲为子女担忧。"

【感悟评析】

孔子的意思是说，一个人各方面都做得很好，很出色，那么除了生病，就没有什么事可使父母担心了，这就是孝。通观孔子所讲的孝，可知此种孝乃是高层次的孝。

对于这里孔子所说的父母唯其疾之忧，历来有三种解释：①父母爱自己的子女，无所不至，唯恐其有疾病，子女能够体会到父母的这种心情，在日常生活中格外谨慎小心，这就是孝。②做子女的，只需父母在自己有病时担忧，但在其他方面就不必担忧了，表明父母的亲子之情。③子女只要为父母的病疾而担忧，其他方面不必过多地担忧。

10. 子夏问孝，子曰："色难。有事，弟子服其劳；有酒食，先生馔，曾是以为孝乎?"

——《论语·为政》

【译文】

子夏请教孝道，孔子说："最难的是对父母始终和颜悦色。有了事情由子女去效劳，有了酒食让长辈享用，这就可认为是孝了吗?"

11. 仲尼居，曾子侍。子曰："先王有至德要道，以顺天下，民用和睦，上下无怨。汝知之乎?"曾子避席曰："参不敏，何足以知之?"子曰："夫孝，德之本也，教之所由生也。复坐，吾语汝。身体发肤，受之父母，不敢毁伤，孝之始也。立身行道，扬名于后世，以显父母，孝之终也。夫孝，始于事亲，中于事君，终于立身。《大雅》云：'无念尔祖，聿修厥德。'"

——《孝经·开宗明义章第一》

【译文】

孔子在家中闲坐，曾参在一旁陪坐。孔子说："古代的帝王有一种崇高至极的品行和道德，使得天下人心归顺，百姓和睦相处。上自天子，下至庶人，都没有怨恨和不满。你知道这是什么吗?"曾子肃然起敬，起身离开席位，站起来回答说："学生不够聪敏，怎么会知道那究竟是什么呢?"于是孔子就告诉他说："所谓的孝，是一切德行的根本，也是教化产生的根源。你还是回到原位坐下，我慢慢讲给你听。人的身体四肢、毛发皮肤，都是父母赋予的，所以要特别地加以爱护，不敢损坏伤残，这就是孝道的开始。一个人要建功立业，遵循天道，扬名于后世，使父母荣耀显赫，这是孝的终了。这个孝道，最初是从侍奉父母做起，然后效力于国君，最终建功立业，功成名就。《诗经·大雅·文王》里说：'怎能不追念你祖父文王的德行呢? 你要先修炼你自己的德行，才能继续他的德行。'这样，才算是尽到了大孝。"

12. 仁之实，事亲是也；义之实，从兄是也；智之实，知斯二者弗去是也；礼之实，节文斯二者是也。乐之实，乐斯二者，乐则生矣。

——《孟子·离娄上》

【译文】

仁的实质是侍奉父母；义的实质是顺从兄长；智的实质是明白这两者而不离开；礼的实质是调节、修饰这两者。乐的实质是乐于这两者，欢乐由此而产生。

13. 入孝出弟，人之小行也；上顺下笃，人之中行也；从道不从君，从义不从父，人之大行也。若夫志以礼安，言以类使，则儒道毕矣，虽尧舜不能加毫末于是矣。

孝子所以不从命有三：从命则亲危，不从命则亲安，孝子不从命乃衷；从命则亲辱，不从命则亲荣，孝子不从命乃义；从命则禽兽，不从命则修饰，孝子不从命乃敬。故可以从而不从，是不子也；未可以从而从，是不衷也。明于从不从之义，而能致恭敬、忠信、端悫以慎行之，则可谓大孝矣。传曰："从道不从君，从义不从父。"此之谓也。故劳苦雕萃而能无失其敬，灾祸患难而能无失其义，则不幸不顺见恶而能无失其爱，非仁人莫能行。《诗》曰："孝子不匮。"此之谓也。

——《荀子·子道》

【译文】

在家孝敬父母，出外敬爱兄长，这是做人最起码的道德操守；对上顺从，对下厚道，这是做人的中等道德操守；顺从正道而不顺从君主，顺从道义而不顺从父亲，这是做人的最高准则。如果能根据礼义来安排志向，根据法度来指导自己的言论，那么儒家之道也就完备了，即使是尧舜这样贤明的君主，也不能在这上面有丝毫的增益了。

孝子不服从命令的原因有三种：服从命令，父母亲就会危险；不服从命令，父母亲就安全，那么孝子不服从命令就是忠诚；服从命令，父母亲就会受到耻辱，不服从命令，父母亲就光荣，那么孝子不服从命令就是奉行道义；服从命令，就会使父母的行为像禽兽一样野蛮，不服从命令，就会使父母的行为富有修养而端正，那么孝子不服从命令就是恭敬。所以，可以服从而不服从，这是不尽孝子之道；不可以服从而服从，这是不忠于父母。明白了这服从或不服从的道理，并且能做到恭敬尊重、忠诚守信、正直老实地来谨慎实行它，就可以称之为大孝了。古书上说："顺从正道而不顺从君主，顺从道义而不顺从父亲。"说的就是这个道理。所以，即使自己劳苦憔悴时也不能够丧失对父母的恭敬，遭到灾祸患难时也不能够丧失对父母应尽的道义，即使不幸地因为和父母不顺而被父母憎恶时仍能不丧失对父母的爱，如果不是仁德之人是不能做到的。《诗经》上说："孝子之孝无穷尽。"说的就是这个道理。

三、拓展阅读

（一）让父母幸福的30件小事

（1）如有余力，给父母留足够的钱，以免他们对你张口犯难。

（2）与老人说话时，注意"一慢二巧三温柔"，切忌抬高嗓门，大声嚷嚷。

（3）经常关心父母需求。一些简单的话语，哪怕"妈，您渴吗？我给您倒杯茶"，都可以让父母感到温暖舒心。

（4）记住父母的生日，并准备生日礼物，亲口说一句"我爱你"。

（5）和父母分享有趣和开心的事情，让他们时常面带微笑。

(6) 有空帮父母洗洗脚、捶背梳头、剪指甲，回味父母曾为我们做的那些事。

(7) 带他们出去旅游，看看这个广袤的世界。

(8) 密切关注父母的身体健康状况。平时要带他们定期做全身体检。

(9) 学些简单的养生知识，为他们准备一些常用的中成药。

(10) 时刻关注父母服用的药品。子女要时刻清点父母常用的药品，用备忘录或者手机设置提醒，以便他们能按时按量服药。

(11) 带父母逛逛公园。跟着他们的步伐，尽量走慢些。

(12) 如果无法每天陪父母散步，那不妨在周末饭后陪他们走一走。

(13) 带父母看一场电影，唱一次卡拉 OK，体验一次新时代的高科技。

(14) 天气变冷的时候，给父母准备一些暖宝宝、保暖鞋、羊绒裤，年纪大了，保暖很重要。

(15) 随时为父母开门，一为安全，二表尊重。

(16) 以父母的生活起居习惯为主，调整你的时间表，为他们安排活动，不要让他们适应你的时间表。

(17) 放下手机，陪他们看完一个电视节目，或者说一下家长里短。

(18) 给父母买东西。为他们买衣服、鞋子甚至牙膏等小东西都会让他们感觉非常幸福。

(19) 下班回到家后第一件事是到父母的房间问候一下或给父母打个电话。

(20) 吃饭时应遵循“父母优先”的原则，给老人家先盛饭菜。

(21) 一旦与父母发生冲突，尽量顺着老人。常言道“老人如小孩”，老人脾气与小孩相似，一样需要关怀和照顾，对待父母应有极大的耐心。

(22) 帮助父母完成一些年轻时的梦想。哪怕是坐一次飞机，看一次大海，爬一次长城。

(23) 尊重父母的社交圈，让他们和新老朋友尽享欢乐。研究发现，善于交往的人往往长寿。

(24) 常和父母交流，谈谈你的生活工作，新认识的朋友，让他们参与到你的生活中来。

(25) 给父母做饭，食物要热乎、软烂的，中老年人脾胃虚弱，不好消化。

(26) 如已婚嫁，夫妻在父母面前保持和睦，不要在父母面前争吵，老人最希望看到你生活幸福。

(27) 支持父母的业余爱好，尊重他们的选择和决定。

(28) 尽量和父母住一起，以便照顾他们。如果有能力，尽量不要让年迈的他们单独生活。

(29) 教导自己的孩子要尊重祖辈，多围在他们身边听故事。

(30) 多给父母拍些照片，或者拍他们今日的影音，给他们和自己留下温馨的回忆。

（二）《孝心无价》（毕淑敏）

我不喜欢一个苦孩子求学的故事。家庭十分困难，父亲逝去，弟妹嗷嗷待哺，可他大学毕业后，还要坚持读研究生，母亲只有去卖血……我以为那是一个自私的学子。求学的路很漫长，一生一世的事业，何必太在意几年蹉跎？况且这时间的分分秒秒都苦涩无比，需用母亲的鲜血灌溉！一个连母亲都无法挚爱的人，还能指望他会爱谁？把自己的利益放在至高无上位置的人，怎能成为为人类奉献的大师？

我也不喜欢父母重病在床，断然离去的游子，无论你有多少理由。地球离了谁都照样转动，不必将个人的力量夸大到不可思议的程度。在一位老人行将就木的时候，将他对人世间最后期冀的希望斩断，以绝望之心在寂寞中远行，那是对生命的大不敬。

我相信每个赤诚忠厚的孩子，都曾在心底向父母许下“孝”的宏愿，相信来日方长，相信水到渠成，相信自己必有功成名就衣锦还乡的那一天，可以从容尽孝。可惜人们忘了，忘了时间的残酷，忘了人生的短暂，忘了世上有永远无法报答的恩情，忘了生命本身有不堪一击的脆弱。

父母走了，带着对我们深深的挂念。父母走了，遗留给我们永无偿还的心情。你就永远无以言孝。

有一些事情，当我们年轻的时候，无法懂得。当我们懂得的时候，已不再年轻。世上有些东西可以弥补，有些东西永无弥补……

“孝”是稍纵即逝的眷恋，“孝”是无法重现的幸福。“孝”是一失足成千古恨的往事，“孝”是生命与生命交接处的链条，一旦断裂，永无连接。赶快为你的父母尽一份孝心。也许是一处豪宅，也许是一片砖瓦。也许是大洋彼岸的一只鸿雁，也许是近在咫尺的一个口信。也许是一顶纯黑的博士帽，也许是作业簿上的一个红五分。也许是一桌山珍海味，也许是一个野果一朵小花。也许是花团锦簇的盛世华衣，也许是一双洁净的旧鞋。也许是数亿万计的金钱，也许只是含着体温的一枚硬币……但“孝”的天平上，它们等值。

只是，天下的儿女们，一定要抓紧啊！趁我们父母健在的光阴。

【文章感悟】

子女对待父母的“孝”，无论什么方式，无论这种方式是丰厚还是微薄，只要是向父母献上一份孝心，这种感情都是无比珍贵和美好的。养儿方知父母恩，只有自己做了父母后对“父母”才会有更深的认识。父母对儿女的爱是全心全意的，尽管深知儿女对父母的爱会大打折扣，但没有哪一个父母会因此控制自己的“爱心”。

毕淑敏的这篇《孝心无价》开篇就告诉了我们，什么是不孝，什么是孝。孝不是对父母无私的爱的麻木和榨取。孝是不留“子欲养而亲不待”的遗憾，孝是水到渠成的：一个小小的问候，一份静静地陪伴，一桌热腾腾的饭菜……孝不用金钱、身份来衡量，而是尽心去善待父母，让他们的晚年没有缺吃少穿，没有孤独寂寞。

这篇《孝心无价》从多个方面阐述了爱的真正内涵，不仅仅体现了要爱老人，爱自己，还要爱我们的下一代。父母无私地爱着自己的子女，子女也要设身处地地爱自己的父母。爱不在等待中，而应该在行动中。只有这样才能将孝心无价真正体现出来与继承下去。

四、练习实践

【单元话题】

1. 如何理解孟子所说的“不得乎亲，不可以为人，不顺乎亲，不可以为子”《孟子·离娄上》？

2. 叶公语孔子曰：“吾党有直躬者，其父攘羊，而子证之。孔子曰：吾党之直者，异於是，父为子隐，子为父隐，直在其中矣。”《论语·子路》而希腊的先贤则说“吾爱吾师，吾更爱真理”。请辨析中外两种传统观念的优劣。

【写作实践】

1. 给父母写一封信。

2. 以“感恩孝敬父母长辈”为话题，写一篇作文。

【语言素养】

朗读《弟子规》

《弟子规》原名《训蒙文》，为清朝康熙年间秀才李毓秀所作，后经清朝贾存仁修订改编，并改名《弟子规》。《弟子规》作为我国古代蒙学教育的重要教材，曾经同《三字经》《百家姓》《千字文》等一道，成为清代后期广为流传的儿童读本和童蒙读物，也因此影响了一代又一代华夏子孙，甚至在21世纪的今天，仍受到许多学生家长的追捧。

总　叙

弟子规　圣人训　首孝弟　次谨信　泛爱众　而亲仁　有余力　则学文

入　则　孝

父母呼　应勿缓　父母命　行勿懒　父母教　须敬听　父母责　须顺承
冬则温　夏则清　晨则省　昏则定　出必告　反必面　居有常　业无变
事虽小　勿擅为　苟擅为　子道亏　物虽小　勿私藏　苟私藏　亲心伤
亲所好　力为具　亲所恶　谨为去　身有伤　贻亲忧　德有伤　贻亲羞
亲爱我　孝何难　亲憎我　孝方贤　亲有过　谏使更　怡吾色　柔吾声
谏不入　悦复谏　号泣随　挞无怨　亲有疾　药先尝　昼夜侍　不离床
丧三年　常悲咽　居处变　酒肉绝　丧尽礼　祭尽诚　事死者　如事生

出　则　弟

兄道友　弟道恭　兄弟睦　孝在中　财物轻　怨何生　言语忍　忿自泯
或饮食　或坐走　长者先　幼者后　长呼人　即代叫　人不在　己即到
称尊长　勿呼名　对尊长　勿见能　路遇长　疾趋揖　长无言　退恭立
骑下马　乘下车　过犹待　百步余　长者立　幼勿坐　长者坐　命乃坐
尊长前　声要低　低不闻　却非宜　进必趋　退必迟　问起对　视勿移
事诸父　如事父　事诸兄　如事兄

第八章 廉 洁

一、导读

什么是“廉”？“廉”字最早见于《仪礼·乡饮酒礼》中“设席于堂廉东上”。而《礼记·月令》“其器廉以深”。许慎《说文解字》中注释：“廉，仄也，从广（yǎn）兼声。”本意是指堂屋的侧边、棱角，堂边廉石多平整修洁，又棱角高耸峭立，不易触犯，有边角，则方正不斜。引申义为“清也、俭也、严厉也”，《论语·阳货》中“古之矜也廉，今之矜也忿戾”的“廉”正是指人的品行方正严谨，所以后人以“廉”字的方正、正直来喻以人的清正、节俭，严于律己，不起贪求之心，光明磊落，有正直的品德。

“廉”文化在中国上下五千年历史长河里，有着重要的地位。古往今来，历朝历代，既有贪官污吏存在，也有清正廉洁的官员，可无论是当权者还是书生意气的文人墨客，或是民间百姓流传唱颂，树立了无数清正廉明的形象，同时也积累了无数抵制贪腐或惩治贪官污吏的经验，并以此为思想教育，著书立说。

（一）诸子百家与“廉”

战国时期是我国历史上较为动荡的时期，战争不断，特权高层与平民低层的日益分化，造成了社会矛盾异常尖锐，而此时，也是中国古代思想和文化空前璀璨的时期。诸子百家争鸣，带来了百花齐放、百家争鸣的盛况，其中因受当时社会情况的影响，诸子百家对“廉政”的看法多从治国安邦、稳定社会等方面阐发自己的思想，为后世文化带来深刻的影响，尤以儒、道、墨、法四家的廉政思想对后世影响最大，无论是清代以前的文人黑客，还是现当代众多学者大师，对其都有深入的探究，现综合各方论说，阐述儒、道、墨、法四家的廉政思想。

儒家廉政思想，主要体现在儒家学说的创始人孔子的“仁政”，以仁为本，为政以德；以礼为准，律己修身；以义为绳，唯德是用，以此让君王重视民心，保证人民能“有恒产”，减轻剥削而“薄赋敛”，使人民过上安稳富足的生活。孟子则从人性的视角继承和丰富了孔子的“仁政”学说，爱民，选贤，取廉。其廉政主张为“尊贤使能”，《离娄上》中“惟仁者宜在高位”，提出选拔贤能之人为官史，惩治贪污腐败、鱼肉百姓的官吏。强调对统治者道德修养的要求“富贵不能淫，贫贱不能移，威武不能屈”“舍生而取义”，君子应有“浩然之气”。荀子认为“以世举贤”旧贵族世袭制必然导致政治腐败、天下大乱的局面，主张打破论资排辈的用人方法，《王制》中提出“贤能不待次而举，罢不能不待须而废”，并提出严格执法，《王制》中“无功不赏，无罪不罚”“百吏畏法循绳”，肯定司法公正是社会公正的重要关键点，《君道》中提出“君者，民之原也，原清则流清，原浊则流浊”。

道家廉政思想，主要体现在老子的“无为而治”思想。老子在《道德经》提出了“不尚贤”却肯定廉，将“廉”视为圣人的一种高尚品德，要求统治者克制自己的私欲，顺应自然天道，清静无欲、少私寡欲，实现“不尚贤，使民不争。不贵难得之货，使民不为盗。不见可欲，使民心不乱”的效果。为此，他要求统治者在立法定制时，必须坚持“三去”的总原则，即“去甚，去奢，去泰”，并且指出最理想的制度就是不去宰割人民，即所谓的“大制不割”。庄子在《让王》中则提出“人犯其难，我享其利，非廉也”，以此批判统治阶级的奢靡腐化是建立在对人民的巧取豪夺之上，反对统治者假借提倡礼乐仁义而行欺骗、压迫、残害人民之事，破坏人民的“常性”。提出建立没有政治倾轧、物质利益争夺，人民自然生活的“无何有之乡”。

墨家廉政思想，主要体现在墨子的思想核心“兼爱”，要求人与人之间实行普遍的、无差别的互相友爱。墨家提出的“非攻”，就是指战争多为统治者因一己私欲而挑起的，让人民受到战火的蹂虐，所以认为社会的安稳是廉政的在外在保证。同时，墨家还提出“尚贤”，让每一行每一业的人，尽自己所能帮助他人，反对以亲疏贵贱划分等级，选取贤才，“贤者举而上，富而贵之，以为官长”（《尚贤》），认为不平等的社会关系，是造成社会混乱、腐败的源泉。同时，他反对统治者的铺张浪费，肆意搜刮民脂民膏。

法家廉政思想，是先秦诸子中对反贪倡廉表现最为突出的。李悝的《法经》《杂律》《刑法志》，商鞅的《商君书》《修权》《赏刑》，韩非的《韩非子》都有大量涉及廉政问题的内容，代表了先秦法家廉政思想的发展变化及其主要内容，是中国传统廉政思想的重要组成部分。无论是管仲提出的：顺民、选贤、治吏，还是商鞅“治吏”思想的“为吏以廉”“以廉为本”，具体表现在官吏选拔、考核、赏罚、监督等四个方面，或是韩非主张因“势”倡廉，本“法”兴廉，以“术”促廉，都是一致认为“任法而国治”，“法”能有效禁止犯罪，维护社会稳定，驾驭官员，维护政治的廉洁高效，《韩非子》中的“古之善守者，以其所重禁其所轻，以其所难止其所易。故君子与小人俱正，盗跖与曾、史俱廉”，“官之富重也，乱功之所生也”，“廉外则可以大任，少欲则能临其众”等思想，提出“明主治吏不治民”，加强对官员的监督管理，是有效防止腐败产生的重要手段。韩非在《解老》中提出“所谓廉者，必生死之命也，轻恬资财也。所谓直者，义必公正，心不偏党也”，说的是道德是廉政的前提保证和内在要求。对官员的监督管理理念是法家廉政思想的精华所在，对后世，特别是君主封建阶级的统治，提供了官员廉政管理的理据与方向。

（二）后世之人与廉

诸葛亮《诫子书》中的“俭以养德，廉以立身”，提出的是为官者需节俭不奢来培养自己的品德操行，只有清廉不贪腐才能光明磊落、堂堂正正做人，成为他人之榜样。

“养德”，是为人之根本，无论是儒家，还是道家，或是其他派别，古人早就明白“养德”的重要性。《礼记·大学》中的“修身、齐家、治国、平天下”，这是几千年来儒家弟子对求学的远大抱负，“修身”放在第一位，而“养德”是修身的最核心的部分。

“德”为何以“俭”为法？因勤俭的人，能踏实做事，目标明确，不计得失，不贪荣利，摒弃奢侈，有所作为。“俭”本是“德”其中一种体现，“俭”向来是中国传统美德，因人有“俭”之德，懂得珍惜事物不浪费，懂得爱护事物不滥用，对物欲保持着平常心，才能做到不贪，保持本心，不枉法利私欲。能否做到勤俭，是关系到生存败亡的大事，不可轻忽。这道理可应用到一个人、一个家、一个团体，甚至于一个国家。历史上多少帝王在创业时，都能以勤俭修身，并得天下百姓的拥戴，然而到了后来，他们逐渐放弃了勤俭而一味地追求安逸享乐，正所谓“上梁不正，下梁歪”，国家处于一片混乱，最终招致了灭亡的结果。欧阳修在撰写《伶官传》时，有感于对五代时后唐庄宗李存勖的故事，阐发了“忧劳可以兴国，逸豫可以亡身”的道理。所以，古人早就总结出“一个国家，从国君到百姓，整个社会风气崇尚节约俭朴就民富国强，走向兴旺发达。若一味追求淫佚享受，就国弱民困，国家必然会走向衰亡”。这说明国家应尚节俭而戒淫佚，才能保证昌盛久安的道理。

“俭”何以为廉之法？清代张圻在他的《答周仲和书》讲到：“居官之所恃者，在廉。其所以能廉者，在俭。”意思是：廉洁是做官极为重要的依靠，而节俭又是能够保持廉洁的重要保证。清代曾国藩在《挺经·勤廉》说到：“唯俭可以养廉。”其意是：廉洁是做官极为重要的依靠，而节俭又是能够保持廉洁的重要保证。廉是为官的本分，也是为官的大德。为官之廉，就是不贪婪，不苟取，不见钱眼开，不贪赃枉法。而廉之根在俭，俭含有约束、节制、节省、朴素之意。持俭才能守廉、兴廉，唯有俭朴才能保持清廉，戒奢有助于戒贪，守廉必须俭约。俭为廉之根，廉为俭之果，二者紧密相连，缺一不可，俭生廉，廉生威。

“立身”，需从“廉”说起，“廉”是为官的本分，因而“廉”为立身之宝。不廉，无以立身，无以为官从政。《晏子春秋·内篇杂下》说：“廉洁，政之本也。”廉洁是立身之基，为政之本，为官不廉就没有从政的本钱和资格。为官应以“廉”为首，明代汪天赐在《官箴集要》中讲道：“为政者以正为本，以廉为先。”为官以廉，才能一身正气，两袖清风，一尘不染，才能上为国分忧，下为民谋福，做到权为民所用，情为民所系，利为民所谋。为官不廉，其身不洁，以权谋私，就会出卖国家与百姓的利益，祸国殃民。汉代董仲舒在《春秋繁露·五里相生》中说：“至廉而威。”含义是：最廉洁的官员才能有权威或威信。为政廉洁才能担当大任，清心寡欲方能统御众人。“公生明，廉生威”（《官箴》）。

“俭以养德，廉以立身。”为官者即使无甚大作为，至少要仰不愧于天，俯不怍于地，绝不成为害群之马，为万世人唾骂。

“为政以德”是防腐的第一防线，自古以来对为政者行为的价值判断是“廉洁”还是贪腐，故此，为政者的“德性”是关键因素，所以孔子强调“为政以德，譬如北辰。居其所而众星共之。”（《论语·子路》）上下五千年历史文化里，在儒家这一思想影响下，使得众多有识之士注重官德修养，强调廉洁人格的培养与塑造，《大学》中的修身为本，强调为政者应当具有“自省”“见贤思齐”的精神，只有这样才能在任何时候、任何条件下，让自己的行为举止符合廉洁的要求，做到坚守正气，“一尘不染”。如果只是因害怕法纪惩罚、道德谴责而被动去廉洁，那么一旦条件放宽，他将走上贪腐之路。所以儒家提倡“慎独”，把清廉自守，坚守礼法道德作为造就为政者廉洁人格的重要要求。

（三）有所为，有所不为

为官者选择是“廉”还是“贪”？孟子曰：“人有不为也，而后可以有为。”（《孟子·离娄下》）人能够抉择出可为之事，不为之事，并非易事，也并非难事，一切皆可在社会道德面前明辨是非曲折。

自古以来，人们都十分憎恨贪官污吏。《诗经》中有这样的诗句：“大风有隧，贪人败类。”宋代包拯说：“贪者，民之贼也。”人们憎恨贪官污吏，原因就在于贪官污吏祸国殃民。首先，贪官污吏肥了自己，使国家财政亏空。例如，清朝最大的贪官和绅，曾任军机大臣20年，贪污受贿十分惊人。据《清史稿·食货志》载，乾隆三十一年（1766年）国家全年税收仅5000万两白银。和绅贪污受贿数按10亿两银子计算，相当于当时清朝20年的税银收入。其次，贪官执政，行贿受贿，买卖官职成风，残害忠良，吏治腐败。如明嘉靖年间把持朝政的奸相严嵩极其好利，史记“文武将吏率由贿进”。贪官执政，拉帮结派，狐群狗党。

相对于对贪官的憎恨，人民对清官的赞颂也尤为突出。如北宋包拯，不但有“清天”之美誉，还被神化，传颂千古。

《管子·牧民篇》就曾指出：“礼、义、廉、耻，国之四维。四维不张，国乃灭亡。”这实是对我国古代国家治理经验的一个总结，旨在告诫执政者：行政过程中讲究行为的礼、义、廉、耻，是维护自己的执政地位，确保自己的政权不倒的关键所在。北宋卓越的文学家、史学家欧阳修（1007—1073）在《新五代史》的《冯道传》中引用了《管子》的这段名言，并且特别强调了廉耻之德的政治意义，认为一个国家的国民特别是官员，他们是否具有这种道德，是关系到其国家安危与存亡的大事，其原理就在于：“不廉则无所不取，不耻则无所不为。”也只有这样，才能廉洁养身，做到“进不失廉，退不失行”。古人言：“勿以恶小而为之，勿以善小而不为。”为官者，得道多助，失道寡助。借包拯来说，一个流芳百世，为后代奉为神明的人，其中他的“有所为”与“有所不为”，不正是最好的说明吗？

（四）吏不廉平，则治道衰

中国历史上有无数清正廉洁、刚正不阿的仁人义士名垂千古，也有无数见利忘义趋炎附势的小人遗臭万年。《汉书·卷八·宣帝纪》中提到“史不廉平，则治道衰”。公生明，廉生威，纵观中国几千年发展史，当政者“廉”与“腐”关系吏治成败，从古至今，历朝历代的亡国，官吏腐败，贪污腐化之风盛行，是导致国家政权颠覆的最直接根源。因此，只有开创人人讲廉，清廉盛行，人人尽廉，奉公无私的新局面，才能国富民强。

《论语·子路》中有言：“其身正，不令而行；其身不正，虽令不从。”讲的是：当官的如果自身清正廉明，就是不发命令，老百姓也会好好干；如果自身贪邪不正，即使发号施令老百姓也不搭理你。中国古代的有识之士早就认识到，执政者的行政行为是否清廉公正，直接关系到执政者执政地位的稳固性。千百年来，各个朝代都涌现了许多这样具有高尚道义的仁人志士，忠精粹德的司马光、清廉刚直的狄仁杰、凛然正气的包拯、清廉高洁的于谦、不私一钱的杨继宗、清梅素竹的郑板桥，还有铁骨铮铮的海瑞……这些清正廉洁之士的高风亮节，虽经岁月的磨洗，却依然闪耀光芒，在历史的长河中，熠熠生辉。然而要做到不贪、不沾、不拿、不要，两袖清风，恪守清贫也是不容易的。人生在世，诱惑太多，无论是谁，无论有多高的职位，一旦错误的观念入主大脑，就会私欲膨胀，背弃初心，从而走上犯罪的道路。

清官是历史进步的推动者，而贪官却截然相反。他们是社会的蛀虫。中国历史上朝代的更迭，外因多为农民起义或外族入侵，而贪官的贪腐则是导致政权更迭的内因之一。所以，说贪官害国、误国、亡国实不为过。无论是东汉外戚梁冀专横跋扈，立幼擅权，致使朝政腐败，民不聊生，豪强并起，天下骚动，农民起义不断爆发，最终导致汉王朝土崩瓦解；或是西晋王朝以石崇为代表的高层贪腐，使西晋成为中国历史上为数不多的短命王朝；或是唐朝口蜜腹剑的奸相李林甫的所作所为使大唐大伤元气；或是北宋徽宗时期借“花石纲”之名，竭泽而渔，流恶东南的第一贪朱勔，使北宋王朝丧权辱国，二帝成囚，从此一蹶不振；或是南宋流氓宰相贾似道权倾朝野、荒淫无度，最终葬送了偏安小朝廷；或是元朝宰相阿合马内通货贿、外示淫威，激起民怨；或是贪腐成性的太监王振，使皇帝成为瓦剌囚俘；或是聚敛钱财超过明王朝十年财政收入的太监刘瑾的破坏力，远不只是让国库空虚，尤其严重的是他利用特务机关，疯狂迫害忠良，草菅人命，致使正义失声，人民涂炭；或是明朝的大贪官严嵩父子祸国殃民，败坏吏治；或是清朝常伴明君乾隆左右的和珅，贪敛的财富竟超过大清朝20年财政收入的总和，最后落得被赐白绫自缢的可耻下场。

廉洁文化是世界上任何一个民族，任何一种文化的必然产物，我们要继承“文以载道”的传统，背负“天下兴亡，匹夫有责”的责任感和使命感。以“俭以养德，廉以立身”，修身养性，以德立本，同时也要决断人生路上“有所为，有所不为”的事情，学会抵制行贿受贿的不良行为，选择对国对民有利有益的事情为人生目标。吸收前人在修身处事、治国理政等方面的智慧和经验，养浩然正气，塑造高尚人格，心志坚定，积极面对困阻，继承弘扬这份优秀遗产，这是作为中华儿女责无旁贷的事情。

二、经典选读

（一）修身以廉

1. 水陆草木之花，可爱者甚蕃。晋陶渊明独爱菊；自李唐来，世人甚爱牡丹；予独爱莲之出淤泥而不染，濯清涟而不妖，中通外直，不蔓不枝，香远益清，亭亭净植，可远观而不可亵玩焉。

予谓菊，花之隐逸者也；牡丹，花之富贵者也；莲，花之君子者也。噫！菊之爱，陶后鲜有闻；莲之爱，同予者何人？牡丹之爱，宜乎众矣。

——北宋·周敦颐《爱莲说》

【译文】

水上，陆地上的各种花草树木，值得喜爱的非常多。晋朝陶渊明唯独喜爱菊花；从唐朝以来，世间的人们非常喜爱牡丹；我唯独喜爱莲花，它从淤泥里长出来，却不沾染污秽，在清水里洗涤过，但是并不显得妖媚，荷梗中间贯通，外形挺直，既不生藤蔓，也没有旁枝。香气散播到远处，更加使人觉得清幽，笔直而洁净地立在那里，可以在远处观赏，但不能贴近去玩弄啊。

我认为，菊花是花中的隐士；牡丹，是花中的富贵者；莲花，是花中的君子。唉！对于菊花的喜爱，在陶渊明以后很少听到了。对于莲花的喜爱，和我一样的还有谁？对于牡丹的喜爱，当然有很多人了。

【感悟评析】

纵观历代文豪，无不在菊、兰、梅等植物上称颂，唯独作者独辟蹊径，通过对莲的形象和品质的描写，歌颂了莲花坚贞的品格，从而表现了作者洁身自爱的高洁人格，不与世俗同流合污和对追名逐利的世态的鄙视和厌恶。此等借“莲”抒意历史上有不少名家，如三国曹植在《芙蓉赋》中说：“览百卉之英茂，无斯华之独灵，结修根于重壤，泛清流而濯茎。”苏辙在《菡萏轩》说：“开花浊水中，抱性一何洁。朱槛月明中，清香为谁发。”不约而同地将“廉”作为自己的一种内心修为与价值追求，启示着我们应用一种超然的心态对世俗的一切。

2. 咬定青山不放松，立根原在破岩中。
千磨万击还坚劲，任尔东西南北风。

——清·郑燮《竹石》

【译文】

竹子把根深深地扎在青山里，它的根牢牢地扎在岩石缝中。经历成千上万次的折磨和打击，不管你是吹来酷暑的东南风，还是吹来严冬的西北风，它都能经受得住，还会依然坚韧挺拔，顽强地生存着。

【感悟评析】

自宋代以来，竹被誉为梅、兰、竹、菊“四君子”之一。竹的品格，虚心而刚直，挺拔而常青，历来被人们看作是高洁、正直、坚韧、顽强的象征。郑板桥喜爱画竹，是因为竹最能体现自己的性格特征。作为“扬州八怪”之一的郑板桥，曾当过十二年七品官，他清廉刚正，曾任山东范县、潍县知县，在他为官期间，做了不少益民利众的好事，深得人民爱戴，但他在荒年为百姓请求赈济，却得罪了知府和地方豪绅。他刚直不阿，心系民众和“出淤泥而不染”的清高性格，耻于折腰，便藐视权贵，解绶挂印，毅然辞官而归，回扬州卖画为生。人如竹，直而节高。

3. 夫君子之行，静以修身，俭以养德。非淡泊无以明志，非宁静无以致远。夫学须静也，才须学也。非学无以广才，非志无以成学。淫漫则不能励精，险躁则不能冶性。年与时驰，意与日去，遂成枯落，多不接世，悲守穷庐，将复何及！

——三国·诸葛亮《诫子书》

【译文】

君子的操守，（应该）用静来修缮自身，用俭朴来淳养品德。不看清世俗的名利就不能明确自己的志向，不心静就不能高瞻远瞩。学习必须静心，才识需要学习，不学习无从拓广才识，不立志不能学习成功。沉迷滞迟就不能励精求进，偏狭躁进就不能冶炼性情。年年岁岁时日飞驰，意志也随光阴一日日逝去，于是渐渐枯零凋落，大多不能融入社会，可悲地守着贫寒的居舍，那时（后悔）哪来得及！

【感悟评析】

“廉”是一种内在修为。内心宁静才能戒骄戒躁，内心淡泊才能含英咀华，内心开阔才能登高望远。清代学者胡达源说：“简默沉静者，大用有余；轻薄浮躁者，小用不足。”一个人生活在大千世界中，要面对形形色色的人和事。这其中有得意，也有失意，宋代大文豪苏轼就是我们的一面镜子：他一生坎坷，多次被流放，但他身处逆境而能保持心境的安适，“浩浩乎如冯虚御风”“飘飘乎如遗世独立”（《赤壁赋》），超脱于世俗的苦乐和生死之外，追求进入一种超功利、超世俗的自由的精神境界。或是东晋诗人陶渊明“不为五斗米而折腰”，弃官归田，“环堵萧然，不蔽风日；短褐穿结，箪瓢屡空，晏如也”（《五柳先生传》），“采菊东篱下，悠然见南山”（《饮酒》），怡然自乐，旷达乐观。有了这样的情怀，不贪不躁，持有初心，何愁会被物欲所控呢！

4. 屈原曰：“吾宁悃悃款款，朴以忠乎，将送往劳来，斯无穷乎？宁诛锄草茅，以力耕乎？将游大人，以成名乎？宁正言不讳，以危身乎？将从俗富贵，以媮生乎？宁超然高举，以保真乎？将呢訾栗斯，喔咿儒儿，以事妇人乎？宁廉洁正直，以自清乎，将突梯滑稽，如脂如韦，以洁楹乎？宁昂昂若千里之驹乎？将泛泛若水中之凫乎？与波上下，偷以全吾躯乎？宁与骐骥亢轭乎，将随驽马之迹乎？宁与黄鹄比翼乎，将与鸡鹜争食乎？此孰吉孰凶？何去何从？世溷浊而不清：蝉翼为重，千钧为轻；黄钟毁弃，瓦釜雷鸣；谗人高张，贤士无名。吁嗟默默兮，谁知吾之廉贞！”

——战国·屈原《卜居》

【译文】

屈原说：“我应该诚实勤恳抱朴尽忠，还是无休无止送往迎来八面玲珑？应该除草助苗努力耕耘，还是游说权贵以求取虚名？应该直言不讳不怕危及自身，还是贪图世俗富贵苟且偷生？应该远走高飞保全真性，还是阿谀奉承屈己从俗，奴颜婢膝地取媚妇人？应该廉洁正直清白自处，还是圆滑嬉笑，如油脂滑腻似熟皮柔能缠柱？应该气宇轩昂像矫健的千里驹，还是像水中的野鸭飘浮不定，随波逐流，苟且保全身躯？应该与骏马并驾齐驱奔驰，还是追随劣马的步子？应该与天鹅并着翅膀飞翔，还是与鸡鸭争抢食粮？这到底哪个吉利哪个凶险？哪样不能做哪样可以干？世道浑浊秽恶不清，薄薄的蝉翼被认为很重，千钧之物却被认为太轻；发音洪亮的黄钟被毁坏抛弃，鄙俗的瓦釜之声却被说成雷鸣；谗佞的小人趾高气扬，贤能之士却没有声名。叹息着只能默默不出声，谁知道我的廉正坚贞？”

【感悟评析】

《卜居》记述了屈原对人生道路的选择，文中“谗人高张，贤士无名。吁嗟默默兮，谁知吾之廉贞！”显示了一位伟大志士身处黑暗世道的铮铮风骨，在尖锐的对立中，他的选择是孤傲而又坚定的，他义无反顾地选择了一条为国为民的献身之路，但这选择同时又是严峻和痛苦的，因为它从此决定了屈原永不返朝的悲剧命运。“宁廉洁正直以自清乎，将突梯滑稽，如脂如韦，以洁楹乎?”此文所展示的屈原心灵，并非是他对人生道路、处世哲学上的真正疑惑，而恰是他在世道混浊、是非颠倒中，志士风骨之铮铮挺峙的表现。《卜居》所展示的人生道路的严峻选择，不只屈原面对过，后世的无数志士仁人千年来都曾面对过，选择虽随时代的变化而变，但无论是在乱世中，还是在太平盛世中，无论是在古代，还是在现代，黑与白是并存的，俗话说的“有人就有江湖”，为官为人者，能在物欲横流、灯红酒绿的世间保有“初心”，坚信自己的理念，不坠时俗、不沉于物欲的伟大精神，却历久而弥新，依然富于鼓舞和感染力量。

（二）廉洁清官——包拯

人生的选择，是“廉”还是“贪”？传颂千古的包拯以身为范，给后世为官者指明了一条成为清官的庄康大道。

1. 清心为治本，直道是身谋。
秀木终成栋，精钢不作钩。
仓充鼠雀喜，草尽兔狐愁。
史册有遗训，毋贻来者羞。

——北宋·包拯《书端州郡斋壁》

【译文】

清私心是治国的根本，讲正直之道是立身做人的宗旨。好木料终成栋梁，好钢材坚强不屈。仓多存粮偷吃公粮的鼠雀高兴，野无杂草常啃青草的兔狐发愁。牢记先贤留下的立身处世的教导，绝不能让后人想到我而觉得羞耻。

【感悟评析】

此诗乃包拯仅存史册、流传于世的唯一一首诗，是史学工作者研究包拯的重要依据之一。这首诗传递出“德才兼备”的人才观、“面向社会”的教育观、“造福人类”的发展观。这首明志诗充分表达包拯为政、为人之道，其道德核心便是“清心治本”与“直道处世”。他在入宦之初，即宣告“清心直道”，可见志向高远。他以毕生时间践行了这个宣言。后来的史实证明，包拯一直以此为座右铭，言行一致，一生践行着他的誓言。“公行也备，才也果，言也诚，志也忠，自初仕逮于考终命，其节未尝少衰变。”他上报国家，下安黎庶，一身正气，成为扬名千秋的杰出人物——包青天。

2. 后世子孙仕宦，有犯赃滥者，不得放归本家；亡殁之后，不得葬于大茔之中。不从吾志，非吾子孙。

——北宋·包拯《包氏家训》

【译文】

后世子孙，做官不能贪赃枉法，违者永远不准回包家（也即是开除族籍），即使是死后也不能葬入包家的墓地。不从家训的人，就不承认他是包家的子孙。

【感悟评析】

包拯在短短的37字家训中，措辞严厉，态度鲜明，子孙岂敢有悖乎！其下押字，又云："仰珙刊石，竖于堂屋东壁，以诏后世。"包拯被后人视为"青天"，十分清廉正直。首先，他嫉恶如仇，见不得奸邪之徒！其次，他在世是固然清正廉洁，但也因此得罪很多人，家训中要求如出奸邪之徒则逐出家门，从而保全家族不受政敌攻击。再次，利于保持家族精神，不因由寒门变高第而导致变质，有助于家族以后的健康发展。最后，为家人戴上一个精神上的"紧箍"，使包氏中人时时自省，不断自强，不至于步入歧途！包氏子孙代代严守家训，成就一个清廉不败的家族。

3. 臣闻：廉者，民之表也；贪者，民之贼也。今天下郡县至广，官吏至众，而赃污擿发，无日无之。洎具案来上，或横贷以全其生，或推恩以除其衅；虽有重律，仅同空文，贪猥之徒，殊无畏惮。昔两汉以赃私致罪者，皆禁锢子孙，矧自犯之乎！太宗朝尝有臣僚数人犯罪，并配少府监隶役，及该赦宥，谓近臣曰："此辈既犯赃滥，只可放令逐便，不可复以官爵。"其责贪残，慎名器若此。皆先朝令典，固可遵行。欲乞今后应臣僚犯赃抵罪，不从轻贷，并依条施行，纵遇大赦，更不录用，或所犯若轻者，只得授副使上佐。如此，则廉吏知所劝，贪夫知所惧矣。

——北宋·包拯《乞不用赃吏疏》

【译文】

臣听说：廉洁的官员，是民众的表率，而贪官污吏，则是百姓的祸害。现在国家郡县分布十分广泛，官员小吏众多，受贿贪污被揭发的情况可说没有一天没有。等到整理成案卷呈送上来，有的枉法宽赦使犯罪的人能保住性命活下来，有的施予个人的恩德，消除犯罪人的罪名；虽然有处罚严厉的法律，却如同一纸空文，那些贪婪猥琐之人，一点也不感到害怕。以前两汉时因为贪赃而招致犯罪的，都要禁止或限制他们的子孙做官，更何况他们自己犯罪呢！宋太宗执政时曾经有几个臣子犯罪，就直接发配到少府监去服劳役，等到应该宽免他们的时候，太宗皇帝对近臣说："这些人犯的是贪赃受贿罪，只可以释放他们回去，听其自便，但决不能恢复他们的官位。"他责罚贪污、残害百姓的人，慎重地对待官爵礼制就是如此严格而不稍有松懈。这些都是上代好的法令制度，本来应该遵照执行。我想恳求今后对待官员因贪赃触犯法律犯罪时，不按轻罪宽恕他们，一并依照条例执行，即使遇到大赦，也再不录用他们当官，有些犯罪较轻的人，也只能有授给他们正使的属官或高一级官吏辅佐人员之类的官职。只有这样，廉洁的官吏才能明白该怎样勉励自己。贪赃的官吏才能知道该畏惧什么。

【感悟评析】

包拯所生活的北宋，在中国历史上无论是经济还是文化都是盛世，但同时也是中央集权，官繁吏冗，贪官污吏，层出不穷。为此，他上疏宋仁宗，请求严惩贪官，一旦为官者犯赃，不仅从严惩办，而且不能让他们恢复官位。包拯所说的这些话，今天仍然很有警示和借鉴意义。无论官、民都认识到"廉者，民之表也；贪者，民之贼也"，并以此为鉴，形成强大的社会舆论，整顿社会贪污风气。虽然老百姓都痛恨贪官污吏，为官者也信誓旦旦要廉洁奉公。但实际上，在有些人的心中，尤其是当官的人，从内心里就认为做官就是谋利，也有不少人信奉"无官不贪"的信条，认为别人大贪，自己小贪，不足为过。“水至清则无鱼”，被有些官员视为金科玉律。普通百姓虽然对别的贪官深恶痛绝，但如有自己的家人、亲友贪赃，则不以为然，甚至为之狡辩。这种人情、关系大于法的社会现象，使法律对贪赃枉法的处理有些仍比较宽松，执法标准也有待进一步完善。所以，包拯说“犯赃抵罪，不从轻贷，并依条施行，纵遇大赦，更不录用”。这种从严、从重惩处和永不录用、不可复以官爵，确实是十分重要。

4.（外扮包待制引从人上，诗云）冬冬衙鼓响，公吏两边排。阎王生死殿，东岳摄魂台。老夫姓包名拯，字希文，庐州金斗郡四望乡老儿村人氏。官封龙图阁待制，正授开封府尹。奉圣人的令，差老夫五南采访。来到许州，见一儿一女，原来是银匠李四的孩儿。他母亲被鲁斋郎夺了，他爷不知所向。这两个孩儿留在身边。行到郑州，又收得两个儿女，原来是都孔目张珪的孩儿。他母亲也被鲁斋郎夺了，他爷不知所向。我将这两个孩儿也留在家中，着他习学文章。早是十五年光景，如今都应过举，得第了也。老夫将此一事，切切于心，拳拳在念。想鲁斋郎恶极罪大，老夫在圣人前奏过：有一人乃是“鱼齐即”，苦害良民，强夺人家妻女，犯法百端。圣人大怒，即便判了“斩”字，将此人押赴市曹，明正典刑。得到次日，宣鲁斋郎。老夫回奏道：“他做了违条犯法的事，昨已斩了。”圣人大惊道；“他有甚罪斩了？”老夫奏道：“他一生掳掠百姓，强夺人家妻女，是御笔亲判‘斩’字，杀坏了也。”圣人不信，“将文书来我看。”岂知“鱼齐即”三字，“鱼”字下边添个“日”字，“齐”字下边添个“小”字，“即”字上边添一点。圣人见了，道：“苦害良民，犯人鲁斋郎，合该斩首。”被老夫智斩了鲁斋郎，与民除害。只是银匠李四、孔目张珪，不知所向。我如今带着他两家孩儿，各带他两家女儿，天下巡庙烧香，若认着他父母，教他父子团圆，也是老夫阴骘的勾当。张千，你分付他两个孩儿同两个女儿，明日往云台观烧香去，老夫随后便来。（诗云）他不遵王法太疏狂，专要夺人妇女做妻房。被我中间改做“鱼齐即”，用心智斩鲁斋郎。……

——元·关汉卿《包待制智斩鲁斋郎》（节选）

【译文】

（从外扮演包待制的人引领跟随的人上台，唱道）府衙大鼓咚咚地响，公堂上役吏两边排开。阎王生死殿，东岳摄魂台。我姓包名拯，字希文，庐州金斗郡四望乡老儿村人。官封龙图阁待制，正授开封府尹。授圣上的圣令，差令我到五南（江南、湖南、岭南、海南和云南的合称，泛指南方）访察民生。来到许州，见一个男儿一个女儿，原来是银匠李四的孩儿。俩人的母亲被鲁斋郎抢夺了，俩人父亲李四不知所踪。我将两个孩儿留在身边。我带众人到了郑州，又收留了两个儿女，原来是官衙文吏张珪的孩儿。他俩人的母亲李氏也被鲁斋郎抢夺了，他俩人的父亲不知所踪。我将这两个孩儿也留在家中，教导他们学习文章，养育成人。经过15年时间，如今俩人都应试考过举人，并及第了。老夫将鲁斋郎抢妻一事，时时记于心，常常记念着。想到这个鲁斋郎罪大恶极，（欲除掉他，又担心有人庇护）我向圣上奏秉：有一个人叫“鱼齐即”，残害良民，强夺他人妻女，（其劣行甚多）犯法多端。圣上大怒，即批判其“斩”字，（我令人）将鲁斋郎押赴市曹（市内商业集中之处），依照法律处以极刑。第二天，圣上宣见鲁斋郎。我回秉圣上说：“他做了违条犯法的事，昨天已经斩首了。”圣上大惊说；“他犯了什么罪要斩首了？”我禀奏说：“他一生掳掠百姓，强夺人家妻女，是圣上你御笔亲判‘斩字，杀死了的。”圣上不相信：“将批文拿来给我看看。”圣上怎会知道“鱼齐即”三个字，“鱼”字下边添个“日”字，“齐”字下边添个“小”字，“即”字上边添一点。圣上看后，说：“残害良民，犯人鲁斋郎，就应该斩首。”所以被我用计斩了鲁斋郎，与民除害。只是现在银匠李四、孔目张珪，不知所踪。我如今让他两家的孩儿，各带着他两家女儿，令他们到巡庙（云台观）上香，若是能认着他们的父母，让他们父子团圆，也算是我积阴德的行为了。张千，你下去吩咐让两个家的孩儿与女儿，明日一同前往云台观烧香去，我随后就来。（唱道）他不遵王法太轻狂，专做夺人妇女做妻房。被我中间改名“鱼齐即”，用心智设计斩了鲁斋郎。……

【感悟评析】

“聪明正直为之神。”（出自柳宗元的《骂尸虫文》）用这句话来形容包拯是实至名归，历史上廉正之人有不少，为官者能活得好，并得到百姓的依赖，得到皇帝的信赖，官场上不断升位，仍能不忘初心，为国为民的人难得。空有“聪明”而无正直者，易于谋划而容易失去“本心”，终会报应不爽，失官事少，无命事大；而空有“正直”而无聪明者，难以生存官场，注定会仕途受阻，生命受威胁，终会得个悲剧下场。包拯从政31年，由任县官起家，最终官至枢密副使，除从政26年间因“失保任”小贬过一次，而且很快又复官了，可讲仕途顺利，官运亨通，极得仁宗赏识，仍能保持刚正不阿，执法严明，从这可看出包拯做到了“神”。这戏中，关汉卿塑造出来的包拯，以其聪明才智，做到爱民忠心两不误，法外有情，情中有法，虽事有所为，也有所不为，也将民间对于包公的崇拜形象推到最高点——人变成神，说是天上文曲星下凡，说是第五层阎罗王，在生为官时能上审天神，下审人鬼。可讲是前无古人，后无来者了。

（三）廉为国富民强之本

1. 坎坎伐檀兮，寘之河之干兮，河水清且涟猗。不稼不穑，胡取禾三百廛兮？
不狩不猎，胡瞻（zhān）尔庭有县貆兮？彼君子兮，不素餐兮！
坎坎伐辐兮，置之河之侧兮，河水清且直猗。不稼不穑，胡取禾三百亿兮？
不狩不猎，胡瞻尔庭有县特兮？彼君子兮，不素食兮！
坎坎伐轮兮，置之河之漘兮，河水清且沦猗。不稼不穑，胡取禾三百囷兮？
不狩不猎，胡瞻尔庭有县鹑兮？彼君子兮，不素飧兮！

——诗经·魏风《伐檀》

【译文】

砍伐檀树声坎坎啊，棵棵放倒堆河边啊，河水清清微波转哟。不播种来不收割，为何三百捆禾往家搬啊？不冬狩来不夜猎，为何见你庭院猪獾悬啊？那些老爷君子啊，不会白吃闲饭啊！

砍下檀树做车辐啊，放在河边堆一处啊。河水清清直流注哟。不播种来不收割，为何三百捆禾要独取啊？不冬狩来不夜猎，为何见你庭院兽悬柱啊？那些老爷君子啊，不会白吃饱腹啊！

砍下檀树做车轮啊，棵棵放倒河边屯啊。河水清清起波纹啊。不播种来不收割，为何三百捆禾要独吞啊？不冬狩来不夜猎，为何见你庭院挂鹌鹑啊？那些老爷君子啊，可不白吃腥荤啊！

【感悟评析】

纵观上下五千年历史，形形色色的贪官污吏，借着职务之利，谋划自己的小金库，甚至于有组织有计划地剥削劳动者，《伐檀》展示了他们的不劳而获，《诗经》中还收录了不少这样的讽刺诗歌，如《硕鼠》里，把这些贪婪的官员，比作一只只贪得无厌的大老鼠。无论是《硕鼠》中百姓的控诉，还是《伐檀》中百姓的痛骂，无不体现出社会中上层管理者们的贪心不足，大大小小的剥削，犹如蝗虫过境，导致民不聊生。国之所安，在于民，国之所盛，也在于民，试想民不聊生，国家何来安？何来盛？贪婪的官员呀，没有了国家的保护，你又怎能如何保得住你的富贵呢？

2. 奴才李质颖谨奏，为仰恳圣恩，俯准宽限事。……奴才于浙江巡抚任内未行奏参王燧，情愿罚银十万两，粤海关监督任内奏事错误，情愿交银二万两。四十六、四十七两年关税盈余短少，部议赔银三万六千余两。广东盐案不实，情愿罚银十万两。奴才自四十六年起至本年，交过造办处广储司共银十四万两，其余十一万六千余两，理宜竭力凑缴，按限完纳，庶于寸衷稍安。但现在变产凑交，一时售卖不及，又恐有误限期。奴才昼夜惶悚，无计可施，唯有叩恳圣主恩施格外，准于明年起每年作为二季，交银一万五千两，奴才得以设法竭力，及时估变交纳。

——清·李质颖《奏疏》

【译文】

奴才李质颖诚恳上奏，为了得到圣上的恩恕，俯首向圣上宽限事宜。……奴才在浙江任巡抚时，没有上奏参王燧，愿意罚银十万两，任广东海关监督时上奏事宜有错误，愿意上交银二万两罚银。在（乾隆）四十六、四十七两年的关税盈余少了，经吏部商议，愿意赔银三万六千余两。查广东盐案得不到结案，愿意罚银十万两。奴才从（乾隆）四十六年起至本年，已交造办处广储司共银十四万两，还有十一万六千余两未交，本应尽力凑足上缴，按限期缴纳完，好得到圣上的宽庶而得到安心。但现在变卖财产凑数上交，一时间售卖不及，又恐有误限期。奴才日夜惶恐，无计可施，唯有叩请圣上格外恩施，批准我从明年起每年分为二季，每季交银一万五千两，奴才得以设法竭力，及时变卖交纳。

【感悟评析】

在这份奏疏中，李质颖承认先后几次工作中出现失误，“情愿”上缴罚银，共二十五万六千两，只上交了罚银十四万两，还有十一万六千两，一时难以凑齐，请求宽限。清代官员薪俸并不高，加上杂七杂八的东西，也就是个中下收入。然而，在这份奏疏中，虽有哭穷表演的成分，但动辄数十万两银子，对谁都不是个小数目，已经完全超出受罚者应得的薪俸和养廉银的总和。而这种“议罪银”交了钱就可以免罪，是对罪恶的包庇与纵容，受罚者会食髓知味，会丧失对渎职违章的警惕，周而复始循环不断，从而引发社会对善恶判断的失序。而且受罚者花去银子，会千方百计再把这些钱挣回来。只有通过违法手段，一层层盘剥下去，最后所有费用都转嫁到底层百姓身上。再有，被罚的钱哪里去了呢？如果进入国库，花在发展民生，花在老百姓身上，倒也罢了。而事实上这些钱最后都进了内务府，也就是皇帝的私人账户。这么多钱银，已不仅仅是对官员的惩罚，而是刻意搜刮了，由惩治手段转换为敛财目的，称得上遗患无穷，导致清政府每况愈下，最终灭亡。由此可见一个国家从内腐烂，将难以治愈。贪污是一种病，是社会的病，是国家的病，如不能忍痛治愈，将会自取灭亡。天作孽犹可恕，自作孽不可活呀！

3. 王荆公病喘，药用紫团山人参，不可得，时薛师政自河东还，适有之，赠公数两，不受。人有劝公曰："公之疾，非此药不可治，疾可忧，药不足辞。"公曰："平生无紫团参，亦活到今日。"

——北宋·沈括《梦溪笔谈》

【译文】

王安石得气喘病，大夫开的药方中，需一味药是紫团山人参，但是这种药走遍京城也买不到。刚好薛政师从河东回来，刚好有这一味药，听说此事，就赠送了数两给王安石，可是王安石坚决不接受。有人劝他说："你的病要非此药不能治好，这病着实令人担心哪，没必要退回这些赠药啊。"王安石回答说："我这一辈子没吃过紫团山人参，不也活到今天。"

【感悟评析】

从王安石这一则看似小事的小小行贿上看，公在私最后都会发展为大事，但王安石坚持做人清廉的本质，对受贿等不良行为自觉抵制，做到"有所不为"。同时也为自己的理想——变法的根本目的，是要改变北宋积贫积弱的局面，增强对外防御，对内弹压的能力，以巩固和加强封建统治。从新法次第实施，到新法为守旧派所废，其间将近15年。在这15年中，每项新法在推行后，虽然都不免产生了或大或小的弊端，但是，"富国强兵"的效果是十分显著的。

4. 都御史刚峰海公，卒于官舍。同乡官南京者，惟户部苏民怀一人。苏检点其宦囊，竹箱中俸金八两，葛布一端，旧衣数件而已。如此都御史，那可多得！王司寇凤洲评之云："不怕死，不家钱，不立党。"此九字断尽海公生平，即千万言谀之，能加于此评乎？

——明代·周晖辑《金陵琐记》

【译文】

都御史海瑞，在官舍病逝了。跟他生前一起在南京做官的同乡人，只有在户部做事的苏怀民一人。苏怀民检查、清点海瑞做官的俸禄，竹箱子里有八两银子，麻布两丈，几件旧衣服罢了。像这样的都御史，能有几个呢？王凤洲评价他"不怕死，不爱钱，不结伙"，这九个字概括了海瑞的生平。即使用千言万语赞扬他，能胜过这个评论吗？

【感悟评析】

讲述的是海瑞的故事，时评海瑞"不怕死，不爱钱，不立党"，断尽其生平，无复加焉。他生活的年代，正是明王朝由盛及衰的转折时期。表面一片升平，其实危机四伏。海瑞年轻时，便对社会问题表现了极大的关注。在户部供职时，出于对国家财力的忧虑，为进谏迷信道教、一心求仙而纵容各地大兴土木修建庙坛道观的嘉靖帝，以六品小官身份抱着必死决心毅然上疏。这次他呈上的奏疏便是有名的“直言天下第一事疏”，后人称为《治安疏》。奏疏递上后，海瑞即被入狱。不久嘉靖病逝、新帝在丞相徐阶的劝说之下，海瑞得以获赦，官复原职，并逐步升至应天十府巡抚等职。之后，他为匡正时弊，严肃法纪，主持制定了贪污满“八十贯绞”等严刑。他铁面无私，对一直有恩于他的老丞相徐阶也毫不留情，将徐家仗势多占的40万亩良田退还原主，将欺压良民的徐阶的两个儿子及20多个家人依律问罪。纵观海瑞为官，历经嘉靖、隆庆、万历三朝，多次冒死进谏，虽是为了维护封建统治的根本利益，但他严于执法，除暴安良，生活清廉，同情百姓，招抚流亡，注意发展生产，兴修水利，限制大地主无止境的盘剥，改革落后的风俗习惯等，得到了百姓的广泛拥护。可见一个清廉的官员，有所作为，为民为国，就会被后人记载于史册，流芳百世。

三、拓展阅读

（一）古代历朝对贪官污吏的严刑酷法惩治

观中国古代历朝历代，开国之君采用重刑惩治贪官污吏，确实起到了杀一儆百的作用，使国家在一个时期内保持了政通人和，蒸蒸日上的活力和景象。

韩非子言：“治强生于法，弱乱生于阿，君明于此，则正赏罚而非仁下也。”“闻有吏虽乱而有独善之民，不闻有乱民而独治之吏，故明主治吏不治民。”因此，中国自古以来明君治贪官的主要办法就是以严刑酷法惩贪。

《左传》讲：“已恶而掠美为昏，贪以败官为墨，杀不为忌为贼。夏书曰：‘昏、墨、贼、杀’，臯陶之刑也。”就是说，夏朝贪墨之官是要杀头的。

商朝有“三风十愆罪”。三风为巫风、淫风和乱风，收受贿赂的贪官被列在淫风中之“货”罪。《尚书》言：“臣下不匡，其刑墨。”墨刑，也叫黥刑，就是用刀子在贪官的额上或脸上刺字，所以，贪官也叫“贪墨之吏”，或“墨吏”。

西周制定了一部重要的法典《吕刑》，规定了司法官员的营私枉法、贪污受贿等列为“五过之疵”，即“惟官、惟反、惟内、惟货、惟来”。

秦朝规定：“弃灰于道者有刑，步过六尺者罚。”更是轻罪重罚。汉朝法律对贪污受贿的官吏往往处以重刑，包括免官、禁锢、徒刑直至弃市。禁锢指子孙禁止做官，这种禁止往往能沿袭三代。而弃市指判处死刑。《唐律疏议》首先以国家大法的形式把有关惩治贪赃犯罪的规定作为法律固定了下来。首先在总则性质的《名例律》中规定了“六赃”，即6种非法攫取公私财物的行为，然后又将其中牵涉官吏的犯罪专门规定于《职制律》中。主要包括：受财枉法，即官吏收受当事人的贿赂而枉法裁判的，收受贿赂一尺（唐代计算赃物时先把它折算成绢数）杖责100下，一匹杖责加倍，15匹可判处死刑。受财不枉法，即官吏虽收受当事人贿赂但并没有枉法裁判，此种情况下，一尺杖责90下，2匹加倍，30匹要被遣送到指定的边远地区并强制服劳役3年，即“流”刑。收所监临，指主管官员收受其管辖范围内的钱财货物的行为，收受 1 尺受荆条鞭打 40 下，1 匹加倍；8 匹要剥夺人身自由一年并强制劳动，16 匹加倍，50 匹流放 2000 里。坐赃，即官吏利用不正当手段获取本不该属于自己的利益，获利 1 尺受荆条鞭打 20 下，1 匹加倍；10 匹的判处徒刑一年，20 匹加倍，最高判处徒刑 3 年。

宋朝对贪赃官吏连坐制，累及上司和子孙。《宋史》讲："宋兴，承五季之乱，太祖太宗颇用重典以绳奸慝。""时郡县之吏，承五季之风，黑卖货厉民，故尤严贪墨之罪。""主典自盗赃满者，往往抵死。"

元朝对贪污行为的法律规定较为全面，但与前代相比，在量刑上要宽大得多。贪赃枉法的，贪银不足半两的，按照法律免去官职；半两至 5 两的，受荆条鞭打 47 下；5 两至 10 两的，受荆条鞭打 57 下；10 两到 25 两的，杖责 77 下；50 两以上的，杖责 107 下。贪赃不枉法的处罚则更为宽大，贪银 150 两才杖责 107 下并免去官职，不再聘任。

明朝太祖朱元璋执政后对贪官污吏的惩治较唐宋更严、更彻底，制定了一系列严刑峻法，重典治吏，严惩污吏。处罚原则主要有：对情节严重的处以斩刑、绞刑；实行严厉的经济制裁；罢免官职，永不聘用，或是枭首示众，剥皮填草，或凌迟处死。这些规定主要集中在《大明律》中：监守自盗，满 40 贯即处绞刑；贪赃枉法（收受贿赂从而歪曲法律），满 80 贯处绞刑；贪赃不枉法（虽受贿但并未歪曲法律），满 120 贯杖责 100 下，流放 3000 里。明太祖朱元璋开国时告诫群臣："朕昔在民间时，见州县官吏多不恤民，往往贪财好色，饮酒废事，凡民疾苦，视之漠然，心实怒之。故今严法禁，但遇官吏贪污蠹害吾民者，罪之不恕。"令其他官员触目惊心。

清朝初年也是严惩贪官。康熙告谕大臣："朕观自古帝王，于不肖大臣，正法者颇多。今设有贪污之臣，朕得其实，亦必置之重典。""凡别项人犯尚可宽恕，贪官之罪，断不可宽。"清代的基本法律《大清律例》以明代的《大明律》为蓝本，也规定了官吏监守自盗（今天意义上的贪污）和受赃（受贿）等罪。清朝官员贪污，只要被参奏，首先就是被革职，查出端倪之后就被抄家即没收所有家产，然后再根据查实的犯罪情节分别给予不同程度的刑事处罚。除了刑事处罚之外，对于贪污但涉案不深的官吏则可采取行政处罚，包括革职、停止提升、经济赔偿等。

（二）不持一砚归

北宋康定元年，包拯在天长县奉旨南下广东，被提升为端郡知州。他在任上勤政爱民，巧办案，惩治贪官；移城西，防治水患；开七井，防治瘴疠；办书院，兴文办学；建米仓，储备粮食。包拯刚正不阿，执法如山，为百姓办了不少实事好事，因政声卓著，受朝廷器重。至庆历三年（1043 年），朝廷下旨诏包拯回京，晋升监察御史。于是，包拯在百姓的依依不舍下，乘船离开端州进京。岂料船行经羚羊峡口，天空骤然乌云密布，狂风四起，波浪滔滔。船在江上颠簸、摇晃，就是不能前行，被迫只能下锚，暂避风浪。此时，包拯在船里思潮起伏，坐立不安。心想，归途受阻，事有蹊跷。使召集衙役随从查问，得知在辞别端州时，有位老砚匠素感包拯对百姓恩泽殊深，将亲自雕造的端砚有黄布包着匆忙直到江边码头，想要送给包拯，以示钦敬。谁知老砚匠赶到码头时，包拯已经上船。砚匠正无奈之际，看见包兴等随从运行李上船，心中大喜，连忙上前，将砚台交托包兴代为呈送。包拯问知缘由，即命呈上砚台，打开黄布细看，见那砚台造工精湛，雕刻玲珑，不愧为上品。包拯赞叹一番后，便手捧砚台，迈步船头，仰首叹道：“端州百姓对吾一片心意，包拯就此敬谢，惟此砚台请恕吾不能私受，就此物归原地吧！”说罢，将砚台掷于江中，并面向端城，躬身三揖作谢。说也神奇，砚台沉下江去，片刻风平浪静，云开日朗，包拯即命船夫起锚扬帆。后来，沉砚处浮起了两座沙洲，依角相邻伏卧江心。于是，后人把沙洲命名为墨砚洲，也叫黄布沙。简称砚洲。

故事虽有神话色彩，是由元朝人王揆在《包孝肃公祠记》中记录：“肇庆郡治东，日龙图包公祠，其来尚矣。公在宋康定初，由殿中丞出守于端。以清心直道为治本，地方千里，不识贼盗，吏无叫嚣，水蛋山瑶，熟化奔走。恩威并著，岁乃太和。归之日是，一砚不持。独恨方志不能传公行事，而海隅之民，户诵人咏至于今，称之君子，谓：有功于民，则祀之。孝肃公之食其土，宜矣……”的“不持一砚归”为基础，塑造出来的神话了的故事。故事虽非史实，但充分体现出包拯严于律己、公正清廉的崇高品德。宋元时期，肇庆一带的社会难称太平。各地的叛乱不仅次数频繁，而且规模也较大，一直是政府头痛的问题。但在并不安定的环境之中，作为历代肇庆官员中的“首称名宦”，包拯依本心，做本分事，有所为，亦有所不为，很好地履行了“官道”。这也是他被时人感念，后人铭记的根本原因所在。到了明清时期，在肇庆民间，包拯的形象已经渐趋神化。肇庆是包拯首任州级长官之地，主政端州3年，以为民谋利益为出发点，为发展地方政治、经济和文化做出杰出贡献，其政绩斐然而得名望。①修官衙（包公府衙——丽谯楼）；②迁建驿站（包公祠）；③兴修水利（包公井）；④兴教育、建粮仓；⑤减征墨砚；⑥三疏为岭南。

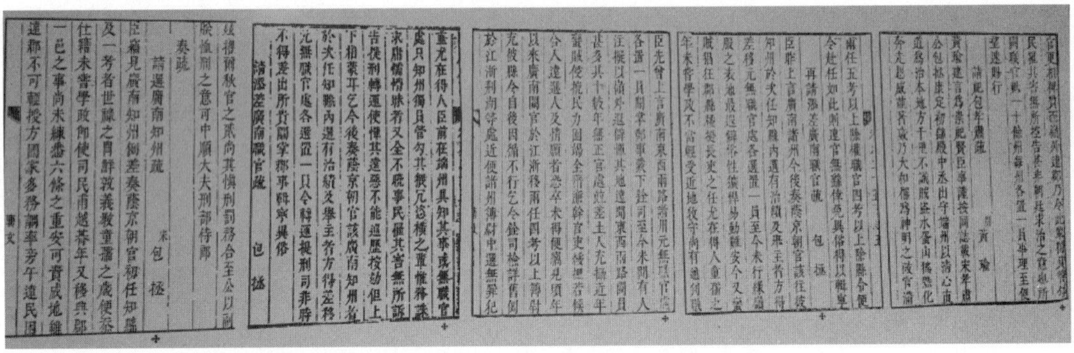

（三）两袖清风的于谦

明朝名臣于谦居官清廉。一次，朝廷派他巡察河南。返京时，人们买些当地的绢帕、蘑菇、线香等土特产回京分送朝贵，他没有接受。同时还写了一首诗表明心迹：“绢帕蘑菇与线香，本资民用反为殃。清风两袖朝天去，免得闾阎（指百姓）话短长。”“千锤万击出深山，烈火焚烧若等闲。粉身碎骨浑不怕，要留清白在人间。”诗中体现了于谦高尚的人格和浩然之气。

（四）家产超过朝廷二十年收入

和珅，原名善宝，字致斋，钮祜禄氏，满洲正红旗人。乾隆去世后，嘉庆下诏令和珅自尽，并抄了和珅的家财。有人估计，和家家产8亿两白银，超过朝廷20年收入。

和珅聚敛财富之多，在历代文武大臣中首屈一指，他的确是中国古代最大最富的贪官。嘉庆下谕，定了和珅20条大罪，其中讲和珅的财产有：夹墙私库有金32000余两，地窖内埋藏银300余万两。另据档案记载，和珅还有取租之地1260余顷、取租之房1000余间，以及大量珠宝玉器、衣服、书籍等，数量之巨大，前所未有。有的说，抄没清单所列106号中的25号，即折算成银22亿余两。有的说，赤金元宝100个，每个重1000两，估银150万两，赤金580万两，估银8700万两，元宝银940万两，白银583万两，苏元银315万两，当铺75座，本银3000万两，玉器库两间，估银7000万两，地亩8000余顷，估银800万两。和珅的确是中国古代最大最富的贪官。

（五）廉洁的孔繁森

新时期共产党员的楷模孔繁森，是一位两袖清风的好干部。孔敏繁森进藏工作多年，把工资中的相当大一部分用于帮助有困难的群众，他给群众买药，扶贫济困时出手大方，少则百十元钱，多则上千元。还收留了三个震灾中认识的孤儿。由于生活拮据，他到血库要求献血。在外人眼里，一个共产党的中高级干部生活如此清贫，真难以想象。1993年，妻子到西藏探亲，去的路费由自己筹措。由于看病，妻子将返程的路费花光，只好向孔繁森要钱，他东挪西借才勉强凑了500元，而回程机票当时是每个人800元。妻子不忍心让丈夫为难，就自己找熟人借了一些。回到济南后，他妻子去看上大学的女儿，女儿一见面就对妈妈说："学校让交学杂费，我写信给爸爸，爸爸让我跟您要。"他妻子一听，眼泪唰唰地流了下来——自己身上剩下的钱，连回家乡聊城的车票还不够，哪里还有钱给女儿交学费！他因车祸牺牲后，人们在他的遗体上找到的现金只有8元6角，在场的每个人都流了泪。

四、练习实践

【单元话题】

1. 唐朝的冯履谦，晋升官职后，有人把一面装饰的铜镜送给他，以表恭贺。他却拒不领情，并且转告送镜的人说："清水照底，明镜照心，余之效官，必同与此。"

2.《周礼天官冢宰小宰》中就提出对官吏考课的"六廉"标准："以听官府之六计，弊群吏之治。一曰廉善，二曰廉能，三曰廉敬，四曰廉正，五曰廉法，六曰廉辨。"这里讲的"听"，即平治的意思；"弊"，就是判断和考察的意思；"六计"，是指六件事，即文中的"六廉"。其中"廉善"是指善于行事，能获得百姓的好评；"廉能"是指能行政令较好地贯彻各项法令；"廉敬"是不懈于职位，能尽职守责；"廉正"是指不偏邪，品行端正；"廉法"是指守法不失，执法不移"廉辨"是指临事分明，头脑清楚不疑惑。隋唐时期对官吏的考课的"四善二十七"条例，基本上继承发展了"六廉"的全部内容。

请结合材料的观点做出自己的评价，与小组为单位组织讨论。

【写作实践】

1. 根据你对"廉"的理解，就廉文化制作PPT或视频。

2. 假如你身边有类似贪污和行贿的行为，你将如何面对？（以"讲"或"演"的方式完成本题）

【语言素养】

朗读《弟子规》

谨

朝起早　夜眠迟　老易至　惜此时　晨必盥　兼漱口　便溺回　辄净手
冠必正　纽必结　袜与履　俱紧切　置冠服　有定位　勿乱顿　致污秽
衣贵洁　不贵华　上循分　下称家　对饮食　勿拣择　食适可　勿过则
年方少　勿饮酒　饮酒醉　最为丑　步从容　立端正　揖深圆　拜恭敬
勿践阈　勿跛倚　勿箕踞　勿摇髀　缓揭帘　勿有声　宽转弯　勿触棱
执虚器　如执盈　入虚室　如有人　事勿忙　忙多错　勿畏难　勿轻略

第九章 知　　耻

一、导读

什么是耻？耻，古作耳心，《说文》曰："辱也，从耳，心声。"《说文解字》将耻辱互训，曰："耻，辱也。"因此，"耻"字与"辱"字是相通的。《六书总要》曰："从心耳，会意，取闻过自愧之意。凡人心惭，则耳热面赤，是其验也。"从词源学的角度而言，"恥"，从耳从心，即耳朵听到的别人的评价便会在心里产生某种情感反应。"耻"是主体受到他人的侮辱，或者内疚于自身的不足、过错而产生的一种痛苦体验。

我们理解"耻"的含义有二：①耻辱，可耻的事情。《吕氏春秋·顺民》："越王苦会稽之耻。"②知耻。柳宗元《与顾十郎书》："其或少知耻惧。"

儒家把"礼、义、廉、耻"称为四德，是中国封建社会的道德标准和行为规范。在礼义廉耻中，耻是最重要的，是道德的基础。中国的耻感文化可以追根溯源到儒家文化，从《论语》《孟子》等著作中，我们理解"耻"的内涵：首先，耻是立人之本，与道德修身相联系，是追求理想人格、远恶向善的道德自觉；其次，知耻后勇，体现士大夫的担当精神，与个人、民族和国家的关系息息相关；再次，反思当今社会利欲熏心、道德堕落之"无耻"现象，明确"知耻"的社会现实意义。

（一）知耻，是立人之本，是追求理想人格、远恶向善的道德自觉

1. 君子"不耻下问"，为人要有谦逊好学的态度

子曰："不耻下问。"（《论语·公冶长》）是说不要以向地位比自己低，学问不如自己的人请教为耻辱。"三人行，必有我师焉。"（《论语·述而》）即三个人同行，其中必有能够当我老师的人。正所谓术业有专攻，每个人都有自己擅长的领域，哪怕是向看起来学问、地位比自己低的人请教，也不是耻辱的事情。因此，做人要有谦逊的态度，能做到不耻下问，勤学好问；以妄自尊大、自以为是的傲慢为耻辱，才能"道益明，学益深"，使自己进德修业，成为博学、审问、明辨、笃行的君子。

2. 君子以"不信"为耻，要有言行一致的理想人格

孔子强调人们的言行修养，君子应"讷于言而敏于行""敏于事而慎于言"。有道德的君子要诚实，言行一致，这是做人的根本。孔子认为："君子耻其言而过其行。"是说君子认为说得多而做得少，是可耻的。孔子反感言行不一、言过其实的人，更以言不由衷、巧言令色、为人所不耻的行为。从古到今，"言辞"与"行为"的脱节，始终是做

人之大忌；人们注重言行的诚信，才能立足于社会，实现仁义君子的理想人格要求。然而，在社会现实生活中，我们看到一些夸夸其谈的人，他们口若悬河，说尽大话、套话，到头来，言过其实。与这种人相处，令人质疑其诚信，给事业和团队会造成不良影响。作为一个注重道德修养的君子，不仅要谨言慎行，言行一致，还要远离那些人前一套、人后一套的小人。

3．君子以“不义”为耻，要有远恶向善的道德之心

在孔子看来，“有耻”是君子品格最重要的组成部分，是人们修身的首要目标。它以一种消极的、痛苦的情感体验，从反面督促人们自觉约束自己的行为，不该做的事不做，坚守自己的道德底线。《论语·学而》中有“信近于义，言可复也；恭近于礼，远耻辱也”，即是说，所做出的承诺要符合于义，只有符合于义的承诺才可以兑现；恭敬的态度合乎礼节，就可以远离耻辱了。“君子喻于义，小人喻于利。”（《论语·里仁》）历史上的古代先贤的言行和面临义与利的取舍，为我们的心灵修养提供了丰富的精神资源。

为达到道德人格的完善，中国历史上的仁人志士们在面临义和利之选择时，坚守道义，不谋私利。在先贤们刚直不阿、见义勇为的行为背后，都有着耻感文化的思想基因，由此形成自强不息、奋发有为的民族精神。因而，一切有违道义，有违“仁义礼智信”的行为都是可耻的，都是君子所鄙夷和排斥的。做人要“谋道不谋食……忧道不忧贫”（《论语·卫灵公》）。孔子强调不要过多地关注和在乎自己的衣食和财富；作为一种道德和心灵的修养，只要是真正有志于求道，即使是“恶衣恶食”（《论语·里仁》），也没有必要觉得耻辱。

（二）知耻后勇，体现士大夫的担当精神，成为中华民族的优良传统

知耻，是中华民族的优良传统。《中庸》说：“知耻近乎勇。”中国传统文化的道德教育尤为强调教人知耻，认为知耻不仅是“利人之大节”，而且是“治世之大端”，认为知耻与个人、民族和国家的关系息息相关。

知耻，体现了士大夫的担当精神。《论语·泰伯》：“邦有道，贫且贱焉，耻也；邦无道，富且贵焉，耻也。”当国家有道而自己却穷困卑微是耻辱，国家无道而自己却荣华富贵也是一种耻辱。国家有道即政治清平，经济发达，道德高尚，社会祥和，可以做官领取俸禄，却不出来做事，这是耻辱；反之当君上无道，政治黑暗，经济衰退，道德沦丧，仍然做官食禄，这也是耻辱。孔子把个人的耻辱和国家兴亡联系起来：在国家政治清明的时候，仁道要求人们勤奋上进，积极出仕，推行仁道于天下；如果这时懒惰无为，贫穷无位，那就是可耻的。相反，国家无道的时候，就应该“卷而怀之”，隐退藏身，不能贪图荣华富贵。

知耻的作用，可以使人奋斗雪耻，成就事业。历史上受耻之后，发愤图强，成就一番事业的故事不胜枚举。春秋时期，吴越争霸。越王勾践不忘会稽之耻：“吴既赦越，越王勾践返国，乃苦身焦思，置胆于坐，坐卧即仰胆，饮食亦尝胆也。曰：‘女忘会稽之耻邪？’身自耕作，夫人自织，食不加肉，衣不重采，折节下贤人，厚遇宾客，振贫吊死，与百姓同其劳。”（《史记·越王勾践世家》）越王勾践卧薪尝胆，是在时刻提醒自己不忘会稽之耻。最终经过“十年生聚，十年教训”的忍辱负重，艰苦奋斗，终于灭掉了吴国而称霸，终雪“会稽之耻”。

对民族或国家来说，羞耻心是指受到外来的侮辱，民族的自尊心或国格受到伤害而引起的愤怒情感。马克思曾说："羞耻就是一种内向的愤怒。如果整个国家真正感到羞耻，它就会像一只蜷伏下来的狮子，准备向前扑去。"（《马克思恩格斯全集》第1卷，第407页）中国人民任人宰割的历史已经成为过去。然而，国耻是永远不能忘记的。北京的圆明园、南京的雨花台，时时提醒我们国人不能忘记过去，不能忘记八国联军的残暴入侵，不能忘记英法联军火烧圆明园的罪行，不能忘记日本军国主义在中国制造的一次次血腥大屠杀……德国当局和主流民意对法西斯战争有深刻反思，知耻并付诸行动，故而受到世人尊重；相反，日本右翼政客屡屡不承认侵略他国、殃及邻邦，还不断制造事端，故而受到世人的诟病。

勿忘国耻，发愤图强，中华儿女要努力建设我们繁荣富强、民主和谐的国家，是时代赋予我们年轻一代神圣的责任。

（三）反思当今社会利欲熏心、道德堕落之"无耻"现象，明确"知耻"的现实意义

《孟子·公孙丑上》中说："无羞恶之心，非人也。"孟子特别强调耻感对个人的意义："人不可以无耻，无耻之耻，无耻矣。"（《孟子·尽心上》）真正的羞耻，是人不知道羞耻。不知道羞耻的人是非常可怕的，因为他没有道德的底线，见利忘义，唯利是图，不择手段。在传统文化中，"耻"的内容很广，勤俭、正直、谦逊、忠诚、孝敬、诚信等，都属于知耻的行为；而奢侈、浪费、妒贤、徇私、贪污腐败等，均为无耻之现象。

针对鸦片战争前社会道德极为堕落，士大夫多缺乏羞耻心，龚自珍曾大力提倡知耻。他说："农工之人，肩荷背负之子则无耻，则辱其身而已；富而无耻者，辱其家而已；士无耻，则名之曰辱国；卿大夫无耻，名之曰辱社稷。"上行下效，上下皆无耻，则何以为国？因此，要使国家振兴，当"以教之耻为先"（《明良论》），说明教人"知耻"，是对社会正道发展、人民幸福安康的重要前提保障。

经济的发展，现实的逐利，导致一些国人进入市场经济时期唯利是图，追求个人利益的最大化："这种人因为不知耻便显出一种卑怯的放肆。只要不受惩罚，他敢于践踏任何美好的东西，包括爱情、友谊、荣誉，而且内心没有丝毫不安。"（周国平《有所敬畏》）假如社会中利欲熏心的无耻之徒增多，必然会败坏我们的社会风气，使社会陷入一个诚信缺失、人人担忧的"互害"怪圈：环境污染、毒大米、食品安全、地沟油、学历造假、山寨假货、假药疫苗……没有了羞耻心，社会的怪象就会层出不穷，防不胜防。人不知耻的现象，会像一个毒瘤，侵害我们的社会，使我们的国家、我们的人民，深受这些"无耻"之徒的毒害！

心存敬畏心的我们，希望这些病态现象早日清除，唤醒我们的道德良知，修身养性，约束自己的言行，形成一个人人尊法治、讲诚信，个个知廉耻、懂规矩的良好风尚的社会；"知耻"不为，坚持远恶向善的道德之心，传承我们的优秀文化，建设一个充满希望的国家，在国际上赢得中国人应有的尊严与尊重。

归根到底，耻感文化的目标，在于追求理想人格的实现。古代先贤们的"知耻"思想，对我们今天仍有重要的现实意义。我们要坚持"八荣八耻、以德治国""行己有耻""有所不为"，以羞耻心对违背道德行为法则的厌恶和排斥为基础，规范自己的言行；遵纪守法，不做有违法则的事；远恶向善，归于正道，这些对于弘扬民族精神和塑造健康人格及建设现代文明，都有着极其重要的积极作用！

二、经典选读

1. 子曰：“巧言令色足恭，左丘明耻之，丘亦耻之。匿怨而友其人，左丘明耻之，丘亦耻之。”

——《论语·公冶长》

【译文】

孔子说：“花言巧语，装出好看的脸色，摆出逢迎的姿势，低三下四地过分恭敬，左丘明认为这种人可耻，我也认为可耻。把怨恨装在心里，表面上却装出友好的样子，左丘明认为这种人可耻，我也认为可耻。”

2. “道之以政，齐之以刑，民免而无耻；道之以德，齐之以礼，有耻且格。”

——《论语·为政》

【译文】

若仅以刑罚治民，民虽能免于犯罪而不知犯罪行为是羞耻的；若以德治教民，民便有羞耻之心且能端正自己的言行。”

3. 孟子曰：“耻之于人大矣！为机变之巧者，无所用耻焉。不耻不若人，何若人有?”

——《孟子·尽心章句上》

【译文】

孟子说：“羞耻之心对于人至关重要！搞阴谋诡计的人是不知羞耻的。不以自己不如别人为羞耻，怎么赶得上别人呢?”

4. 由是观之，无恻隐之心，非人也；无羞恶之心，非人也；无谦让之心，非人也；无是非之心，非人也。恻隐之心，仁之端也；羞恶之心，义之端也；谦让之心，礼之端也；是非之心，智之端也。人之有是四端也，犹其有四体也。

——《孟子·公孙丑上》

【译文】

由此看来，没有同情之心，不是人；没有羞耻之心，不是人；没有谦让之心，不是人；没有是非之心，不是人。同情怜悯心是仁德的开端，羞耻心是义行的开端，谦让心是守礼的开端，是非心是明智的开端。人有这四种开端，就像他有四肢一样。

【感悟评析】

在孔子那里，知耻是对人们言行的外在要求，主张以德教民；那么到了孟子，则把“羞恶之心”作为与生俱来的人的内在规定性，视之为人之为人的根本依据。孟子将人先天具有的对自身过错或者邪恶感到羞愧、厌恶的“羞耻之心”等同于耻，强调人内心的修养。至此，耻开始具有羞愧，内疚的意思。后人遂以“耻格”表示懂得羞耻而归乎正道。

人性远恶向善。那善是什么呢？首先，善是一种价值。孟子认为的“性善”“四心”是关键。对于他人的境遇和行为，我们会有发自内心的感受和评价，亦即所谓同情心、羞耻心、谦让心和是非心。孟子说人心有四种开端，开端代表着萌芽和开始。仁、义、礼、智四端存于心，并付诸行动，就可以形成四种善。也就是说，善一定是你用心感受并诉诸行动后，才能实现，成为言行一致的君子。

5. 君子有三患：未之闻，患弗得闻也。既闻之，患弗得学也。既学之，患弗得行也。君子有五耻：居其位，无其言，君子耻之。有其言，无其行，君子耻之。既得之而又失之，君子耻之。地有余而民不足，君子耻之。众寡均而己倍焉，君子耻之。

——《礼记·杂记》

【译文】

君子有三件忧虑的事：自己没有听到过的知识或道理，担心不能听到。已经听说了，担心不能学到手。已经学到手了，又担心不能实行。君子有五种认为是耻辱的事情：担任一定的职位，却不能拿出自己的意见，君子认为是可耻的事；光有见解，却不去实行，君子认为是可耻的事；已经实行了却半途而废，君子认为是可耻的事；土地很多，百姓却缺衣少食，君子认为是可耻的事；大家都平均地得到一份，而自己却多拿一份，君子认为是可耻的事。

6. 故君子耻不修，不耻见污；耻不信，不耻不见信；耻不能，不耻不见用。是以不诱于誉，不恐于诽，率道而行，端然正己，不为物倾侧，夫是之谓诚君子。

——《荀子·非十二子》

【译文】

所以君子把自己的品德不好看作耻辱，而不把被人污蔑看作耻辱；把自己不诚信看作耻辱，而不把不被信任看作耻辱；把自己无能看作耻辱，而不把不被任用看作耻辱。因此，君子不被荣誉所诱惑，也不被诽谤所吓退，遵循道义来做事，端正自己，不会为物质影响而动摇。这就称之为真正的君子。

7. 朱熹：“人有耻，则能有所不为。”

——《朱子语类》卷十三

【译文】

朱熹说：“一个人有了羞耻心，就能不做那些不该做的事。”

【感悟评析】

《礼记》中的这段话言简意赅地概括了君子的“三患”：忧虑学习知识、理解掌握和付诸实践三个环节，这对我们学习和做事，都是一个启迪；“五耻”是说为官要奋发有为，以为官不作为是君子“五耻”：一耻自己不胜任职务，二耻自己言行不一致，三耻自己做事半途而废，四耻自己富有，百姓却缺衣少食，五耻自己多吃多占。可以说，“三患五耻”在一定程度上真实地、有针对性地反映了儒家的道德观，指导我们为学、为官做事的原则。

荀子强调要以心节欲，用仁义道德的理性和做人的诚信，来抵御现实中的拜金主义、功利主义的物欲和诱惑，医治社会道德失范、诚信缺失的现象，引导人们树立正确的道德观，诚意正心，坚守仁义的道德底线，端正自己的君子品性，提升人们的道德水平，规范人们的礼义行为。

朱熹的话大意是人有了羞耻心，才会有志向、抱负和气节，才能意志坚定，于义利得失之间有所取舍，有所不为。

先贤们一直强调以德修身养性。在具体的行为过程中，“耻”对主体自律的影响表现为：行为前有所不为；行为中谨言慎行；行为后耻而后勇。“耻”主要以恶行带来的负面情感体验，激发起主体对恶行的厌恶和排斥，从而促使主体调整和约束自己的行为，遵从法则，远恶向善。相反，如果没有“耻”，那会像顾炎武所说“不耻则无所不为”（《日知录·廉耻》）像禽兽一样，肆无忌惮，丧失做人的本性。

清代作家袁枚33岁时远离官场，隐居随园，引起世人诸多猜测。袁枚喜居人前，耻居人后，其辞官的真实原因就是“耻”，即耻于放归县令、耻于身为官奴、耻于升迁受阻；只有辞官，袁枚才能彻底摆脱“耻”。

时任福建布政使陶士璜认为袁枚是“耻为令”“有所激而逃”，袁枚对此曾有所反驳，并自述辞官原因：一是“有能有不能”，即能为百姓办事，不能为大官作奴；二是“文章亦报国”；三是“知难而退”，“收帆需在顺风时，急流勇退，是古今佳话”。袁枚对仕途彻底地绝望，既然前途渺茫，唯有另作他计：“仰天大笑卿知否，折腰只为米五斗。何不高歌《归去来》，也学先生种五柳！”他购下江宁织造隋赫德小仓山之“隋园”，并改其名曰“随园”。袁枚辞官既是一种无奈的选择，也是一种明智的决定，他借此找回自信，从此甩掉名利羁绊，摆脱一切束缚，随性自然，活出真我。

8．仓廪实而知礼节，衣食足而知荣辱。

——《管子·牧民》

【译文】

仓库里的粮食充足，百姓才能知晓礼节；百姓丰衣足食，就会知晓荣誉和耻辱。

9．守国之度，在饰四维。……四维不张，国乃灭亡。……何谓四维？一曰礼、二曰义、三曰廉、四曰耻。

——《管子·牧民》

【译文】

治理国家的准则，在于整顿和红弘扬“四维”。……“四维”要是得不到实行和弘扬，国家就会灭亡。……那么，什么是“四维”呢？一是礼，二是义，三是廉，四是耻。

【感悟评析】

管子认为：老百姓只有丰衣足食，才会知晓荣誉和耻辱。他将礼、义、廉、耻并列为“国之四维”，是关系国家生死存亡的基本道德原则。只有人们生活富足了，这四项基本原则得到推行，国家才能长治久安，君位稳固，社会安定，政治清明，消除恶行，从而实现国家大治；否则，便会亡国。管子开历史先河，将“耻”视为国家高度的一种道德要求，关系到人民的和谐安康，国家的生死存亡。

明末清初大思想家顾炎武说：“廉耻者，士人之美节；风俗者，天下之大事。朝廷有教化，则士人有廉耻；士人有廉耻，则天下有风俗。”（《日知录·廉耻》）在他看来，士大夫的无耻不像一般人的不知耻仅限于个人的品德问题，而是关乎整个社会风俗之所向，导致伤风败俗，误国祸民的问题，其为害甚大，“故士大夫之无耻，是谓国耻”（同上）。龚自珍也讲：“士皆知有耻，则国家永无耻矣；士不知耻，为国之大耻。”（《明良论》二）他们讲的这些话，都是有感于当时的政治黑暗、官吏腐败、社会风气恶劣而发的。从“国耻”一言的提出，足见其对当时社会的批判是多么尖锐而深刻。

10. 晏子将使楚。楚王闻之，谓左右曰：“齐之习辞者也，今方来，吾欲辱之，何以也？”左右对曰：“为其来也，臣请缚一人，过王而行。王曰，何为者也？对曰，齐人也。王曰，何坐？曰，坐盗。”

晏子至，楚王赐晏子酒，酒酣，吏二缚一人诣王。王曰：“缚者曷为者也？”对曰：“齐人也，坐盗。”王视晏子曰：“齐人固善盗乎？”晏子避席对曰：“婴闻之，橘生淮南则为橘，生于淮北则为枳，叶徒相似，其实味不同。所以然者何？水土异也。今民生长于齐不盗，入楚则盗，得无楚之水土使民善盗耶？”王笑曰：“圣人非所与熙也，寡人反取病焉。”

——《晏子春秋》

【译文】

晏子将要出使楚国。楚王听到这消息，便对侍臣说；“晏婴，是齐国善于辞令的人，将要来，我想羞辱他，用什么办法呢？”侍臣回答说：“在他来到的时候，请允许我们捆绑一个人，从大王面前走过。大王就问：‘这人是干什么的？’我就回答说：‘是齐国人。’大王又问：‘犯了什么罪？’我就回答说：‘犯了偷窃的罪。’”

晏子到了，楚王赏赐晏子喝酒。当酒喝得正高兴的时候，两个官吏绑着一个人从楚王面前走过。楚王说：“绑着的人是干什么的？”官吏回答说：“是齐国人，犯了偷窃罪。”楚王瞟着晏子说：“齐国人都善于偷窃吗？”晏子离开座位，回答说：“我听说这样的事，橘子长在淮河以南结出的果实就是橘，长在淮河以北就是酸枳，（橘和枳）它们只是叶子的形状相似，果实味道却完全不同。这是什么原因呢？是水土不同。现在百姓生活在齐国不偷盗，来到楚国就偷盗，难道楚国的水土会使人民善盗吗？”楚王笑着说：“圣人不是能同他开玩笑的，我反而是自讨没趣了。”

【感悟评析】

《晏子使楚》讲述了春秋末期，齐国大夫晏子出使楚国，楚王三次侮辱晏子，想显显楚国的威风。机智的晏子巧妙回击，维护了自己和国家的尊严。通过晏子出使楚国的故事，挫败楚王诬蔑齐人入楚为盗的阴谋，表现了晏子机智善辩的才能和政治家、外交家的风度。也说明，总想侮辱别人的人，到头来必然受辱于人。通过这则故事也可以让很多人明白，人不可相貌，海水不可斗量；对人贸然无礼的结果，最终只能自讨没趣。

11. 但改过者，第一，要发耻心。思古之圣贤，与我同为丈夫，彼何以百世可师？我何以一身瓦裂？耽染尘情，私行不义，谓人不知，傲然无愧，将日沦于禽兽而不自知矣；世之可羞可耻者，莫大乎此。孟子曰：耻之于人大矣。以其得之则圣贤，失之则禽兽耳。此改过之要机也。

——明·袁了凡《了凡四训》

【译文】

而改过的方法，第一要发“羞耻心”。试想想，古之圣贤跟我们同样是人，何以他们能流芳千古，而我们却默默无闻，甚至于身败名裂呢？因为大多数人只贪恋声色名利，纵情恣意，背着别人做些见不得人的勾当，自以为他人见不到，而自鸣得意，则将渐渐变成衣冠禽兽而不自知！世界上没有比这更可耻可羞的了。孟子也说过，知耻心是十分重要的。能做到知耻就是圣贤，不知羞耻为何物便同于禽兽了，这是改过的关键。

【感悟评析】

周敦颐说“心有耻，则可教”。知耻是人性的标志，是做人的基本道德要求。所谓知耻，就是指每个人的内心都应该有辨别善恶、荣辱的正确标准，对什么是荣誉，什么是耻辱，都有着很明确的概念。知耻教育是培养学生的耻辱感，以行不道德之事为耻，严格地约束自己的行为，对自己的人格尊严负责的底线伦理教育。

12. 相鼠有皮，人而无仪！人而无仪，不死何为？
相鼠有齿，人而无止！人而无止，不死何俟？
相鼠有体，人而无礼，人而无礼！胡不遄死？

——《诗经·魏风·相鼠》

【注释】

①相：察看。②仪：礼仪。③止：指守礼法的行为。④俟（sì）：等待。⑤遄（chuán）：快。

【译文】

看那老鼠有张皮，却见有人没威仪。
却见有人没威仪，为何还活不倒毙！
看那老鼠有牙齿，却见有人无廉耻。
却见有人无廉耻，活着不死等何时！
看那老鼠有肢体，却见有人不懂礼。
却见有人不懂礼，何不赶快就死去！

【感悟评析】

这是讽刺当时统治阶级荒淫无耻的诗。表现人民对统治阶级的痛恨和鄙视。鼠辈是丑陋的，令人厌恶的。选中丑陋、狡黠、偷窃成性的老鼠与统治者作对比，判定那些长着人形而寡廉鲜耻的在位者连老鼠也不如。看那老鼠还有一张皮（喻为脸皮），人岂能没有尊严廉耻；如果一个人不识尊严廉耻，还活着干什么？诗人不仅痛斥，而且还要他们早早死去，以免玷污“人”这个称呼。中国文化传统看重的人的价值和尊严，是仁义道德、礼义廉耻；本篇以鼠起兴，反复类比，意思并列，但各有侧重：第一章“无仪”，指外表；第二章“无止（耻）”，指内心；第三章“无礼”，指行为。既一气贯注，又回流激荡，增强了诗歌的讽刺力量与风趣。

13. 上与群臣论止盗。或请重法以禁之，上哂之曰：“民之所以为盗者，由赋繁役重，官吏贪求，饥寒切身，故不暇顾廉耻耳。朕当去奢省费，轻徭薄赋，选用廉吏，使民衣食有余，则自不为盗，安用重法邪！”自是数年之后，海内升平，路不拾遗，外户不闭，商旅野宿焉。

——司马光《资治通鉴·唐纪》

【译文】

皇上和群臣议论怎样禁止盗贼。有人请求使用严厉的刑法来制止，皇上微笑着说：“老百姓之所以去做盗贼，是由于赋税太多，劳役、兵役太重，官吏们又贪得无厌，老百姓吃不饱，穿不暖，这是切身的问题，所以也就顾不了廉耻了。我应当去掉奢侈，节省开支，减轻徭役，少收赋税，选拔和任用廉洁的官吏，使老百姓穿的吃的都有富余，那么他们自然就不会去做盗贼了，何必要用严厉的刑法呢！”从这以后，过了几年，天下太平，没有人把别人掉在路上的东西拾来据为己有，大门可以不关，商人和旅客可以露宿。

14. “世之为欺者不寡矣，而独我也乎？吾子未之思也。今夫佩虎符、坐皋比者，洸洸乎干城之具也，果能授孙、吴之略耶？峨大冠、拖长绅者，昂昂乎庙堂之器也，果能建伊、皋之业耶？盗起而不知御，民困而不知救，吏奸而不知禁，法斁而不知理，坐糜廪粟而不知耻。观其坐高堂，骑大马，醉醇醴而饫肥鲜者，孰不巍巍乎可畏，赫赫乎可象也？又何往而不金玉其外，败絮其中也哉？今子是之不察，而以察吾柑！”予默默无以应。退而思其言，类东方生滑稽之流。岂其愤世疾邪者耶？而托于柑以讽耶？

——刘基《卖柑者言》

【译文】

“世上做欺骗的事的人不少，难道仅仅只有我一个吗？你还没有好好考虑这个问题。现在那些佩带兵符、坐虎皮椅子的人，威武的样子好像是捍卫国家的将才，果真能传授孙武、吴起的谋略吗？戴着高高的大帽子，腰上拖着长长带子的人，气宇轩昂的样子，好像是朝廷的栋梁之才，他们真的能够建立伊尹、皋陶的功业吗？盗贼四起却不知道抵御，百姓困苦却不知道解救，官吏狡诈却不知道禁止，法度败坏却不知道治理，奢靡地浪费粮仓里的粮食却不知道羞耻。看看那些坐在高堂上，骑着高头大马，喝着美酒，吃着美食的人，哪一个不是威风凛凛、令人敬畏、显赫的样子，有什么值得（人们）效仿的呢？又哪里不是外表光鲜、里面像破棉絮那样的呢？现在你没有明察这些情况，却只看到我的柑橘！”我沉默着没有什么好回答的。我回家后思考他的话，卖柑橘的人像是东方朔一类诙谐多讽、机智善辩的人，难道他是对世事愤慨，对邪恶憎恨的人吗？因此假托在柑橘上来讽刺（这样的现象）吗？

【感悟评析】

司马光主编的《资治通鉴》，是通史中的不朽之作。司马光在《进资治通鉴表》中说他“专取关国家兴衰，系生民休戚，善可为法，恶可为戒者，为编年一书”，目的是为宋朝统治者提供借鉴。《唐太宗论止盗》一文，实录了唐太宗对如何止盗的见解和主张，言之有理，令人叹服。“路不拾遗，夜不闭户”的良好社会风气，令多少人羡慕而向往！

《卖柑者言》是元末明初文学家刘基所写的一篇政治寓言。这篇文章由买卖一个坏了的柑橘的小事引起议论，假托卖柑者的一席话，作者借古喻今，以古之圣贤与今之众人对照，深刻讽刺了有名无实者的丑恶嘴脸，以形象、贴切的比喻，揭示了当时盗贼蜂起、官吏贪污、法制败坏、民不聊生的社会现实，有力地讽刺了那些冠冕堂皇、声威显赫的达官贵人本质上都是“金玉其外，败絮其中”的欺世盗名的人物，抨击了元末统治者及统治集团的腐朽无能和社会当下的黑暗，抒发了作者愤世嫉俗的情感。散文藏锋寓意的点睛之论——“金玉其外，败絮其中”，至今传为警策后人的至理名言。

15. 以热爱祖国为荣、以危害祖国为耻；以服务人民为荣、以背离人民为耻；以崇尚科学为荣、以愚昧无知为耻；以辛勤劳动为荣、以好逸恶劳为耻；以团结互助为荣、以损人利己为耻；以诚实守信为荣、以见利忘义为耻；以遵纪守法为荣、以违法乱纪为耻；以艰苦奋斗为荣、以骄奢淫逸为耻。

——胡锦涛

【感悟评析】

“八荣八耻”，是社会主义的荣辱观。我们要引导学生将“知耻”化为向上的精神动力和道德力量。耻感文化中“耻于落后、耻于无知、耻于懒惰”的精神，可以焕发出催人奋进的青春活力，荣辱心能够使大学生产生崇高的自尊心、自豪感，形成渴望完善自我的力量和心理机制；知荣明耻，使我们在社会生活中做出善的、符合人们尊严的行为，形成爱国、敬业、诚信、友善的优良品质，自律自强，实现道德价值的目标和完善自我的人格修养。哲学家冯友兰说：人生有四个境界——自然境界、功利境界、道德境界和天地境界。让我们超越自我，去追求人生境界的“道德境界”和“天地境界”，去回报社会，努力为国家、为人类贡献自己的青春、知识和智慧。

知耻，是洗礼，是除瘀，具有心理的自我约束、道德自律的作用。知耻，就得反躬自省，要有忏悔意识。而忏悔是记住过去、记住历史、记住教训，才会有精神的升华。今天，我为何非要赚更多的钱、争更高的职位、得更多的利益，住更大的房子？为何非要送别人贵重的礼物、用不明不白的钱请别人赴豪宴？为何宁可坐在宝马车里哭，也不坐在自行车上笑？为何非要每天发送在哪里找乐子的微博短信？为何非要热衷于开充斥着空话、套话、废话的会议？为何非要为蝇头小利造假、为不仁不义撒谎？

知耻，不仅对于个人，甚至对于一个民族、一个国家，都是至关重要的。康有为提出“四耻”说：“一耻无志。志于富贵，不志于仁义，可耻也。二耻循俗。于风气，不能卓立，可耻也。三耻鄙吝。……凡鄙吝者，天性必薄，为富不仁，可耻也，宜拔其根。四耻懦弱。曾子以懦弱为庸人，见义不为，可耻也。”（《长兴学记》）康有为在他所处的时代提出的“四耻”说，不一定全面，但明辨是非，树立正确的善恶、荣辱观，对于今天的我们，仍旧是如雷贯耳，犹如警示之洪钟，悠远而沉重地敲响着……回荡在中国的崇山峻岭、江河湖海间，回荡在炎黄子孙的耳边和心中。

三、拓展阅读

（一）香港中文大学校长毕业讲话

不流俗不盲从不负此生

香港中文大学校长——沈祖尧

今天，你们毕业了。我祈求你们离校后，都能过着不负此生的生活。

首先，我希望你们能俭朴地生活。快乐与金钱和物质并无必然关系。温馨的家、简单的衣着、健康的饮食，就是乐之所在。漫无止境地追求奢华，远不如俭朴生活能带来幸福和快乐。

其次，我希望你们能高尚地生活。务必庄敬自强，公平待人，不可欺侮弱势之人，也不可做损及他人之事。

再次，我希望你们能谦卑地生活。要有服务他人的谦卑胸怀，时刻不忘为社会、国家以至全人类出力。

我相信，一所大学的价值，不能用毕业生的工资来判断，而应以它的学生在毕业后对社会、对人类的影响为依归。

今天，你们毕业了，我送你们钱穆老师的一番话：你们一个人怎么样做人，怎么样做学问，怎么做事业，我认为应该有一个共同的基本条件，就是我们一定先要认识我们的时代。我们生在今天这个时代，我们就应该在今天的时代中来做人、做学问、做事业。

这是一个怎样的时代？

这是一个个人主义抬头的时代。但海纳百川，有容乃大。我们不应只顾自己的利益，不要过于自以为是，而要学会多听别人意见，考虑各方看法，协力实现梦想。

这是一个资讯爆炸，是非难辨的时代。但事情往往不是表面看来那么简单，是非黑白往往需要仔细分析，深入了解。大学教育的目的，是培养独立思考。

“这是一个利益在前，道德在后的时代。金钱、地位、权力，为世人追逐，道德和价值观的培育，却渐渐被人遗忘。壁立千仞，无欲则刚。但愿你们不要让利益掩盖良心，我们所追求的，理应是较名与利更能持久的东西。

我盼望中大毕业生能虚怀若谷，以远大眼光，包容态度，带领我们的时代。我盼望中大毕业生能恪守道德，做好本分，不要为了个人利益，埋没良知。我盼望中大毕业生能认识时代，引领潮流，不流俗、不盲从，做个对社会有贡献的人。

各位毕业同学，当我诵念你们的名字时，我默祷你们都能不负此生。

（二）余秋雨《废墟》

我诅咒废墟，我又寄情废墟。

……

没有废墟就无所谓昨天，没有昨天就无所谓今天和明天。废墟是课本，让我们把一门地理读成历史；废墟是过程，人生就是从旧的废墟出发，走向新的废墟。营造之初就想到它今后的凋零，因此废墟是归宿；更新的营造以废墟为基地，因此废墟是起点。废墟是进化的长链。一位朋友告诉我，一次，他走进一个著名的废墟，才一抬头，已是满目眼泪。这眼泪的成分非常复杂。是憎恨，是失落，又不完全是。废墟表现出固执，活像一个残疾了的悲剧英雄。废墟昭示着沧桑，让人偷窥到民族步履的蹒跚。废墟是垂死老人发出的指令，使你不能不动容。

……

不能设想，古罗马的角斗场需要重建，庞贝古城需要重建，柬埔寨的吴哥窟需要重建，玛雅文化遗址需要重建。

这就像不能设想，远年的古铜器需要抛光，出土的断戟需要镀镍，宋版图书需要上塑，马王堆的汉代老太需要植皮丰胸、重施浓妆。

只要历史不阻断，时间不倒退，一切都会衰老。老就老了吧，安详地交给世界一副慈祥美。假饰天真是最残酷的自我糟践。没有皱纹的祖母是可怕的，没有白发的老者是让人遗憾的。没有废墟的人生太累了，没有废墟的大地太挤了，掩盖废墟的举动太伪诈了。

还历史以真实，还生命以过程。

——这就是人类的大明智。

当然，并非所有的废墟都值得留存。否则地球将会伤痕斑斑。废墟是古代派往现代的使节，经过历史君王的挑剔和筛选。废墟是祖辈曾经发动过的壮举，会聚着当时当地的力量和精粹。碎成粉的遗址也不是废墟，废墟中应有历史最强劲的韧带。废墟能提供破读的可能，废墟散发着让人流连盘桓的磁力。是的，废墟是一个磁场，一极古代，一极现代，心灵的罗盘在这里感应强烈。失去了磁力就失去了废墟的生命，它很快就会被人们淘汰。

并非所有的修缮都属于荒唐。小心翼翼地清理，不露痕迹地加固，再苦心设计，让它既保持原貌又便于观看。这种劳作，是对废墟的恩惠，全部劳作的终点，是使它更成为一个名副其实的废墟，一个人人都愿意凭吊的废墟。修缮，总意味着一定程度的损失。把损坏降到最低度，是一切真正的废墟修缮家的夙愿。也并非所有的重建都需要否定。如果连废墟也没有了，重建一个来实现现代人吞古纳今的宏志，那又何妨。但是，那只是现代建筑家的古典风格，沿用一个古名，出于幽默。黄鹤楼重建了，可以装电梯；阿房宫若重建，可以做宾馆；滕王阁若重建，可以辟商场。这与历史，干系不大。如果既有废墟，又要重建，那么，我建议，千万保留废墟，傍邻重建。在废墟上开推土机，让人心痛。

不管是修缮还是重建，对废墟来说，要义在于保存。圆明园废墟是北京城最有历史感的文化遗迹之一，如果把它完全铲平，造一座崭新的圆明园，多么得不偿失。大清王朝不见了，熊熊火光不见了，民族的郁愤不见了，历史的感悟不见了，抹去了昨夜的故事，去收拾前夜的残梦。但是，收拾来的又不是前夜残梦，只是今日的游戏。

中国历来缺少废墟文化。废墟二字，在中文中让人心惊肉跳。

或者是冬烘气十足地怀古，或者是实用主义地趋时。怀古者只想以古代今，趋时者只想以今灭古。结果，两相杀伐，两败俱伤，既斫伤了历史，又砍折了现代。鲜血淋淋，伤痕累累，偌大一个民族，前不见古人，后不见来者，念天地之悠悠，独怆然而涕下。

在中国人心中留下一些空隙吧！让古代留几个脚印在现代，让现代心平气和地逼视着古代。废墟不值得羞愧，废墟不必要遮盖，我们太擅长遮盖。

中国历史充满了悲剧，但中国人怕看真正的悲剧。最终都有一个大团圆，以博得情绪的安慰，心理的满足。唯有屈原不想大团圆，杜甫不想大团圆，曹雪芹不想大团圆，孔尚任不想大团圆，鲁迅不想大团圆，白先勇不想大团圆。他们保存了废墟，净化了悲剧，于是也就出现了一种真正深沉的文学。

没有悲剧就没有悲壮，没有悲壮就没有崇高。雪峰是伟大的，因为满坡掩埋着登山者的遗体；大海是伟大的，因为处处漂浮着船楫的残骸；登月是伟大的，因为有"挑战者号"的陨落；人生是伟大的，因为有白发，有诀别，有无可奈何的失落。古希腊傍海而居，无数向往彼岸的勇士在狂波间前仆后继，于是有了光耀百世的希腊悲剧。

诚恳坦然地承认奋斗后的失败，成功后的失落，我们只会更沉着。中国人若要变得大气，不能再把所有的废墟驱逐。

废墟的留存，是现代人文明的象征。

废墟，辉映着现代人的自信。

废墟不会阻遏街市，妨碍前进。现代人目光深邃，知道自己站在历史的第几级台阶。他不会妄想自己脚下是一个拔地而起的高台。因此，他乐于看看身前身后的所有台阶。

是现代的历史哲学点化了废墟，而历史哲学也需要寻找素材。只有在现代的喧嚣中，废墟的宁静才有力度；只有在现代人的沉思中，废墟才能上升为寓言。

因此，古代的废墟，实在是一种现代构建。

现代，不仅仅是一截时间。现代是宽容，现代是气度，现代是辽阔，现代是浩瀚。

我们，挟带着废墟走向现代。

圆明园废墟

（三）知耻故事

1. 加拿大的"耻辱戒指"

加拿大工学院不仅誉满全国，在国际上也有很高的声誉。但在学校的发展史上，曾发生过一个几乎使该校名誉扫地的事件。有一年，加拿大政府将一座大型桥梁的设计任务交给了一位该校毕业的工程师。没想到，由于设计上的失误，这座桥梁在建好交付使用后不久就倒塌了，使国家遭受了无可挽回的巨大损失。为汲取这个惨痛的教训，加拿大工学院花钱买下了建造这座桥梁所用的全部钢材，并请人加工成数百万只戒指。从此，在每年的毕业典礼上，每个毕业生在领到毕业文凭的同时，还会领到一枚这样的“耻辱戒指”。长期以来，加拿大工学院的毕业生都牢记“耻辱戒指”的教训，在工作中精益求精，兢兢业业，为国家的发展做出了很大贡献。

善于总结经验和教训，尤其是教训，对于培养集体的羞耻心和凝聚力，是非常重要的。

2. 内地大学生在香港代考托福被判入狱

新华网香港2月28日电（记者刘晨）三名内地大学生近日利用虚假身份文件，在港顶替他人参加托福考试被当场发现。香港法院判处三人监禁10个月。

负责案件审理的荃湾裁判法院表示，这三人年龄在23岁至24岁间，均为在广东读书的大学生。三人于本月早些时候来港，在25日举行的一场托福考试中，利用贴有自己相片的假护照顶替他人考试，被监考者在核对身份时发现。

三人在被捕后承认，为获得2000元人民币的酬劳而替考，但并不知道被代替者的身份，只是通过中介获得假护照参加考试。

三人均被控使用虚假文书。法官认为，这三人在明知犯法情况下仍然参与，行为可耻，判处三人入狱10个月。

有了道德底线和诚信原则的约束，就能有所不为；相反，则会无所不为。正因如此，三个大学生在“利”的诱惑下，为了区区两千元，走上了违法的邪道，不知为耻地断送了自己的诚信名声。因为贪欲，不知行为当有止，招致了人生抹不去的耻辱。

四、练习实践

【单元话题】

1. 阅读明·朱载堉的《山坡羊·十不足》

逐日奔忙只为饥，才得有食又思衣。置下绫罗身上穿，抬头又嫌房屋低。盖下高楼并大厦，床前缺少美貌妻。娇妻美妾都娶下，又虑出门没马骑。将钱买下高头马，马前马后少跟随。家人招下十数个，有钱没势被人欺。一銓銓到知县位，又说官小势位卑。一攀攀到阁老位，每日思想要登基。一日南面坐天下，又想神仙下象棋。洞宾与他把棋下，又问哪是上天梯。上天梯子未做下，阎王发牌鬼业催。若非此人大限到，上到天上还觉低。

请结合材料的观点谈谈自己的理解。

2. 根据“新闻1+1”的报道，举行一次讨论会

据美国《侨报》在2015年6月5号报道，洛杉矶中国留学生绑架施暴案的更多细节被媒体披露。该报道指出，此前翟某及其帮手对另一名中国留学生刘某进行了长达7个小时的殴打，刘某遭受到了拳打脚踢、上百次耳光、被泼冷水、被扒光衣服、吃沙子、被剪头、强迫吃头发等施暴行为。

据被害人刘某介绍，3月30日晚上，她的一位小学同学当时发微信约她到一个冷饮店去商量事情。结果到了那儿之后发现来了几个中国小留学生，也就是我们本案中所涉及的被告，在此期间刘某经历了各种各样的被法庭称为酷刑的一些行为，刘某当时被打的是遍体鳞伤，脸部有淤青肿胀，双脚也站立不稳，她于3月30日受害当晚就在案发地罗兰岗公园拨打了报警电话，当时警方就对浑身是伤的刘某进行了身体检查、拍照，并对案发现场进行了取证调查。随后就翟、张、杨等六名被告实施抓捕归案。

这次震惊中美的洛杉矶留学生绑架案是在6月3日开庭审理。有十余人涉案，均为不到20岁的中国留学生，当庭法官弗尔斯就认定检方所有的绑架酷刑等罪名成立。这起留学生涉嫌绑架案，还传出了案外案。6月3日开庭当天，6名被告留学生当中的一名家长，不远万里来到美国，企图行贿证人，结果同样锒铛入狱。对中国家长的做法，多数美国人表示"根本不能理解"，"简直是愚蠢的行为"。

【语言素养】

1. **朗读《声律启蒙》卷二**

十蒸

新对旧，降对升，白犬对苍鹰。葛巾对藜杖。涧水对池冰。张兔网，挂鱼罾，燕雀对鹏鹍。炉中煎药火，窗下读书灯。织锦逐梭成舞凤，画屏误笔作飞蝇。宴客刘公，座上满斟三雅爵；迎仙汉帝，宫中高插九光灯。

儒对士，佛对僧，面友对心朋。春残对夏老，夜寝对晨兴。千里马，九霄鹏，霞蔚对云蒸。寒堆阴岭雪，春泮水池冰。亚父愤生撞玉斗，周公誓死作金縢。将军元晖，莫怪人讥为饿虎；侍中卢昶，难逃世号作饥鹰。

规对矩，墨对绳，独步时同登。吟哦对讽咏，访友对寻僧。风绕屋，水襄陵，紫鹄对苍鹰。鸟寒惊夜月，鱼暖上春冰。扬子口中飞白凤，何郎鼻上集青蝇。巨鲤跃池，翻几重之密藻；颠猿饮涧，挂百尺之垂藤。

2. **选择一组关键词讲一个故事，训练自己的思维与语言表达能力**

（1）亲人，朋友，爱情

（2）金钱，事业，人生

第十章　勇　　敢

一、导读

《说文解字》中解释："勇者，气也。气之所至。力亦至焉。心之所至。气乃至焉。"故古文勇从心，恿。勇，从甬从力。力及所至，生命勃发甬甬然也。

儒家大致从不惧、敢为和中道三个方面对勇的含义做了深刻阐释，认识到勇必须要有仁、义、礼、好学和知耻为前提基础。儒家还对"勇"做了明确的等级和类型区分，提出了小人之勇与君子之勇，野蛮之勇与义理之勇，大勇、中勇与小勇，狗彘之勇，贾盗之勇等类型。勇敢，在中国传统文化蕴含着自强不息，反映了中国人勇敢精神的发展和勇者人格的铸造，认识勇的价值和培育勇的精神对当今社会有着深远的影响。

（一）勇的内涵与特质

据考证，"勇"字在《论语》中出现16次，《孟子》出现15次，《荀子》出现31次。古代圣贤们立足于不同语境对"勇"进行了精深地探索。历代儒家所言传的，作为单音节字的"勇"包含勇气、勇力、勇敢、勇性、勇毅等多种意蕴。

孔子、孟子和荀子都对勇做了较为深刻的阐述，奠定了儒家勇论的基本构架。特别是儒家经典《中庸》，不但把勇加以伦理化的改造，明确地将它当作"三达德"之一，还将勇与五伦联结起来，提出了影响深远的"天下之达道五，所以行之者三。曰：君臣也、父子也、夫妇也、昆弟也、朋友之交也。五者，天下之达道也。知、仁、勇三者，天下之达德也。所以行之者一也"。

1．"不惧"

子曰："君子道者三，我无能焉：仁者不忧，知者不惑，勇者不惧。"（《论语·宪问》）孔子指明君子之道包括"知者不惑，仁者不忧，勇者不惧"三个方面，君子人格应具备"不忧、不惑、不惧"三种品质，"不惧"就是勇的品质。不惧表现为心理意志和精神力量，以抵抗身心内部出现的疾病和痛苦以及外部环境出现的危险和威胁。

德国著名哲学家、教育家泡尔生指出："希腊哲学提出了勇敢，并把勇敢看作是一种运用理性意志抵抗痛苦、危险的和恐惧的感觉的能力。"在儒家看来，真正的勇应是面对艰难险阻大义凛然、直道而行、毫不退缩。孔子周游列国屡次遇险，仍然"明知不可为而为之"，然泰然自若、临危不惧，仍然负义直行，以亲身实践生动地诠释了什么是勇者不惧。

2. **敢为**

不惧是勇的内涵实质，表现为精神层面，将勇的精神实质化为行动层面，就是“敢为”。敢为是勇的行动表现，即不怕危险、不怕困难、不畏避不推诿、勇担责任、果敢行动，以大无畏的气概同威胁、危险抗争。但敢为必以正义为准绳，为义而敢为，否则，就是乱为。孔子说：“见义不为，无勇也。”指明义是敢为的根本准则和行为目的，为而不义，见义不为，都不是勇敢，为义而为，见义勇为才是勇敢。这是中国文化推崇的勇敢品行。

3. **中道**

过与不及均不是勇，不及是恐惧、胆小，过度则是鲁莽，勇敢则是这两者的中道。儒家一贯推崇中庸之道、中和之道，只有勇做到“中道”，才符合伦理理性。孔子说：“不得中行而与之，必也狂狷乎！狂者进取，狷者有所不为也。”狂者也好，狷者也好，却都不符合中道，出现或有过或不及的问题，因而都不是勇者所为。荀子也讲过“怒不过夺，喜不过予”，认为喜怒情绪会影响人的勇行，应执中而勇、中道而行。

（二）勇的基础与条件

儒家不仅阐释了勇的内涵，还揭示了勇所应具备的基础和条件。孔孟荀儒家都注意到勇并不纯粹是善德，它必须借助于其他伦理范畴加以规定，必须具备善良意志和道德品性。

1. **合德性：勇须有仁**

在孔子看来，仁与勇呈现出一种辩证统一的关系：“仁者必有勇，勇者不必有仁。”当一个人具备了仁心、仁性时，他必定蕴含着勇的品性；一旦遇到难险需要勇往直前时，他绝不会犹豫退缩、胆小怕事，而是以一颗仁爱之心去面对和战胜一切艰难险阻；践行仁义之道需要勇德的支撑，勇是为仁、达仁、体仁必不可少的条件。实践证明，一个自私自利的人、一个缺乏利他精神的人，当民族、国家和他人面临困境、风险需要他挺身而出时，他必定选择当逃兵、懦夫而非英雄、勇士。

对孔子所说的“勇者不必有仁”应做辩证分析。真正的勇必然以仁爱精神作支撑，但是勇有真勇与假勇之分。孔子说过：“好勇疾贫，乱也。人而不仁，疾之已甚，乱也。”这是说，如果人既好勇又怨贫，难以安分守己，必定要犯上作乱；而那些不仁不义的小人更易铤而走险，如果对之过于怨恨，逼得太厉害，同样会造成混乱，从而揭示了这样的好勇是非合理性的。正如朱熹《四书章句集注·论语集注》所言：“好勇而不安分，则必作乱。恶不仁之人而使之无所容，则必致乱。二者之心，善恶虽殊，然其生乱则一也。”显而易见，此处生乱之勇并非道德之勇而是冲动之勇、浮夸之勇、鲁莽之勇，即假勇。假勇必定不仁，而真勇必定有仁，故此孔子才说“勇者不必有仁”。

2. **适宜性：勇须有义**

围绕勇与义的双向关系，儒家做了多方面的论述。

一是义勇结合。《论语》载：“子路曰：‘君子尚勇乎？’子曰：‘君子义以为上，君子有勇而无义为乱，小人有勇而无义为盗。’”

勇的一个重要前提就是“义”。如果义字当头而行勇，就是仁义之师，就是英雄好汉，就是正人君子；如果违背道义，即便再勇，也不过就是劫匪强盗，是暴君，是好勇斗狠的愤青，不仅会危及自己，也会危及他人。孔子弟子子路性格爽直，为人勇武，他的志向正是“千乘之国，摄乎大国之间，加之以师旅，因之以饥馑。由也为之，比及三年，可使有勇，且知方也”。后来卫国贵族发生内讧他慷慨赴死，以致孔子赞叹道：“由也好勇过我，无所取材。”但是子路有时鲁莽好斗，因而孔子说既要有勇又要有义。

二是见义勇为。子曰：“见义不为，非勇也”其意思是，一个人看到应当做的事而不去做（如见死不救），是一种懦弱的表现，是缺乏勇气的表现。孔子这一句话后来演变成“见义勇为”的成语。但对“见义不为，非勇也”不能做绝对化的理解，有时见义去为不需要勇敢——某些道德场合见义智为、见义巧为更为合理；也有时对于那些无能力去为的人（如一些青少年）就不能一概要求他们“见义勇为”。但是，假如具备能力却见义不为，这就是“非勇”。

三是权变而勇。儒家历来讲究“通权达变”，孔子主张“君子之于天下也，无适也，无莫也，义之与比”。儒家之“义”不仅有时宜、地宜性的问题，也有事宜、情宜性的问题。就勇而言，儒家倡导以义为准绳来确定其取舍和评价标准，主张当勇则勇、不当勇就不勇。《左传·昭公二十年》有言：“知死不辟，勇也。”孔子既讲“勇者不惧”，又强调在特定处境下“临事而惧”“必也临事而惧，好谋而成者也”。孟子对死与勇的关系有着独特的认知：“可以死，可以无死，死伤勇。”可见，贪生怕死固然应当谴责，不怕死固然体现了勇气精神，但并不是一切死都属于值得倡导的勇，一般来说只有英勇就义、正义牺牲，才是大勇、真勇。

3．规范性：勇须合礼

孔子曾经提出了“四恶”说，子贡曰：“君子亦有恶乎？”子曰：“有恶。恶称人之恶者，恶居下流而讪上者，恶勇而无礼者，恶果敢而窒者。”曰：“赐也亦有恶乎？”“恶徼以为知者，恶不孙以为勇者，恶讦以为直者。”

这里孔子把“恶勇而无礼”作为“四恶”之一加以否定，而子贡所恶直指“不孙以为勇”，不谦逊却还自以为勇敢。无独有偶，荀子也创设了君子“三恶”说：“疏知而不法，察辨而操辟，勇果而亡礼，君子之所憎恶也。”正是由于认识到礼具有调控人的行为、为人的角色进行定位的作用，孔子才从重礼角度强调“勇而无礼则乱”。正是出于由礼则治通、违礼必生乱的考虑，所以荀子也强调君子厌恶“勇果而亡礼”的行为。

孔子也指出：“若臧武仲之知，公绰之不欲，卞庄子之勇，冉求之艺，文之以礼乐，亦可以为成人矣。”可见，孔子认为仅有卞庄子之“勇”尚不足以称为成人，还必须加上礼乐的修饰；只有知、不欲、勇、艺和礼乐兼备，才算是一个健全的、完美的人。由此可见，不能为勇而勇，更不能逞勇，而要依据礼或规范加以衡量，加以约束。

4．理智性：勇须好学

孔子在问子路听说过六种美德和六种毛病时指出：“好仁不好学，其蔽也愚；好知不好学，其蔽也荡；好信不好学，其蔽也贼；好直不好学，其蔽也绞；好勇不好学，其蔽也乱；好刚不好学，其蔽也狂。”

这里，孔子把“好学”（实即知识）看作好仁、好知、好信、好直、好勇和好刚六德的前提。众所周知，好学是获取知识、汲取智慧、培养操守的有效途径，因此孔子特别重视学知，强调有勇好谋。只有通过学习掌握了相关知识，才能在面临危急时能果断抉择，从而不会贻误时机。荀子还强调在践履道理时应当表现出勇来：“君子之求利也略，其远害也早，其避辱也惧，其行道理也勇。”道德的践行必须建立在与知识相结合，以必要的经验知识作支撑，假如光有见义勇为的良好动机，却缺乏相应的知识技能，缺乏理性的审视和科学的方法，那么自以为的勇敢活动其有效性就会受到很大限制。

5. 合情性：勇须知耻

《中庸》引述孔子所言：“好学近乎知，力行近乎仁，知耻近乎勇。”一个人一旦在羞耻感的驱动下锻造了正义之心和责任感，就会形成强大的精神动力，表现出巨大的勇气，驱使他见义勇为，所以知耻、明耻构成了勇敢不惧的心性力量。故而孔子才讲：“行己有耻，使于四方，不辱君命，可谓士矣。”由此可见，勇与人的耻感密切相关，后者是前者的道德情感基础。

以上我们主要从儒家经典当中梳理了儒学中有关勇德的思想，可见勇必须合德、合义、循礼、好学及知耻，如此才是“真勇”。

（三）勇的形态与层次

儒家对勇的类型做了明确的等级区分。在《论语》中尽管从精神实质上孔子提出了小人之勇与君子之勇、野蛮之勇与义理之勇的分别，《庄子·秋水》引述孔子所言：夫水行不避蛟龙者，渔父之勇也；陆行不避兕虎者，猎夫之勇也；白刃交于前，视死若生者，烈士之勇也；知穷之有命，知通之有时，临大难而不惧者，圣人之勇也。

此处表明孔子根据职业的不同对“勇”做了特有的区分。在同齐宣王对话时进一步论及了“大勇”与“小勇”：

王曰：“大哉言矣！寡人有疾，寡人好勇。”对曰：“王请无好小勇。夫抚剑疾视曰：‘彼恶敢当我哉！’此匹夫之勇，敌一人者也。王请大之！《诗》云：‘王赫斯怒，爰整其旅，以遏徂莒，以笃周祜，以对于天下。’此文王之勇也。文王一怒而安天下之民。《书》曰：‘天降下民，作之君，作之师。惟曰其助上帝，宠之四方。有罪无罪，惟我在，天下曷敢有越厥志？’一人衡行于天下，武王耻之。此武王之勇也。而武王亦一怒而安天下之民。”

孟子继承了孔子“祖述尧舜，宪章文武”的古圣先贤崇拜传统，推崇文武之道，为此他劝说齐宣王不要喜好“一人衡行于天下”这样的“小勇”，并鄙夷不屑地将之视同为“抚剑疾视”之类的匹夫之勇，而把“一怒而安天下之民”的文王之勇和武王之勇提升为“大勇”层次。

荀子对“勇”的类型做了更为精细，更为具体也更为深刻的梳理。一方面，他把“勇”细分成“上勇”“中勇”和“下勇”三个层次：

有上勇者，有中勇者，有下勇者。天下有中，敢直其身，先王有道，敢行其意；上不循于乱世之君，下不俗于乱世之民；仁之所在无贫穷，仁之所亡无富贵；天下知之，则欲与天下同苦乐之，天下不知之，则傀然独立天地之间而不畏，是上勇也。礼恭而意俭，大齐信焉而轻货财；贤者敢推而尚之，不肖者敢援而废之，是中勇也。轻身而重货，恬祸而广解苟免，不恤是非、然不然之情，以期胜人为意，是下勇也。

由上可见，荀子所说的“上勇”基本特征就是不媚俗、不屈从，能够独善其身，勇敢前行，以仁义作为追求贫穷富贵的取舍标准；“中勇”是能够做到举贤荐能、重礼轻财、恭敬待人；而“下勇”则是爱财如命，不问是非曲直而争强好胜。

另一方面，荀子鲜明地把“勇”分为狗彘之勇、贾盗之勇、小人之勇和士君子之勇四种类型：

有狗彘之勇者，有贾盗之勇者，有小人之勇者，有士君子之勇者。争饮食，无廉耻，不知是非，不辟死伤，不畏众强（强），悴悴然唯饮食之见，是狗彘之勇也；为事利，争货财，无辞让，果敢而振，猛贪而戾，悴悴然唯利之见，是贾盗之勇也；轻死而暴，是小人之勇也；义之所在，不倾于权，不顾其利，举国而与之不为改视，重死持义而不桡，是士君子之勇也。

实际上，无论狗彘之勇、贾盗之勇还是小人之勇，其外在表现虽然有所不同——王先谦诠解道：狗彘勇于求食、贾盗勇于求财、小人勇于求暴，但本质上三者同属一个类别，都呈现为唯利是图、无廉耻礼让之心、贪生怕死。而荀子对士君子之勇的推崇则充分体现了他一贯持有的“隆礼义”思想主旨，士君子之勇是一种义勇，它追求人间道义，因此不畏强权、不怕牺牲。

（四）勇的价值与培育

由孔孟所阐述的勇者不惧、仁者必有勇、知耻近乎勇，荀子所说的上勇中勇下勇、行道有勇等勇论，蕴含着提倡勇敢的传统合理基本价值导向，它对于古今中国人勇敢精神的发展和勇者人格的塑造产生了巨大而深远的影响。

一是形塑了中华民族坚强不屈、勇往直前的品格。在孔子见危授命、杀身成仁，孟子“苦其心志，劳其筋骨，疲乏其身”和《周易》“天行健，君子以身强不息”等勇德思想的教育、感化下，中华民族表现出百折不挠、顽强不屈、知难而进、不怕牺牲的坚强意志。孟子所倡导的“浩然之气”也成为传统中国社会广大民众共同的情感诉求，成为近代中国人不畏强敌、抵御外侮、反抗强暴的民族气节。《义勇军进行曲》激励了无数中华儿女抵抗强敌，作为国歌感召着中国人艰苦创业、英勇杀敌，推动着广大民众克服生活过程中遇到的各种困难、风险和挑战。

二是锻造了一大批不怕牺牲、不畏险阻、英勇顽强的志士、仁人、勇士，一大批为国捐躯、为民请命的民族英雄。见义勇为一直是中国社会的时代最强音，历史上不仅涌现出无数见义勇为、舍生忘死的道德楷模。尤其是孟子提出来的“富贵不能淫，贫贱不能移，威武不能屈”的大丈夫气概，更是教育激励了无数中华儿女的心智，促使中华民族涌现出像苏武、岳飞、文天祥、戚继光、郑成功等民族英雄，培育了不畏权势、以德抗位的忠臣，塑造了一大批奋不顾身的烈士和英雄战士。

三是将继续成为中华民族自立于世界民族之林的文化资源。在以和平、发展和合作为主题的国际大背景下，国与国之间会产生文明的冲突、外敌入侵、金融风暴等艰难险阻，我们每个人在现实社会生活中也有可能遇到意外、疾病等问题，面对这些需要我们发扬儒家百折不挠、见义勇为、一往无前、顽强进取等勇德精神。

改革开放以来，党和国家始终高度重视弘扬和培育勇敢精神。党的十八大以来，以习近平同志为核心的党中央倡导勇敢人格的培育。2015 年 10 月 30 日在全军政治工作会议上，习近平总书记强调要着力培养有灵魂、有本事、有血性、有品德的“四有”新一代革命军人，要塑造知、仁、勇三者兼备的理想人格，要弘扬先辈战无不胜、攻无不克，“一不怕苦、二不怕死”的英雄主义精神。

二、经典选读

（一）勇的内涵与特质

1. 子曰："知者不惑，仁者不忧，勇者不惧。"

——《论语·子罕》

【译文】

孔子说："智慧的人不疑惑，仁德的人不忧愁，勇敢的人不畏惧。"

2. 子曰："君子道者三，我无能焉：仁者不忧，知（同智）者不惑，勇者不惧。"子贡曰："夫子自道也。"

——《论语·宪问》

【译文】

孔子说："君子所行的三件事，我一件也没能做到：智慧的人不疑惑，仁德的人不忧愁，勇敢的人不畏惧。"子贡说："这正是他老人家对自己的叙述啊。"

3. 子曰："非其鬼而祭之，谄也。见义不为，无勇也。"

——《论语·为政》

【译文】

孔子说："不是你应该祭的鬼神，你却去祭它，这就是谄媚。见到符合道义的事或符合时宜的事情，却袖手旁观，就是没有勇气（不勇敢）。"

4. 子曰："道不行，乘桴浮于海。从我者其由与？"子路闻之喜。子曰："由也好勇过我，无所取材（同裁）。"

——《论语·公冶长》

【译文】

孔子说："如果我的主张行不通，我就乘上木筏子到海外去。能跟从我的大概只有仲由吧！"子路听到这话很高兴。孔子说："仲由啊，这个人太好勇敢了，（好勇的精神）超过了我，只是有时不知道有所取裁（即有时把握不好什么事该干什么事不该干）。"

这里孔夫子告诉我们，勇敢要把握一个度或者要把握一个火候。

（二）勇的基础与条件

1. **勇须有仁**

子曰："好勇疾贫，乱也。人而不仁，疾之已甚，乱也。"

——《论语·泰伯》

【译文】

孔子说："喜好勇敢而又厌恶贫困，就会作乱。对于不仁德的人或事痛恨太甚，也是一种祸害。"

子曰："有德者必有言，有言者不必有德；仁者必有勇，勇者不必有仁。"

——《论语·宪问》

【译文】

孔子说："有道德的人，一定有善言，但有善言的人不一定有道德。仁者一定勇敢，但勇敢的人不一定有仁德。"

2. 勇须有义

子路曰："君子尚勇乎?"子曰："君子义以为上。君子有勇而无义为乱，小人有勇而无义为盗。"

——《论语·阳货》

【译文】

子路问道："君子崇尚勇吗?"孔子说："君子认为义是最可贵的，君子只有勇没有义，就会做出捣乱造反（的行为)；普通人只有勇没有义，就会做出匪盗（的行为)。"

3. 勇须合礼

子曰："恭而无礼则劳，慎而无礼则葸（xǐ)，勇而无礼则乱，直而无礼则绞。"

——《论语·泰伯》

【译文】

孔子说："恭敬而不符合礼（规范）就会劳倦，谨慎而不符合礼（规范）就会畏缩，勇敢而不符合礼（规范）就会作乱，直率而不符合礼（规范）就会尖刻伤人。"

子路问成人。子曰："若臧武仲之知、公绰之不欲、卞庄子之勇、冉求之艺，文之以礼乐，亦可以为成人矣。"曰："今之成人者何必然？见利思义，见危授命，久要（同约）不忘平生之言，亦可以为成人矣。"

——《论语·宪问》

【译文】

子路问怎样做才是一个完人。孔子说："如果具有臧武仲的智慧、孟公绰的清心寡欲、卞庄子的勇敢、冉求那样多才多艺，再用礼乐加以修饰，也就可以算是一个完人了。"（等了一会儿）孔子又说："现在的完人何必一定要这样呢？——见到财利能想起该不该得，遇到危险能献出生命，长久处于穷困还不忘平日的诺言，也可以说是一位完人了。"

4. 勇须好学

子曰："由也，汝闻六言六蔽矣乎?"对曰："未也。""居！吾语汝。好仁不好学，其蔽也愚；好知（同智）不好学，其蔽也荡；好信不好学，其蔽也贼；好直不好学，其蔽也绞；好勇不好学，其蔽也乱；好刚不好学，其蔽也狂。"

——《论语·阳货》

【译文】

孔子说："仲由啊！你听说过六种品德便会有六种蔽病吗?"子路答道："没有。"孔子说："坐下来！我告诉你。追求善心，却不爱学习这方面的学问，弊病是容易被人愚弄；喜欢聪明智慧，却不爱学习这方面的学问，弊病就是浮躁动荡而没有根基；爱好讲诚信，却不爱学习这方面的学问，弊病是容易被人利用，害己害人；爱好直率，却不爱学习这方面的学问，弊病是说话尖刻刺人，伤人自尊；好勇，却不爱学习这方面的学问，弊病是捣乱闯祸；好刚强，却不爱学习这方面的学问，弊病是胆大妄为。”

5．勇须知耻

知耻近乎勇。

——《礼记·中庸》。

【译文】

知道羞耻就接近勇敢了。

（三）勇的形态与层次

1．儒家的大勇与小勇

齐宣王问曰：“交邻国有道乎？”

孟子对曰：“有。惟仁者为能以大事小，是故汤事葛，文王事昆夷；惟智者为能以小事大，故大王事獯鬻，勾践事吴。以大事小者，乐天者也；以小事大者，畏天者也。乐天者保天下，畏天者保其国。诗云：‘畏天之威，于时保之。’”

王曰：“大哉言矣！寡人有疾，寡人好勇。”

对曰：“王请无好小勇。夫抚剑疾视曰，‘彼恶敢当我哉’！此匹夫之勇，敌一人者也。王请大之！

“《诗》云：‘王赫斯怒，爰整其旅，以遏徂莒，以笃周祜，以对于天下。’此文王之勇也。文王一怒而安天下之民。

“《书》曰：‘天降下民，作之君，作之师。惟曰其助上帝，宠之四方。有罪无罪，惟我在，天下曷敢有越厥志？’一人衡行于天下，武王耻之。此武王之勇也。而武王亦一怒而安天下之民。今王亦一怒而安天下之民，民惟恐王之不好勇也。”

——《孟子·梁惠王章句下》

【译文】

齐宣王问道：“和邻国交往有什么讲究吗？”

孟子回答说：“有。只有有仁德的人才能够以大国的身分侍奉小国，所以商汤侍奉大国，周文王侍奉昆夷。只有有智慧的人才能够以小国的身分侍奉大国，所以周太王侍奉獯鬻，越王勾践侍奉吴王夫差。以大国身分侍奉小国的，是以天命为乐的人；以小国身分侍奉大国的，是敬畏天命的人。以天命为乐的人安定天下，敬畏天命的人安定自己的国家。《诗经》说：‘畏惧上天的威灵，因此才能够安定。’”

宣王说：“先生的话可真高深呀！不过，我有个毛病，就是逞强好勇。”

孟子说：“那就请大王不要好小勇。有的人动辄按剑瞪眼说：‘他怎么敢抵挡我呢？’这其实只是匹夫之勇，只能与个把人较量。大王请不要喜好这样的匹夫之勇！

“《诗经》说：‘文王义愤激昂，发令调兵遣将，把侵略莒国的敌军阻挡，增添了周国的吉祥，不辜负天下百姓的期望。’这是周文王的勇。周文王一怒便使天下百姓都得到安定。

“《尚书》说：‘上天降生了老百姓，又替他们降生了君王，降生了师表，这些君王和师表的唯一责任，就是帮助上帝来爱护老百姓。所以，天下四方的有罪者和无罪者，都由我来负责，普天之下，何人敢超越上帝的意志呢？’所以，只要有一人在天下横行霸道，周武王便感到羞耻。这是周武王的勇。周武王也是一怒便使天下百姓都得到安定。如今大王如果也做到一怒便使天下百姓都得到安定，那么，老百姓就会唯恐大王不喜好勇了啊。”

2. **墨家的士君子之勇**

有狗彘之勇者，有贾盗之勇者，有小人之勇者，有士君子之勇者。争饮食，无廉耻，不知是非，不辟死伤，不畏众强，悴悴然唯利饮食之见，是狗彘之勇也。为事利，争货财，无辞让，果敢而振，猛贪而戾，悴悴然唯利之见，是贾盗之勇也。轻死而暴，是小人之勇也。义之所在，不倾于权，不顾其利，举国而与之不为改视，重死、持义而不桡，是士君子之勇也。

——《荀子·荣辱》

【译文】

有狗和猪的勇敢，有商人和盗贼的勇敢，有小人的勇敢，有士君子的勇敢。争喝抢吃，没有廉耻，不懂是非，不顾死伤，不怕众人的强大，眼红得只看到吃喝，这是狗和猪的勇敢。做事图利，争夺财物，没有推让，行动果断大胆而振奋，心肠凶猛、贪婪而暴戾，眼红得只看见财利，这是商人和盗贼的勇敢。不在乎死亡而行为暴虐，是小人的勇敢。合乎道义的地方，就不屈服于权势，不顾自己的利益，把整个国家都给他，他也不改变观点，虽然看重生命、但坚持正义而不屈不挠，这是士君子的勇敢。

胡非子脩墨以教，有屈将子好勇，闻墨者非斗，带剑危冠往见胡非子，劫而问之曰："将闻先生非斗，而将好勇，有说则可，无说则死！"胡非子曰："吾闻勇有五等乎。负长剑，赴榛薄，析兕豹，搏熊罴，此猎徒之勇也。负长剑，赴深泉，斩蛟龙，搏鼋鼍，此渔人之勇也。登高陟危，鹄立四望，颜色不变，此陶缶之勇也。剽必刺，视必杀，此五刑之勇也。昔齐桓公以鲁为南境，鲁公忧之，三日不食。曹刿闻之，触齐军见桓公曰：'臣闻君辱臣死，君退师则可，不退，则臣请击颈以血溅君矣！'桓公惧，不知则措。管仲乃劝与之盟而退。夫曹刿匹夫徒步之士，布衣柔履之人也，唯无怒，一怒而劫万乘之师，存千乘之国，此君子之勇，勇之贵者也。五勇不同，公子将何处？"屈将悦，称善，乃解长剑，释危冠而请为弟子焉。

——《太平御览》卷四百九十六

【译文】

胡非子，设课教授墨家学说非攻。楚国的屈将子，好勇，听说这事，就带剑把他劫持了，说："听说你非斗，而我则好勇。你给我说说，说得有理，我就放了你，说得不好，你就得死。"胡非子就跟他说："我听说勇有五等：一等背着长剑，到莽莽丛林，和犀牛、豹等搏斗，捕捉熊罴，这是打猎的人的勇敢。二等背着长剑，到深泉，斩蛟龙，搏鼋鼍，这是渔人的勇敢。三等登上高高峭壁，像大鸟一样站立四望，脸色不变，这是陶器匠的勇敢。四等抢劫一定刺中，看到一定杀死，这是犯下五刑的罪犯的勇敢。五等从前齐桓公想占领鲁国，把鲁国作为齐国的南部地区，鲁公忧虑得多日没有食饭。有个叫曹刿的人，却想办法在军中把齐桓公劫持了，说：'请您退师，不然的话，就请您允许我切断您的脖子放血。'齐桓公吓得不知所措，只好答应了。曹刿不是什么大人物，可他不怒则已，一怒，就勇退'万乘之师'，救了'千乘之国'，这样的勇，才是君子的大智大勇，才是最高贵的勇。这五种勇各有不同，公子你喜好哪一种勇呢？”屈将子听后，大受震动，解下佩剑，脱下高帽，请求胡非子收他为徒。

（四）国学中勇敢的生理基础

黄帝问于少俞曰：有人于此，并行并立，其年之长少等也，衣之厚薄均也，卒然遇烈风暴雨，或病或不病，或皆病，或皆不病，其故何也？少俞曰：帝问何急？

黄帝曰：愿尽闻之。少俞曰：春青风夏阳风，秋凉风，冬寒风。凡此四时之风者，其所病各不同形。

黄帝曰：四时之风，病人如何？少俞曰：黄色薄皮弱肉者，不胜春之虚风；白色薄皮弱肉者，不胜夏之虚风，青色薄皮弱肉，不胜秋之虚风；赤色薄皮弱肉，不胜冬之虚风也。

黄帝曰；黑色不病乎？少俞曰：黑色而皮厚肉坚，固不伤于四时之风；其皮薄而肉不坚，色不一者，长夏至而有虚风者，病矣。其皮厚而肌肉坚者，长夏至而有虚风，不病矣。其皮厚而肌肉坚者，必重感于寒，外内内皆然，乃病。黄帝曰：善。

黄帝曰：夫人之忍痛与不忍痛，非勇怯之分也。夫勇士之不忍痛者，见难则前，见痛则止；夫怯士之忍痛者，闻难则恐，遇痛不动。夫勇士之忍痛者，见难不恐，遇痛不动；夫怯士之不忍痛者，见难与痛，目转面盻，恐不能言，失气，惊，颜色变化，乍死乍生。余见其然也，不知其合由，愿闻其故。少俞曰：夫忍痛与不忍痛者，皮肤之薄厚，肌肉之坚脆，缓急之分也，非勇怯之谓也。

黄帝曰：愿闻勇怯之所由然。少俞曰：勇士者，目深以固，长冲直扬，三焦理横，其心端直，其肝大以坚，其胆满以傍，怒则气盛而胸张，肝举而胆横，眦裂而目扬，毛起而面苍，此勇士之由然者也。

黄帝曰；愿闻怯士之所由然。少俞曰：怯士者，目大而不减，阴阳相失，其焦理纵，䯏骬短而小，肝系缓，其胆不满而纵，肠胃挺，胁下空，虽方大怒，气不能满其胸，肝肺虽举，气衰复下，故不能久怒，此怯士之所由然者也。

黄帝曰：怯士之得酒，怒不避勇士者，何脏使然？少俞曰：酒者，水谷之精，熟谷之液也，其气剽悍，其入于胃中，则胃胀，气上逆，满于胸中，肝浮胆横，当是之时，固比于勇士，气衰则悔。与勇士同类，不知避之名曰酒悖也。

——《黄帝内经：灵枢·论勇》

【译文】

黄帝问少俞道：有几个人在同一地方，一同行走一同站立，他们的年龄大小相同，穿的衣服的厚薄也相同，突然遭遇狂风暴雨，结果有的人生病，有的人不生病，有一部分人都生病，有一部分人都不生病，这是什么缘故呢？少俞问：你先问哪一个问题？

黄帝说：我想全部了解其道理。少俞说：春季是温风，夏季是阳风，秋季是凉风，冬季是寒风。这四季的风，影响人体，所引起的疾病是各不相同的。

黄帝问：四季之风，是如何令人生病的呢？少俞说：肤色发黄、皮薄肌肉柔软的人，禁受不住春季里反常的邪风；肤色发白、皮薄肌肉柔软的人，禁受不住夏季里反常的邪风；肤色发青、皮薄肌肉柔软的人，禁受不住秋季里反常的邪风；肤色发赤、皮薄肌肉柔软的人，禁受不住冬季里反常的邪风。

黄帝问：肤色发黑的人，就不生病吗？少俞说：肤色发黑，皮厚肌肉坚实的人，当然不易被四季之风所伤；肤色发黑，但皮薄而肌肉不坚实、肤色不一的人，到了长夏时节，遇到反常的邪风，也会生病的。皮厚且肌肉坚实的人，到了长夏时节，遇到反常的邪风，不会生病；但是皮厚且肌肉坚实的人，如果外感于风，内感于寒，内外俱伤，也会生病。黄帝说：讲得好。

黄帝说：人能够忍受疼痛和忍受不了疼痛，并不是由于人有勇敢和怯懦的区分。勇士中不能忍受疼痛的，遇到危难可以勇往直前，而遇到身体疼痛的，就畏缩不前；而怯懦却能忍受疼痛的人，听到危难就恐惧，遇到身体疼痛却能岿然不动。勇士中能够忍受疼痛的人，遇到危难而不惊恐，遇到身体疼痛也毫不畏惧动摇；而怯懦又不能忍受疼痛的人，遇到危难和身体疼痛，头昏目眩，恐惧得说不出话来，惊悸失气，脸色大变，吓得死去活来。我见到过这种情况，但不知这是什么原因导致的，我想了解其中的道理。少俞说：能够忍受疼痛和不能忍受疼痛，是因为人的皮肤的厚薄、肌肉的坚脆松紧不同，不是勇敢和怯懦能够说明的。

黄帝说：我想知道勇敢和怯懦这两种性格产生的原因。少俞说：勇士，眼睛深陷，目光坚定，长眉直竖，三焦皮肤纹理横生，心脏端正，肝脏大而坚实，胆囊盛满，发怒时，就会气盛和胸廓扩张，肝脏上举，胆囊横生，眼眶欲裂，目光直射，毛发竖起，面色发青，这就是勇士性格产生的原因。

黄帝说：我想知道怯懦之人性格产生的原因。少俞说：怯懦之人，眼睛大而不深陷，目光惊慌不定，三焦皮肤的纹理纵生，胸骨剑突短而小，肝脏小而软弱，胆囊不满而胆汁少，肠胃挺直，胁下空虚，虽然正当大怒之时，怒气不能充满其胸腔，肝、肺虽然上举，但坚持不久，气衰即随之落下，因此不能持久发怒，这就是怯懦之人性格产生的原因。

黄帝问：怯懦之人喝了酒，愤怒起来与勇士相差不了多少，这是那个内脏的作用使他这样呢？少俞说：酒是水谷的精华、熟谷的液汁酿造而成的。它的性能慓悍。酒入胃中，就会使胃发胀，气向上逆，充满胸腔，也使得肝脏上浮，胆囊横生。在这个时候，其愤怒之状固然可以与勇士相同，但当酒气一衰落，他就会后悔的。酒后的怯懦之人，虽与勇士神态相同，但却不知如何像勇士一样去做事，称之为“酒悖”。

【感悟评析】

辩证唯物主义认为物质是不依赖于人的意识、并能为人的意识所反映的客观实在。无论是自然界的存在与发展，还是人类社会的存在和发展，它们都不依赖于人的意识。这种不依赖于人的意识的客观实在性就是物质性。整个世界是不依赖于人的意识而客观存在的物质世界，世界的本原是物质。物质决定意识，意识是对物质的反映，意识不是自生的和先验的，认识世界的形式是主观的，认识世界的内容是客观的。

《黄帝内经》说明人的勇怯与内脏器官及气机强弱有内在联系这就属于物质决定意识，勇是有其基本物质基础的，有其先天的因素；但是性格上的差异，也不能看作是绝对的后天不可改的，先天不足，通过后天的社会实践的锻炼，精神意志的修养，同样对性格的改变有相当大的作用。

我们学院的演讲与口才协会在同学们中深受欢迎，其创办者其实的一个十分害怕当众公开说话的同学，他从小就有个缺点：不善于表达自己，不善于与人交流，人际关系不算十分好。为改变这个缺点，在学期间与同伴创办起演讲与口才协会，到毕业的时候，该同学已受到学院大多数师生的赞许和认可，也改正了自己怕交流怕当众公开讲话的缺点，这就是勇敢。

三、拓展阅读

69岁夏伯渝，中国依靠双腿假肢登上珠峰的第一人

我看见顶峰的时候，就觉得我迟早有一天会上来，今天我上来了。上到顶峰时，我还在往前走，能前进一步就是一步。

▲“无腿老人”夏伯渝在攀登珠峰途中（图片来自视觉中国）

夏伯渝，男，1949年生，中国登山家。

1975年，作为国家登山队队员的夏伯渝，在一次登珠峰时把自己的睡袋让给丢失睡袋的队友，导致自己冻伤双小腿截肢。之后，他历经癌症、多次大手术等磨难，仍未放弃登顶珠峰的梦想。

2018年5月14日10点41分，夏伯渝成功登上珠穆朗玛峰，成为中国第一个依靠双腿假肢登上珠峰的人。

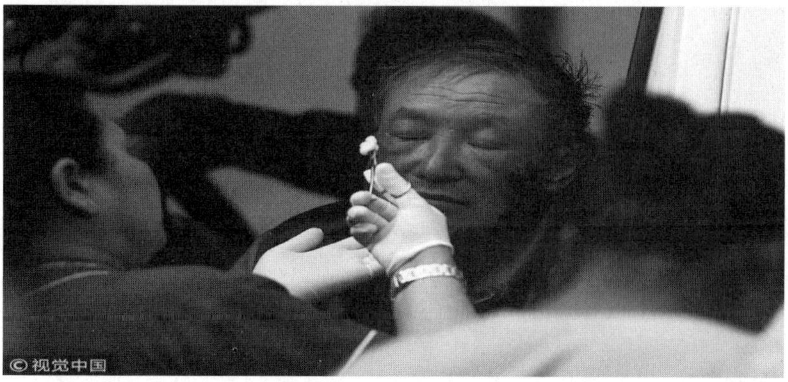

▲2018年5月16日，尼泊尔，69岁“无腿勇士”夏伯渝成功登顶珠峰，返回后去医院检查。（图片来自视觉中国）

5 月 22 日下午，69 岁的夏伯渝坐在病床上晒太阳。除了两条小腿被截掉了三分之一，他看起来和其他同龄人没什么区别。

只有两颊上的血痂提醒着刚刚过去的一切。一周前的 5 月 14 日 10 时 41 分，他成功登上珠峰，成为中国第一个依靠双腿假肢登上珠峰的人。下撤时，由于遭遇暴风雪，他的脸和两根手指被冻伤。

有人说，卸掉假肢只有 1.21 米的夏伯渝终于征服了 8844.43 米的珠峰。夏伯渝笑着说："不是我征服了珠峰，是珠峰接纳了我。"

关于未来，夏伯渝说他没考虑过自己的年龄，等休息好了，还会去挑战一些新的项目。

69 岁无腿老人登顶珠峰 43 年来第 5 次挑战冲顶最终成功

新京报"我们视频"出品

"我迟早有一天会上来，今天我上来了！"

新京报：北京时间 2018 年 5 月 14 日上午 10 点 41 分你登上珠峰。站在世界之巅是一种什么感受？

夏伯渝：别人都以为我应该很激动，其实我没有太激动。我看见顶峰的时候，就觉得我迟早有一天会上来，今天我上来了。上到顶峰时，我还在往前走，能前进一步就是一步。站在顶峰时，可以说是"一览众山小"。周围是悬崖峭壁，下面是一片片白云，底下的雪山在云里冒出一个个白白的小尖儿。那和我站在香山上是不一样的，从香山上看下去，底下山都是绿的。顶峰上很危险，向导把我的安全带挂在他的安全锁上，防止掉下去。我还没反应过来要拍照时，好几位也成功登顶的登山者围过来跟我照相。刚照完，暴风雪就来了，要赶快下撤。结果我都没有一张单人在顶峰的照片。我之前还设计了登上去要摆什么 pose。

新京报：本来准备摆什么样的 pose？

夏伯渝：我要手指蓝天拍一张，再拉着国旗做个 pose，没想到一个都没弄成。他们一围上来就打乱了我的思路。没有一张单人在顶峰的照片，很遗憾。

▲夏伯渝第 5 次攀登珠峰终于成功。（图片来自视觉中国）

新京报：第一个想要跟谁分享这个消息？

夏伯渝：第一个是拿对讲机通过大本营和爱人通了电话。我跟她说，我上去啦。然后就泣不成声了。那个时刻，我完成了我的任务，但有很多愧对家人的地方，为了理想，我很少顾家，也很少顾及他们的感受。

新京报：爱人怎么回应？

夏伯渝：她说，你一定要平安回来。

新京报：整个过程中最困难的是什么？

夏伯渝：我戴着假肢，眼前的雪松还是紧，身体的摇晃程度，都感觉不到。和一般人相比，我至少要多付出三分之一的体能。我戴着假肢、拿着两根登山杖，相当于有四个支点，和爬差不多。先用登山杖戳一戳，前方的雪是不是冻实了，再往前走。这是可以预期的困难，我心里都清楚，是有准备的。

当时向导在 C4 营地到顶峰之间给我加了一个 C5 营地。从路绳到营地不到 20 米的距离，特别困难。那是个悬崖峭壁，只有十几厘米宽的小路，还是斜的，旁边就是万丈深渊。上的时候，我的腿抬不起来，得爬；下的时候，我得转个身，拉着绳子蹬实了再往下挪。这短短 20 米，我走了快半个小时。

“只要我活着，一定要再登珠峰”

新京报：媒体报道说，你和珠峰结缘是 1975 年，当时作为国家登山队队员，把睡袋让给了别人，自己被冻伤，失去了双脚。珠峰夺走了你的双脚，所以你要征服珠峰。想要登珠峰的想法从那个时候就开始了吗？

夏伯渝：我决定登珠峰不是因为在珠峰失去了双脚，是因为 1975 年登山之后，我觉得我的适应性、耐寒能力、体能都是适合登山的。那时候也只有 26 岁，很年轻，喜欢刺激和冒险，珠峰顶上的旗云很吸引我。失去双脚、安上假肢之后，医生说我不但可以像正常人一样生活，还可以再登山。他那句话提醒了我，既然可以登山，那我就再登珠峰。这就成为我的一个梦想。

▲夏伯渝和团队一起在攀登途中。（图片来自视觉中国）

新京报：怎么看待当时让出睡袋的行为？后悔吗？

夏伯渝：当时没有时间去想：我把睡袋让给别人我会怎样？我会冻伤？我会冻死？都没想过，如果有时间联想，我会犹豫的。当时看到人家的样子，有点不忍心，我当时在登山队有个外号叫“火神爷”，不怕冷。想着我是“火神爷”，不会冻伤，就把睡袋让出去了。

新京报：后来你3次尝试冲击珠峰？

夏伯渝：对，2014年开始尝试冲击珠峰。但当年我到了海拔五千多米的大本营，准备突击顶峰时，遭遇雪崩，前面16个夏尔巴人遇难，当年尼泊尔政府取消了攀登珠峰的活动。2015年我又去，结果遭遇了尼泊尔百年不遇的大地震。2016年再去，距离顶峰94米时，遭遇暴风雪，所有人到了这个高度肯定不顾一切登顶了，不管能否下来，上去再说。我当时也是这个想法。但回头一看，我的5个夏尔巴向导，他们都还是年轻人，我不能为了自己的理想罔顾其他人的生命。那一次，我就做出了我这一生最难的选择——下撤。

新京报：只有94米了，做出放弃这个决定，犹豫了吗？

夏伯渝：根本没有犹豫的时间，要么上，要么下。在那个高度，要是犹豫时间太长，很快就会冻伤。本来已经是零下二三十度的气温，暴风雪一来，这个温度会翻倍。虽然有点遗憾，但我的决定还是正确的。下撤回来后，我知道在我们登顶那几天，有6个人死于这个高度。

新京报：连续三次失败，有没有想过以后可能和珠峰无缘了？

夏伯渝：只要我活着，一定要再登珠峰。2016年这一次其实是对我体能的检测，如果天气好的话，我一定可以登上去。这一次我虽然没有登上去，但我不承认我是失败者。回来以后，我得了血栓，大夫禁止我登山，我就继续做登珠峰的准备。去走戈壁、走沙漠、攀岩，从隔天登香山到每天登香山，就是为了再登珠峰。

新京报：你每次都给家人说是“最后一次”了？

夏伯渝：是的。我每次都跟他们说“最后一次”了，但只要没有登上去，这“最后一次”就没有止境。这一次总算完成了我的梦想，家人也都放心了。这次真的结束了，真的是最后一次了。

“人不可能和大自然对抗”

新京报：这些年登山的过程中，有没有碰到和你情况类似的登山者？

夏伯渝：很少。今年在去大本营的路上，碰到了一个约旦小伙子，他是单边假肢。听说我要去登珠峰，他很赞赏，说他明年也要去。2016年登罗波切山时，我碰到一个美国大兵，他在越南战场上失去了一条腿，他看到我非常高兴，一蹦一蹦过来和我握手。

新京报：两条腿各失去了三分之一的小腿，后来还被诊断为癌症，这样的身体条件，登山这样的极限运动对你来说意味着什么？

夏伯渝：我觉得没有什么。不管碰到任何情况，受到什么坎坷、挫折、打击，我都要为了我的理想勇往直前。

新京报：登山的路上，有人质疑过你吗？比如说这样的身体条件，就应该在家里好好休息。

夏伯渝：没有，我碰到的都是登山爱好者，他们看到我只会鼓励我。

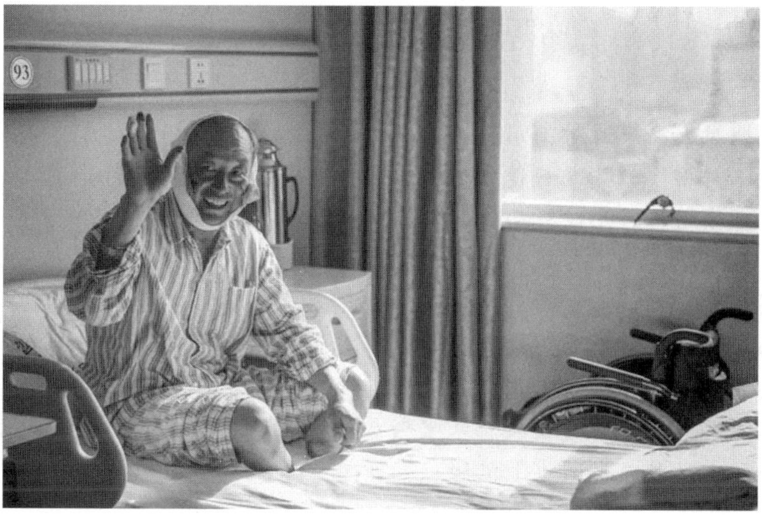

▲2018 年 5 月 22 日，火箭军总医院病房中，登山家夏伯渝接受记者采访后，与记者挥手告别。（新京报记者彭子洋 摄）

新京报：这次登顶，很多人说你征服了珠峰。你觉得“征服”这个词恰当吗？

夏伯渝：不是我征服了珠峰，是珠峰接纳了我。珠峰永远在那里，没人可以征服它。即使一个人再强壮，也不能去征服大自然，和大自然相比，人是很渺小的。我记得这次下撤时，暴风雪来了，要是再大一点，被吹跑、冻伤甚至冻死都有可能。人不可能和大自然对抗。我登上珠峰，说明珠峰对我的眷顾，对我的勇敢给予一定认可。四十多年了，珠峰终于对我打开了大门。

新京报：登顶珠峰的梦想完成了，未来还有什么计划？

夏伯渝：这些年为了这个梦想，我一直在坚持锻炼，我觉得特别累，想好好休息一段时间。等休息好了，还想去挑战一些新的项目。

（资料来源：http://app.myzaker.com/news/article.php?pk=5b04e3525d8b5412a5316de8）

四、练习实践

【单元话题】

你认为，在现实生活中，什么才是勇敢？怎样的表现才能称为勇敢？

1. 说说你自认勇敢的一件事。

2. 你阅读过关于勇敢的书籍么？请列举一本，说说书名及大概内容，并顺带说说你的观后感。

3. 举一个关于勇敢的名人故事。

【写作实践】

孔子说：“君子有三德，仁者不忧、知者不惑、勇者不惧。”结合你的理解，谈谈你对勇德的看法。

【语言素养】

朗读《声律启蒙》卷二

一先

晴对雨，地对天，天地对山川。山川对草木，赤壁对青田。郏鄏鼎，武城弦，木笔对苔钱。金城三月柳，玉井九秋莲。何处春朝风景好，谁家秋夜月华圆。珠缀花梢，千点蔷薇香露；练横树杪，几丝杨柳残烟。

前对后，后对先，众丑对孤妍。莺簧对蝶板，虎穴对龙渊。击石磬，观韦编，鼠目对鸢肩。春园花柳地，秋沼芰荷天。白羽频挥闲客坐，乌纱半坠醉翁眠。野店几家，羊角风摇沽酒旆；长川一带，鸭头波泛卖鱼船。

离对坎，震对乾，一日对千年，尧天对舜日，蜀水对秦川。苏武节，郑虔毡，涧壑对林泉。挥戈能退日，持管莫窥天。寒食芳辰花烂熳，中秋佳节月婵娟。梦里荣华，飘忽枕中之客，壶中日月，安闲市上之仙。

四豪

琴对瑟，剑对刀，地迥对天高。峨冠对博带，紫绶对绯袍。煎异茗，酌香醪，虎兕对猿猱。武夫攻骑射，野妇务蚕缫。秋雨一川淇澳竹，春风两岸武陵桃。螺髻青浓，楼外晚山千仞；鸭头绿腻，溪中春水半篙。

刑对赏，贬对褒，破斧对征袍。梧桐对橘柚，枳棘对蓬蒿。雷焕剑，吕虔刀，橄榄对葡萄。一椽书舍小，百尺酒楼高。李白能诗时秉笔，刘伶爱酒每哺糟。礼别尊卑，拱北众星常灿灿；势分高下，朝东万水自滔滔。

瓜对果，李对桃，犬子对羊羔。春分对夏至，谷水对山涛。双凤翼，九牛毛，主逸对臣劳。水流无限阔，山耸有余高。雨打村童新牧笠，尘生边将旧征袍。俊士居官，荣引鹓鸿之序；忠臣报国，誓殚犬马之劳。

附录

阅读书目

1. 论语［M］. 上海：上海古籍出版社，2010.
2. 杨伯峻. 论语译注［M］. 北京：中华书局，2009.
3. 朱熹. 论语集注［M］. 北京：中华书局，2003.
4. 孟子［M］. 上海：上海古籍出版社，2010.
5. 杨伯峻. 孟子译注［M］. 北京：中华书局，2005.
6. 大学［M］. 上海：上海古籍出版社，2010.
7. 中庸［M］. 上海：上海古籍出版社，2010.
8. 程俊英. 诗经译注［M］. 上海：上海古籍出版社，2004.
9. 周易［M］. 上海：上海古籍出版社，2010.
10. 老子［M］. 上海：上海古籍出版社，2010.
11. 庄子［M］. 上海：上海古籍出版社，2010.
12. 陈鼓应. 老子今注今译［M］. 北京：商务印书馆，2003.
13. 董楚平. 楚辞译注［M］. 上海：上海古籍出版社，2012.
14. 六祖坛经［M］. 徐文明，注译. 郑州：中州古籍出版社，2008.
15. 墨子［M］. 方勇，译注. 北京：中华书局，2015.
16. 荀子［M］. 安小兰，译注. 北京：中华书局，2016.
17. 孙子兵法［M］. 上海：上海古籍出版社，2010.
18. 韩非子［M］. 高华平，等，译注. 北京：中华书局，2015.
19. 管子［M］. 李山，译注，北京：中华书局，2016.
20. 左传［M］. 郭丹，译注，北京：中华书局，2016.
21. 李梦生. 左传译注［M］. 上海：上海古籍出版社，2009.
22. 吕氏春秋［M］. 陆玖，译注. 北京：中华书局，2011.
23. 孝经［M］. 上海：上海古籍出版社，2010.
24. 黄帝内经［M］. 姚春鹏，译注. 北京：中华书局，2014.
25. 司马迁. 史记［M］. 北京：中华书局，1985.
26. 韩兆琦. 白话史记［M］. 北京：中华书局，2009.
27. 班固. 汉书［M］. 北京：中华书局，1962.
28. 陈寿. 三国志［M］. 北京：中华书局，1999.
29. 文心雕龙［M］. 王志彬，译注. 北京：中华书局，2012.

30. 司马光. 资治通鉴［M］. 北京：中华书局，2011.
31. 程小铭. 颜氏家训全译［M］. 贵阳：贵州人民出版社，1993.
32. 唐浩明. 唐浩明评点曾国藩家书［M］. 长沙：岳麓书社，2002.
33. 施蛰存. 唐诗百话［M］. 上海：华东师范大学出版社，2001.
34. 宋词三百首［M］. 唐圭璋，笺注. 北京：人民文学出版社，2005.
35. 吴楚材，吴调侯. 古文观止［M］. 上海：上海古籍出版社，2002.
36. 叶嘉莹. 唐宋词十七讲［M］. 北京：北京大学出版社，2007.
37. 王国维. 人间词话［M］. 北京：中华书局，2009.
38. 顾炎武. 日知录［M］. 杭州：浙江古籍出版社，2013.
39. 袁了凡. 了凡四训［M］. 北京：中华书局，2013.
40. 冯友兰. 中国哲学简史［M］. 北京：北京大学出版社，1985.
41. 余秋雨. 文化苦旅［M］. 北京：知识出版社，1992.
42. 史铁生. 命若琴弦［M］. 北京：中国社会科学出版社，1995.
43. 傅雷. 傅雷家书［M］. 北京：生活·读书·新知三联书店，1981.
44. 方立明. 义与利的自觉：温商伦理研究［M］. 北京：生活·读书·新知三联书店，2014.
45. 叶曙明. 其实你不懂广东人［M］. 广州：广东教育出版社，2005.
46. 徐永. 中华传统美德：仁义孝［M］. 北京：中国文史出版社，2010.
47. 冯沪祥. 中西生死哲学［M］. 北京：北京大学出版社，2002.
48. 叶廷芳. 外国名家随笔金库［M］. 天津：百花文艺出版社，1995.
49. 真与爱：罗素散文集［M］. 江燕，译. 北京：生活·读书·新知三联书店，1988.
50. 瓦西列夫. 情爱论［M］. 北京：生活·读书·新知三联书店，1984.
51. 叶芝文集［M］. 袁可嘉，译. 上海：东方出版社，1996.
52. 王岳川. 大学中庸讲演录：含光盘［M］. 桂林：广西师范大学出版社，2008.
53. 周国平人生哲思录［M］. 上海：上海辞书出版社，2005.
54. 傅佩荣. 国学的天空［M］. 长沙：岳麓书社，2014.
55. 张善文，马重奇. 仪礼开讲［M］. 上海：华东师范大学出版社，2013.
56. 荆云波. 文化记忆与仪式叙事：仪礼的文化阐释［M］. 广州：南方日报出版社，2010.
57. “百家讲坛”曾仕强讲《易经》的系列视频.
58. “中国诗词大会”的节目视频.

后　　记

《国学导读》该书作为面向广东工商职业技术大学新生开设“国学经典选读”课程的校本教材，以注重经典性、应用性和地方性为鲜明特色，是一本适合民办高校大学生的国学教材。该书改变以往一些国学教材以专书、专人如《论语》《孟子》《老子》《庄子》等为编排体例的做法，选取国学经典“仁、义、礼、智、信”“忠、孝、廉、耻、勇”十个内容来安排教材的章节。既拓宽了经典选文的范围，又力争适应时代和大学生的心理特点。

该书是凝聚广东工商职业技术大学国学教师的心血和集体智慧而成的。我们的目的是编写一本适合民办高校大学生的国学教材。在对学生进行了两年调查问卷的基础上，我们讨论、确定编排体例，修订国学教材。与同类教材相比，该教材在突出中华文化经典性的同时，具有适应学生心理的针对性和岭南历史文化特点的地方性。书中每章均设有“导读”“经典选读”“拓展阅读”“练习实践”四部分。为方便同学们学习，最后又推荐国学“阅读书目”，希望能进一步拓宽学生学习国学的视野，激发他们的学习热情。

我们的编写分工如下：

第一章　仁爱：巩秋彤；第二章　正义：梁　健；

第三章　尚礼：费水蓉；第四章　明智：邢建勇；

第五章　诚信：狄晓雨；第六章　忠恕：方珠伴；

第七章　孝敬：程文霞；第八章　廉洁：李广宽；

第九章　知耻：王　敏；第十章　勇敢：钟志容。

《国学导读》这本教材，浸透了我们每一位编撰者的心血和结晶。对原典的选择和导读，希望能引领大学生，循序渐进、由浅入深地理解我们优秀的传统文化。上下古今，纵横万里，为中华文化传薪火于天下。我们明白，经典的解释原有各种不同的学说、流派，在编选文、感悟思考的环节，我们尊重每一位参与者的理解和智慧。

感谢广东工商职业技术大学副董事长莫秀全先生为教材撰写前言，感谢方珠伴第一时间搭建了国学教材编写的微信群，担任起秘书的工作；梁健承担了初稿的排版工作，花费了大量的时间。主编审阅了教材编写的初稿，提出修改意见并最后定稿。

由于时间匆促，该书有不足之处，敬请读者批评指正。我们将在使用中，进一步完善。希望修订时能够有一个更好的呈现。

王　敏
2016 年 7 月